人民法院案例选

CHINA LAW REPORT

2019年 第3辑 总第133辑

最高人民法院中国应用法学研究所 / 编

人民法院出版社

图书在版编目（CIP）数据

人民法院案例选. 总第133辑 / 最高人民法院中国应用法学研究所编. -- 北京 : 人民法院出版社,2019.9

ISBN 978-7-5109-2636-5

Ⅰ.①人… Ⅱ.①最… Ⅲ.①案例-汇编-中国 Ⅳ.①D920.5

中国版本图书馆CIP数据核字（2019）第206694号

人民法院案例选 2019年第3辑（总第133辑）

最高人民法院中国应用法学研究所 编

责任编辑 兰丽专 **执行编辑** 白 鸽

出版发行 人民法院出版社

地 址 北京市东城区东交民巷27号（100745）

电 话 （010）67550662（责任编辑） 67550558（发行部查询） 65223677（读者服务部）

客服QQ 2092078039

网 址 http：//www.courtbook.com.cn

E-mail courtpress@sohu.com

印 刷 河北鸿祥信彩印刷有限公司

经 销 新华书店

开 本 787毫米×1092毫米 1/16

字 数 263千字

印 张 14.5

版 次 2019年9月第1版 2019年9月第1次印刷

书 号 ISBN 978-7-5109-2636-5

定 价 58.00元

《人民法院案例选》编辑委员会

出版说明

《人民法院案例选》是最高人民法院最早创办的案例研究连续出版物，也是我国改革开放以后出版时间最早、延续时间最长、出版册数最多的案例研究书籍。创办二十多年来，《人民法院案例选》坚持“反映审判面貌，总结审判经验，研究审判理论，服务审判工作”的编选方针，突出“真实、全面、及时、说理”的编辑特色，从一个侧面记载了人民法院审判工作发展的轨迹，反映人民法院审判活动的面貌，展示了人民法院审判工作的成就，受到了学术界与实务界的普遍关注和喜爱，在全国法院、社会各界乃至国际上都产生了广泛的影响、取得了良好的声誉、得到了广泛的认可，成为法研所乃至最高人民法院的品牌性刊物。

随着法律界对案例分析和案例指导需求的增长，关于案例分析的书刊越来越多，竞争也越来越激烈。同时，也出现了很多问题。一是虽然平台增多，但缺乏集中性、系统性；二是虽然数量增大，但缺乏精选性、经济性；三是虽然来源多元化，但缺乏权威性，给法律工作者使用案例增加了难度。因此，《人民法院案例选》将作出符合读者期待的变化，改为月刊。

改版后的《人民法院案例选》将继续秉承“反映审判面貌、司法水平和指导审判工作并重”的编辑方针，形成“全面、及时、权威、开放”的编辑特色。考虑到最高人民法院发布、评析、编辑案例的权威性和说服力，改版后的《人民法院案例选》将全面收集最高人民法院以各种载体发布的各类典型案例，按照读者最普遍的阅读习惯重新编辑，按月集中展现在读者面前，形成“指导性案例”“公报案例”“审判指导与参考”“典型案例发布”等栏目。同时，《人民法院案例选》继续保留经典的“专题策划”“案例精析”栏目，展现各地法院的优秀案例和司法智慧。

此外，为增强互动性和可读性，《人民法院案例选》增设了“域外撷英”“过把瘾”“专家关注”等栏目。为发挥《人民法院案例选》培育思想、褒奖学术的理念，特推出“案香浮动”栏目，刊登某位法官的三至五个优秀裁判案例，挖掘其中裁判精髓，充分展现专家型法官的个人风采、人生经历、著述思想及对司法事业的热爱与贡献。

为进一步适应案例工作发展的新形势、新要求，提高案例的质量、编写与报送效率，《人民法院案例选》对案例编写报送体例做了部分修改和完善，具体要求请参阅“中国应用法学网”刊载的《〈人民法院案例选〉案例编写体例与报送规范》。

由于水平所限，本书在编辑过程中存在的不当之处，敬祈读者批评、指正。

编　者

二〇一九年一月

目录 / CONTENTS

人民法院案例选
2019 年第 3 辑·总第 133 辑

一、专题策划·环境民事公益诉讼

二、案例精析

刑 事

民 事

商 事

知识产权

行 政

一、专题策划·环境民事公益诉讼

【编者按】 2017 年 6 月，十二届全国人大常委会第二十八次会议审议通过了《关于修改〈中华人民共和国民事诉讼法〉和〈中华人民共和国行政诉讼法〉的决定》，检察机关作为提起民事公益诉讼的适格原告被明确写入《民事诉讼法》。其中，第五十五条规定："对污染环境、侵害众多消费者合法权益等损害社会公共利益的行为，法律规定的机关和有关组织可以向人民法院提起诉讼。人民检察院在履行职责中发现破坏生态环境和资源保护、食品药品安全领域侵害众多消费者合法权益等损害社会公共利益的行为，在没有前款规定的机关和组织或者前款规定的机关和组织不提起诉讼的情况下，可以向人民法院提起诉讼。前款规定的机关或者组织提起诉讼的，人民检察院可以支持起诉。"

近年来，随着民事公益诉讼制度在法律上的确立，针对环境污染、造假售假损害消费者利益等违法行为提起的公益诉讼案件越来越多。本次专题策划主要围绕环境民事公益诉讼制度选取了四个典型案例。其中，前两个案例均为检察机关以公益诉讼原告身份提起的环境民事公益诉讼案件，后两个案例则分别属于法律规定的特定组织和机关提起的环境民事公益诉讼，供广大读者参考。

山东省聊城市人民检察院诉路荣太环境污染责任纠纷案

——环境民事公益诉讼中检察机关原告主体地位、举证责任分配和侵权赔偿方式的认定

关键词： 民事　环境民事公益诉讼　检察机关　诉前程序　举证责任分配　赔偿方式

【裁判要旨】

1. 依据检察环境公益诉讼的诉前程序，检察机关在特定区域内提起环境民事公益诉讼前，应首先审查符合起诉条件的社会团体、环保组织是否已经提起环境民事公益诉讼，以防止司法资源的浪费。

2. 检察机关提起的环境民事公益诉讼案件不再适用传统环境污染侵权案件中的举证责任倒置原则，而应由检察机关直接就被告所造成的环境污染损害与因果关系进行举证。

3. 公益诉讼人在诉讼中所主张的被告责任承担方式必须以最符合公益诉讼的目的即生态环境的补偿或修复来实现。故法律和司法解释虽然规定了环境侵权的多种责任承担方式，但从环境公益诉讼目的出发应采取支付赔偿金到专项环境保护账户、设立环境损害保险制度与社会救济基金等多元化责任承担方式。

【相关法条】

《中华人民共和国民事诉讼法》第五十五条　对污染环境、侵害众多消费者合法权益等损害社会公共利益的行为，法律规定的机关和有关组织可以向人

民法院提起诉讼。

人民检察院在履行职责中发现破坏生态环境和资源保护、食品药品安全领域侵害众多消费者合法权益等损害社会公共利益的行为，在没有前款规定的机关和组织或者前款规定的机关和组织不提起诉讼的情况下，可以向人民法院提起诉讼。前款规定的机关或者组织提起诉讼的，人民检察院可以支持起诉。

《中华人民共和国侵权责任法》第六十五条 因污染环境造成损害的，污染者应当承担侵权责任。

第六十六条 因污染环境发生纠纷，污染者应当就法律规定的不承担责任或者减轻责任的情形及其行为与损害之间不存在因果关系承担举证责任。

《最高人民法院关于审理环境民事公益诉讼案件适用法律若干问题的解释》第十八条 对污染环境、破坏生态，已经损害社会公共利益或者具有损害社会公共利益重大风险的行为，原告可以请求被告承担停止侵害、排除妨碍、消除危险、恢复原状、赔偿损失、赔礼道歉等民事责任。

第二十条 原告请求恢复原状的，人民法院可以依法判决被告将生态环境修复到损害发生之前的状态和功能。无法完全修复的，可以准许采用替代性修复方式。

人民法院可以在判决被告修复生态环境的同时，确定被告不履行修复义务时应承担的生态环境修复费用；也可以直接判决被告承担生态环境修复费用。

生态环境修复费用包括制定、实施修复方案的费用和监测、监管等费用。

第二十三条 生态环境修复费用难以确定或者确定具体数额所需鉴定费用明显过高的，人民法院可以结合污染环境、破坏生态的范围和程度、生态环境的稀缺性、生态环境恢复的难易程度、防治污染设备的运行成本、被告因侵害行为所获得的利益以及过错程度等因素，并可以参考负有环境保护监督管理职责的部门的意见、专家意见等，予以合理确定。

第二十四条 人民法院判决被告承担的生态环境修复费用、生态环境受到损害至恢复原状期间服务功能损失等款项，应当用于修复被损害的生态环境。

其他环境民事公益诉讼中败诉原告所需承担的调查取证、专家咨询、检验、鉴定等必要费用，可以酌情从上述款项中支付。

《最高人民法院关于审理环境侵权责任纠纷案件适用法律若干问题的解释》第十条 负有环境保护监督管理职责的部门或者其委托的机构出具的环境污染事件调查报告、检验报告、检测报告、评估报告或者监测数据等，经当事人质证，可以作为认定案件事实的根据。

【案件索引】

一审：山东省淄博市中级人民法院（2017）鲁03民初57号（2017年12月6日）

【基本案情】

公益诉讼人山东省聊城市人民检察院诉称：2014年12月至2015年10月，被告路荣太租用淄博市周村区西外环路前进村村民刘汝顺的西院，在未经相关部门审批且不具备清洗资质的情况下，购买刷桶机器及大量废机油桶，使用强碱洗刷机油桶，并将未经无害化处理的强碱废液直接排入院内私自挖掘的渗坑内，对渗坑周边及地下土壤造成的污染体积达48立方米。2015年10月21日，淄博市周村区公安分局直属大队根据举报线索，发现被告路荣太的违法行为，并对涉案地的排放液体取样，由淄博市公安局司法鉴定中心鉴定，该中心出具的［淄公（司）鉴（理）字（2015）1172号理化检验鉴定报告］载明，涉案渗坑内的液体检出强碱成分，PH值为13.1，属于有毒、有害物质。2016年7月11日，淄博市周村区公安分局以路荣太涉嫌污染环境罪，将案件移送至淄博市周村区人民检察院，后检察院对其提起公诉。2016年12月20日，淄博市周村区人民法院以污染环境罪对路荣太作出（2016）鲁0306刑初405号刑事判决。按照《全国人大常委会关于授权最高人民检察院在部分地区开展公益诉讼试点工作的决定》和《人民检察院提起公益诉讼试点工作实施办法》的相关规定，经检察机关调查，淄博市目前尚未有符合法律规定的机关或社会组织提起民事公益诉讼。本案符合人民检察院提起民事公益诉讼的受案范围，山东省聊城市人民检察院对本案提起公益诉讼的主体资格符合以上法律规定。根据《侵权责任法》第六十五条，《最高人民法院关于审理环境民事公益诉讼案件适用法律若干问题的解释》第十八条、第二十条，《人民检察院提起公益诉讼试点工作实施办法》第十四条、第十五条、第十六条，《民事诉讼法》第五十五条的规定，特提起环境民事公益诉讼，请求：（1）依法判令被告路荣太对涉案地残留污染危害物及时处置并消除已造成的危害结果；（2）依法判令被告路荣太对涉案地受污染土壤进行治理并恢复原状，如不能恢复原状，判令其承担涉案地受污染土壤治理及生态修复的相关费用。

被告路荣太辩称：我仅是挖了1米多深的坑，向坑内倒入少量的废水，案发后根据公安机关的要求，已对渗坑进行了填埋处理，且已受到相应处罚，不应再承担其他责任。

法院经审理查明：2014 年 12 月至 2015 年 10 月，被告路荣太在其租用的院内，未经相关部门审批且不具备清洗资质的情况下，购买刷桶机器及大量废机油桶，使用强碱洗刷机油桶，并将未经无害化处理的强酸废液直接排入院内私自挖掘的渗坑内，经公安机关侦查并对涉案地排放液体取样鉴定，涉案渗坑内的液体检出强碱成分，PH 值为 13.1，属于有毒、有害物质，渗坑周边及地下土壤造成的污染体积达 48 立方米。淄博市环境保护局周村分局（以下简称周村区环保局）依据相关环境污染治理的规定和技术标准，出具《关于路荣太环境污染行为造成环境损害依法予以治理及修复生态的实施意见》（以下简称《治理修复意见》），确定治理污染土壤及修复生态方案，并核定各项费用支出为 38400 元。淄博市目前尚未有符合法律规定的机关或社会组织提起民事公益诉讼。

【裁判结果】

山东省淄博市中级人民法院于 2017 年 12 月 6 日作出（2017）鲁 03 民初 57 号民事判决：由被告路荣太在本判决生效后 10 日内，将污染治理及生态修复费 38400 元，支付至山东省生态环境损害赔偿资金账户。一审宣判后，双方当事人均未上诉，一审判决已发生法律效力。

【裁判理由】

法院生效裁判认为：关于山东省聊城市人民检察院作为公益诉讼人的主体资格问题。根据《全国人大常委会关于授权最高人民检察院在部分地区开展公益诉讼试点工作的决定》，山东省聊城市人民检察院依据《人民检察院提起公益诉讼试点工作实施办法》的相关规定，对本案已履行诉前审查职责，故山东省聊城市人民检察院作为公益诉讼人提起本案诉讼，有事实及法律依据，依法予以支持。

关于被告路荣太环境污染行为及后果问题。由公益诉讼人提交的证据证明，经公安机关立案侦查并移送检察机关提起公诉，淄博市周村区人民法院于 2016 年 12 月 20 日作出的（2016）鲁 0306 刑初 405 号刑事判决书，判决认定路荣太实施了涉案环境污染犯罪行为并造成严重的环境污染后果。路荣太主张涉案渗坑仅1米深，且排污量不大，在公安机关要求下已填埋处理，但未能举证证明其主张成立，亦未提交相反证据，推翻公益诉讼人提交证据所证明的本案事实。综上，对路荣太实施了环境污染行为并造成严重污染后果的事实，予以确认。

关于路荣太承担涉案污染土壤治理及恢复生态的责任问题。《人民检察院提起公益诉讼试点工作实施办法》第十六条规定：人民检察院可以向人民法院提出要求被告停止侵害、排除妨碍、消除危险、恢复原状、赔偿损失、赔礼道歉等诉讼请求。《最高人民法院关于审理环境民事公益诉讼案件适用法律若干问题的解释》第十八条规定：对污染环境、破坏生态，已经损害社会公共利益或者具有损害社会公共利益重大风险的行为，原告可以请求被告承担停止侵害、排除妨碍、消除危险、恢复原状、赔偿损失、赔礼道歉等民事责任。第二十条规定：原告请求恢复原状的，人民法院可以依法判决被告将生态环境修复到损害发生之前的状态和功能。无法完全修复的，可以准许采用替代性修复方式。人民法院可以在判决被告修复生态环境的同时，确定被告不履行修复义务时应承担的生态环境修复费用；也可以直接判决被告承担生态环境修复费用。生态环境修复费用包括制定、实施修复方案的费用和监测、监管等费用。第二十三条规定：生态环境修复费用难以确定或者确定具体数额所需鉴定费用明显过高的，人民法院可以结合污染环境、破坏生态的范围和程度、生态环境的稀缺性、生态环境恢复的难易程度、防治污染设备的运行成本、被告因侵害行为所获得的利益以及过错程度等因素，并可以参考负有环境保护监督管理职责的部门的意见、专家意见等，予以合理确定。《最高人民法院关于审理环境侵权责任纠纷案件适用法律若干问题的解释》第十条规定：负有环境保护监督管理职责的部门或者其委托的机构出具的环境污染事件调查报告、检验报告、检测报告、评估报告或者监测数据等，经当事人质证，可以作为认定案件事实的根据。根据以上规定，本案公益诉讼人按照被告路荣太因环境污染犯罪造成的侵害结果及查明认定的事实，依法有权要求被告路荣太，按照淄博市环境保护局周村分局出具的《关于路荣太环境污染行为造成环境损害依法予以治理及修复生态的实施意见》承担责任。路荣太认为其犯罪行为已受到相应处罚且对涉案地污染处理完毕，不应再承担其他责任，但未提交已对涉案地环境污染处理的证据，其主张亦于法无据，依法不予支持。公益诉讼人山东省聊城市人民检察院主张路荣太应承担消除危害并对受污染土壤进行治理、恢复原状，如不能恢复原状，应承担污染土壤治理及生态修复费共计38400元，符合本案客观事实及法律规定，依法予以支持。

【案例注解】

本案系山东省首例由人民检察院依职权主动提起的环境民事公益诉讼案件。本案以审判实务明晰了环境民事公益诉讼中三个方面的主要问题：（1）人民检察院环境公益诉讼的主体资格及完善；（2）人民检察院提起环境公益诉讼案件不宜适用传统环境污染案件中的举证责任倒置原则，否则有加重被告举证责任之嫌；（3）从环境公益诉讼目的出发方能合理确定环境侵权责任承担方式。现结合具体案情对这三个方面的问题分析如下：

一、人民检察院环境公益诉讼主体资格及完善

新的《民事诉讼法》《环境保护法》实施后，社会团体、环保组织等虽然可以对环境侵权行为提起环境民事公益诉讼，但是这些团体组织受自身诉讼能力所限，环境诉讼维权方面的效果并不显著，人民检察院虽有支持环境公益案件起诉义务，但并非公益诉讼的权利义务一方，在履行职责时存在诸多掣肘，发挥不出“国家队”优势。有鉴于此，为了更好地推进环境公益诉讼开展，最高人民法院和最高人民检察院相继出台了《人民检察院提起公益诉讼试点工作实施办法》（以下简称《实施办法》）、《最高人民法院关于审理环境民事公益诉讼案件适用法律若干问题的解释》，细化人民检察院在环境公益诉讼中的职责、定位、履职方式，以此构建了检察环境公益诉讼①的雏形。

（一）检察机关公益诉讼人的重要地位作用

人民检察院作为环境公共利益的维护者和司法公正的监督者，相较社会民间组织，拥有独立的地位、法定的调查权、法律监督权等天然优势，其参与环境公益诉讼应是解决环境纠纷、维护环境公共利益与公民环境权益的最有利方式，具有极其重要而又不可替代的重要地位作用：

1. 国家治理现代化

检察机关提起环境公益诉讼是国家治理体系、能力现代化现实需要，由检察机关直接提起环境公益诉讼，不仅应充分发挥公益诉讼职能，还要注重缓解检察权在公益诉讼中的刚性色彩，保障法治监督体系的形成。应通过环境民事公益诉讼直接进行环境侵权追责，以弥补民间环保组织诉讼能力不足，同时以环境行政公益诉讼倒逼行政机关提升运行效能，监督依法行政，实现良法

① 本文将检察机关依法提起的环境公益诉讼统一简称为检察环境公益诉讼，下同。

之治。

2. 公益诉讼效率化

“检察机关公益诉讼起诉人的权利，既体现了民事、行政检察监督权的独立性和完整性，又体现了通过司法程序及时解决问题的法治精神。”① 由此可见，赋予检察机关提起环境公益诉讼主体地位，具有司法效率方面的考量。因为检察机关具有环境公益诉讼方面的专业知识能力、法定的调查取证权利，具备检察独立地位，既可有效防止公益滥诉与案件延期问题，还能提升公益诉讼案件处理效率。检察机关从民事主体定位出发提起环境公益诉讼，有利于形成诉讼与监督一体化格局，使检察监督与诉讼效率相互融合。②

（二）检察机关提起环境民事公益诉讼的诉前程序完善

目前，各地虽有检察机关提起环境民事公益诉讼案例，但在诉前程序上还有值得商榷的空间。之前检察机关无法直接提起环境公益诉讼，故只能发挥支持起诉或督促起诉等协助作用。检察机关直接提起环境公益诉讼后，为协调好不同诉讼主体之间关系，最高人民检察院《实施办法》明确设计了诉前程序，明确不同诉讼主体之间起诉先后顺序，避免诉讼冲突或功能弱化，保障检察机关提起公益诉讼的主体性与程序性。

在无适格主体或适格主体不提起诉讼情况下，检察机关应督促适格主体提起环境公益诉讼并提供必要协助，当适格社会团体组织不愿提起时，检察机关方能走向前台。本案中，公益诉讼人山东省聊城市人民检察院作为试点检察院，依据《实施办法》规定，在诉前对列于《淄博市环保类社团组织名录》上的社会团体组织予以审查，发现淄博市辖区内没有符合法律规定的组织机构提起环境公益诉讼，方才主动提起，这就是诉前程序的要求。这种审查既体现对环境侵权行为的追责惩处，又利于司法资源合理配置，避免司法权的浪费。此外，检察机关异地起诉的范围也应进一步明确，本案中，山东省聊城市人民检察院在淄博地区提起公益诉讼系试点安排，但当诉讼机制完备后，各地应划分司法辖区，规范受案范围。

检察机关提起环境民事公益诉讼前，既需要审查有无适格主体是否已提起诉讼及进行督促工作外，还需要明确适格主体起诉的情况下，检察机关对该次诉讼仍负有司法支持义务，若适格主体无法有效收集公共利益受侵害证据，可由检察机关予以相应的补充。另外，在判定检察机关是否已履行诉前程序时，

① 张忠民、陈乾：《检察机关试点环境公益诉讼的环境法审视》，载《人民司法》2017年第13期。

② 赵世德：《司法实践视角下环境公益诉讼主体资格的判断考量》，载《山东审判》2017年第3期。

主要依靠对时间节点的把握，即环保或公益团体在收到检察机关督促或支持起诉意见书后，一个月未回复或明确表示不起诉的，检察机关可据此提出环境公益诉讼。当然，环境民事公益诉讼与环境行政公益诉讼在诉前程序上有一定区别，前者针对环境污染行为，后者针对生态环境或资源保护方面职权性违法与不作为。环境民事公益诉讼提起前，检察机关需对适格主体发出督促或支持起诉意见书，环境行政公益诉讼中，则是发出检察建议书。诉前阶段经过后，检察机关要正式提起民事或行政环境公益诉讼，需要制作公益诉讼起诉书，并明确记录当事人身份情况、事实依据、证据清单、诉讼请求、法律适用方面问题。

（三）检察机关提起环境民事公益诉讼应遵循的原则

在诉前审查与诉讼过程中，检察机关的诉讼行为应遵循三个原则，即比例原则、有限原则和谦抑原则。[①] 首先，比例原则要求检察机关在面对具体环境公益诉讼时应依据实际案情确定办案目的、方法、司法效果等，如针对环境行政公益诉讼占主流情况，更多地思考如何在诉前程序中处理与行政机关关系，宜采何种方法。在环境民事公益诉讼中，检察机关也应依据公益环保重要性、紧迫性，适当调节办案次序，合理配置检察资源，防止全面摊开，力求最佳效果。其次，有限原则要求检察机关介入环境公益诉讼时应对自身权力有所限制，在案件范围上，检察机关应依据诉前程序合理调整，诉讼中发现问题，也应及时调整。环境民事公益诉讼中，检察机关若能督促社会环保组织提起公益诉讼，则无须主动出击。环境行政公益诉讼时，能够在诉前程序中解决的环境保护问题，可尽量在诉前程序中处理，如确需检察机关提起行政公益诉讼，应当选择重点案件。最后，检察机关在公益诉讼中行使法定监督权应谦抑、保守。在穷尽其他救济办法后，检察机关才可以环境公益诉讼作为最后救济手段。同时，检察机关进行公益诉讼时，要注意自身民事角色定位，保持权力谦抑性，尊重法院审判程序，不能在监督干预上失去分寸，《实施办法》对这一点尤为注重。目前来看由人民检察院作为环境公益诉讼人从而担负起环境保护的重任是大势所趋。虽在诉前程序、诉讼地位等细节方面，各地做法不同，但随着实践案例增多与经验积累，由检察机关与社会团体组织担任环境公益诉讼原告的“一体二翼”格局已经形成。

---

① 王刚、吴洪江：《检察机关提起环境公益诉讼中的法律衔接问题探析》，载《中国检察官》2018 年第 5 期。

二、人民检察院提起的环境民事公益诉讼案件不宜适用传统环境污染侵权案件中的举证责任倒置原则

（一）检察机关在环境民事公益诉讼中的强势地位

在环境私益诉讼中，原告的举证能力处于弱势地位，我国现行法律明确规定因环境污染引起的损害赔偿诉讼适用举证责任倒置原则，同时为防止举证责任分配过分失衡，《最高人民法院关于民事诉讼证据的若干规定》提出：“人民法院可以根据公平原则和诚实信用原则，综合当事人举证能力等因素确定举证责任的承担”，授予具体环境案件承办法官一定的举证责任分配自由裁量权。在环境公益诉讼中，当事人举证责任的分配原则尚未有明确法律规定与实施细则，以人民检察院这一特定原告主体视角看，环境公益诉讼适用举证责任倒置的合理性并不充分。首先，人民检察院是强势国家机关，以监督法律实施、维护社会公益为目的。在长期司法实践中，检察机关积累可观的处理民事诉讼案件经验，能支持其进行环境公益诉讼。相较社会环保组织、普通公民、环境侵权人，检察机关对诉讼程序、诉讼方法、庭审技巧的把握十分娴熟，拥有很高专业素养。其次，人民检察院依国家权力收集证据，举证能力远超一般民事主体或行政机关。对环境污染行为，检察机关除有侦查、公诉方面便利，还可在信息收集、证据鉴定等方面寻求环境保护行政主管部门配合。《民事诉讼法》第二百一十条规定的民事检察调查核实权，也为检察机关在公益诉讼中的调查取证职能做了铺垫，是检察机关参与环境公益诉讼必备的保障措施。由此可见，检察机关并无传统环境公益诉讼中原告的弱势地位，并因职责所在，擅于收集证据，举证能力较强。

（二）检察环境公益诉讼中的诉讼情事显著变更

以本案为例，鉴于人民检察院作为公益诉讼人的优势，环境民事公益诉讼中举证责任倒置的适用基础明显弱化，不再具有显著地位。第一，当事人诉讼地位回归均衡。检察机关在专业知识、经济实力和司法资源方面均具备优越条件，足以支持公益诉讼，被告一般为被管理、监督的环境损害行为人，其享有的环境权利为私权利，相较检察机关的优势地位，被告有着与之完全不对等的司法能力，甚至有权利“反向”失衡之忧。[①] 本案中，被告路荣太系失业农民，为生计而从事了损害环境违法行为，这与检察机关强势地位形成了鲜明对比。从2010年以来司法实践看，以检察机关为原告的环境公益诉讼案件无一

① 李爽：《浅谈我国民事举证责任倒置适用范围的完善及扩大》，载《法制博览》2018年第16期。

败诉，诉讼目的也基本实现。诉讼双方力量悬殊是环境私益诉讼中举证责任倒置的决定性因素，但因检察机关的地位特殊性，反而缓解了环境侵权诉讼中主体平等结构受到的冲击。第二，“原告举证困难”不复存在，如上文所述，检察机关可以运用专业的证据收集方法与技术手段支撑证据收集、鉴定环境损害程度、定量损害后果、判定因果关系，这就一定程度上改变因证据偏在、举证妨碍而产生的举证困难，扭转“信息不对称”的情形，使得某些举证障碍并非难以逾越。另外，环境保护逐渐成为一种综合协调行为，检察机关可与环保部门、社会组织等主体以信息共享方式沟通协作，确保调查高效。广东的博朗五金厂水域污染纠纷一案的举证完成，就是检察机关与环保行政机关通力合作的结果。《民事诉讼法》第七十九条规定的专家辅助人制度，可就环境保护专业问题进行说明，确保公益诉讼下双方举证责任能力均衡。第三，诉讼程序的简便易行，环境污染的扩散性、易逝性，要求尽快收集、固定证据，这对检察机关来说并非难事。人民检察院在提起环境公益诉讼前，污染责任人已经就其污染行为受到行政或刑事处罚，相关的现场记录、处罚意见、鉴定报告、司法文书已经形成，具有法定证明效力，而提起公益诉讼的检察机关依职权完全可径直调取，庭审中作为证据出示，若再要求被告就因果关系举证来进行司法推定，会造成诉讼程序的繁琐，实无必要。

（三）公正价值要求下的举证责任分配

公益诉讼主体地位均衡也是法哲学的要求，在检察环境公益诉讼中，若继续原则化参照私益诉讼而进行举证责任倒置，容易损害弱势被告的诉讼权益，造成当事人诉讼地位的实质不平等。从公正的价值目标出发，在遵循“谁主张、谁举证”基本规则基础上，引入举证责任分配的自由裁量权，由法官依据个案案情与当事人诉讼能力，在检察机关与公民个人、企业等环境侵权主体之间进行举证责任的裁量分配较为适宜。

本案作为一审案件，加之环境侵害后果的间接性、复杂性、长期性，审理难度较大。一审判决实际结合了美国的审前证据开示制度，在尊重检察机关法律监督职能的前提下明确了如下规则：（1）在环境公益诉讼中，对举证责任倒置的分配，法官应负有明确的先行释明义务，即使侵权人的举证责任较小，但鉴于其法律知识的匮乏，审判中不一定对法官举证能力分配事项理解到位，若法官不事先予以释明其相应的举证事项，则有剥夺被告证明机会而进行证据突袭的嫌疑；①（2）检察环境公益诉讼时，被告即使承担一定举证义务，也应

---

① 刘素馨：《环境侵权之诉因果关系的举证责任分配》，载《法制与社会》2018 年第10 期。

注重限度，若检察机关举证已达到“准盖然性”程度，可直接认定因果关系时，则无须再要求被告进行反证；（3）裁判文书应对举证责任的分配进行详细阐述，加强司法说理，特别是当有举证责任倒置情形时。一则令被告信服，减少其上诉、再审、信访几率；二则在后续司法程序中，易于其他部门或上级法院审查举证责任倒置情形运用是否正确。

三、从环境公益诉讼目的出发合理确定环境侵权责任承担方式

（一）新型责任承担方式的探讨

传统环境侵权赔偿模式下，环境侵权人的责任承担不外乎停止侵害、排除妨碍、消除危险、恢复原状、赔偿损失等填补型方式，这与一般民事侵权责任无异。而在《实施办法》《最高人民法院关于审理环境民事公益诉讼案件适用法律若干问题的解释》《最高人民法院关于审理环境侵权责任纠纷案件适用法律若干问题的解释》等规定相继出台后，虽然也强调环境侵权责任承担的共性，但考虑到生态变化的多样性，司法上实际鼓励各地进行环境侵权责任创新。实践中，各地法院也进行了一系列有益探索，比如南平法院创设的生态服务功能损失赔偿与无锡法院的“异地补植”恢复生态平衡判决等。[①] 本案中，人民法院从环境民事公益诉讼的目的即为社会公众利益尽快恢复或补偿被侵权行为所破坏的自然环境出发，考虑到侵权行为已经导致私自挖掘的渗坑及周边土壤污染严重且有扩散趋势，急需专业性的生态恢复与污染物无害化处理，加之公益诉讼人对诉讼标的不享有像民事诉讼中那样的任意处分权，对诉讼标的不享有直接利益这一客观现实，故人民法院在公益诉讼人主张的“被告路荣太承担消除危害并对受污染土壤进行治理、恢复原状，如不能恢复原状，应承担污染土壤治理及生态修复费共计38400元侵权责任”诉讼请求基础上，直接依据具体案情与被告路荣太履行环境修复义务能力，依法判令路荣太支付生态修复金，侵权责任的承担一步到位，使得侵权人对侵权行为的责任承担更加清晰，既减少当事人诉累，又体现出人民法院对公益诉讼所倡导的价值导向与法律规定把握得准确到位。

本案中的案件赔偿资金专项账户制度系借鉴社会团体组织为原告的公益信托制度而来。如环保组织自然之友提起的江苏泰州水污染公益诉讼一案，被告

---

① 参见张宽明、赵正辉、朱加嘉、杨柯栊：《无锡滨湖法院判决“异地补植”恢复生态平衡》，载《人民法院报》2013年2月20日第1版。

中丹化工经调解自愿拿出100万元设立公益信托基金，用于当地的环境污染治理。[①] 公益信托优势如下：（1）有明确法律依据和较完善的法律制度，《信托法》《慈善法》均有专门章节规定公益信托，且将审批制改为备案制，显著降低了公益信托设立成本；（2）公益信托虽有民间性质，但管理十分严格，专项账户保证资金的独立、安全，社会各界人士代表组成的决策委员会负责资金使用，监察人员享有信托章程规定的监督权。因此，在检察机关提起的环境公益诉讼中，将赔偿资金打入财政专门设立的资金账户，可以有效保障赔偿金用于受损自然环境修复，实现公益目的。

（二）环境损害赔偿金制度

环境损害赔偿金管理制度当前正处在逐步规范的阶段。以山东省制定的《山东省生态环境损害赔偿资金管理办法》为例，赔偿资金的来源分为：（1）环境公益案件判决、调解确定的生态环境损害赔偿金；（2）赔偿义务人自愿支付的赔偿金；（3）财政、环保等部门认定的赔偿资金；（4）生态环境损害赔偿磋商索赔的资金，但对磋商后赔偿义务人自行修复或由其组织第三方修复的项目，发生的污染清除、生态修复费用不纳入管理。赔偿资金属于政府非税收入，应全额上缴国库，人民法院在同级财政部门的协助下，负责公益判决的履行。赔偿金一般用于清除控制污染、生态环境修复、环境功能补偿及环境修复咨询、评估、验收等方面的合理支出。原则上特定环境损害赔偿金应用于该事件的生态环境修复，但不可修复或无必要修复的，可用于损害结果地其他污染治理与环境修复。赔偿资金的使用由修复单位向赔偿权利人同级主管部门提出申请并提交相应的修复方案，修复方案在主管部门审核后报同级财政、环保部门审批。财政部门负责赔偿资金的审核、管理、监督检查，并按国库集中支付制度与政府采购有关规定执行。环保部门需设置资金台账制度，配合财政部门做好资金使用的管理工作。赔偿资金的使用应当由实施地主管部门与财政、环保部门报省级厅局备案后，以适当形式及时向全社会公开。

目前，环境公益诉讼案件赔偿金的专项管理已经逐步推开，并在财政部门指导的总体框架下，继续探索受损环境修复资金的管理和使用方法。再如湖南省高级人民法院除依据最高人民法院相关环境审判工作会议精神设立环境诉讼专项基金账户外，还对账户的前期资金来源，提出协调相关部门，由财政资金先予垫付的思路。并借鉴国际经验，摸索修复费用妥善管理、科学使用的新路

① 参见葛枫：《我国环境公益诉讼历程及典型案例分析——以“自然之友”环境公益诉讼实践为例》，载《社会治理》2018年第2期。

径，同时积极公开收支明细以接受各界监督，通过公益诉讼方式带动辖区内环境保护发展。①

应当注意的一点是，在预防性环境公益诉讼中，因损害后果尚未造成，不应当让被告交付环境修复或损害金，因为起诉目的是为避免人类行为对生态环境造成毁灭性影响，故而在进行合理评估后，以何种方式、行为对环境进行保护是司法裁判关注重点。若要求被告支付环境修复或损害金，无异于变相鼓励其继续从事相关不当环境行为，有违法之嫌。

（三）环境责任保险与社会救济基金

对于环境侵权责任承担方式而言，为了能够确保实现环境公益诉讼的目的，除建立环境生态损害专项资金账户外，实践中还应考虑采取创设环境责任保险、社会救济基金等途径予以尝试。

1. 环境责任保险模式

环境责任保险本质上也是一种保险合同，由保险人与投保人之间就环境污染责任的承担而协商订立。我国《保险法》第四十九条规定，企业、个人可以通过与保险公司签订保险合同的方式将一部分责任转移给保险公司，保险公司再通过其他方式分担相应的环境侵权赔偿。这样既能最大程度保护受害人权益，又能使侵权企业或个人规避相应诉讼风险，一举两得。但环境责任保险制度模式需根据各地实际状况进行变通设计，当前宜采强制保险与自愿保险相结合的方式，强制保险可适用于严重的环境侵权事件发生几率较高的企业或个人，自愿险则可适用于发生环境侵权事件较少的民事主体。如此设计，一则能预防环境侵权事件发生与赔付率不高的问题，二则可保障企业、个人经济管理上的自主权。

2. 社会救济基金模式

环境侵权发生后，若侵权人一旦无法或不能及时偿付，则环境修复的赔偿金可从专门的社会救济基金中提取。目前，社会救济基金的来源渠道有三种：（1）专职救济机构，此类环保基金可通过发行环境福利彩票或由民间募捐活动设立。当然，基金的发放需以对受害者严格的损害程度审查为前提，只有在满足法律规定的赔偿基准线时，方能申请使用资金，兼顾环境污染治理需要与诉讼成本合理化；（2）政府税收支持，环境治理支出也是国家财政拨付的重要内容，环保部门对造成环境损害的企业或个人进行的罚款与征税，可补充至救济基金内，并对环境侵权受害者进行相应的赔偿；（3）企业、个人设立专

① 参见陈思：《环境污染赔偿金实行专账专管》，载《法制周报》2016年6月7日第1版。

门环保基金，一般可由企业或个人进行相应经济活动时，基于环境保护或相关目的而申请设立。设立此类环保基金应以自愿为原则，但在污染事件频发的高工业化地区，也可考虑采强制原则。如山东省淄博市一直是重工业城市，为切实防止环境污染，新设的工业企业在进行注册时，应当建立环保基金，其基金总额依据企业可能造成的污染危害以及企业经济实力来确定，一旦发生环境侵权事件，可从基金中及时进行赔付。

综上所述，在我国经济社会飞速发展的当下，环境污染日趋严重，赋予人民检察院环境公益诉讼主体地位，由其直接担负起对损害公共利益环境污染事件的追责十分必要。但环境公益诉讼在我国尚属新型诉讼，检察机关提起环境公益诉讼在诉前程序、举证责任分配、赔偿方式厘定上均有值得探讨之处。因此，在已有法律法规的指导下进行环境公益诉讼的深入研究与个案分析，将成熟的经验做法细化为健全的环境法律规则殊为必要。同时，也应检视传统环境理论的桎梏，在公益诉讼流程完善等方面基础上，借鉴国外先进经验，从而进一步完善环境损害赔偿金制度。

（**一审法院合议庭成员** 郭东辉 胡晓梅 李 诚
编写人 山东省淄博市中级人民法院 荣明潇 杨富元 郭东辉
责任编辑 杨 奕
审稿人 曹守晔）

郴州市人民检察院诉武汉创盛环保科技有限公司等环境污染责任纠纷案

——破坏生态环境民事公益诉讼损害责任的认定

关键词：民事　公益诉讼　破坏生态环境　检察机关　赔偿责任

【裁判要旨】

破坏生态环境的案件应以生态环境的修复为着眼点，不仅要判令侵权人停止破坏生态环境的违法行为，更要判令侵权人承担限期修复受损生态环境的责任，还要判令侵权人赔偿生态环境受到损害至恢复原状期间服务功能损失。根据《最高人民法院关于审理环境民事公益诉讼案件适用法律若干问题的解释》第十八条的规定，对污染环境、破坏生态，已经损害社会公共利益或者具有损害社会公共利益重大风险的行为，原告可以请求被告承担停止侵害、排除妨碍、消除危险、恢复原状、赔偿损失、赔礼道歉等民事责任，人民法院应予支持。

【相关法条】

《中华人民共和国侵权责任法》第八条　二人以上共同实施侵权行为，造成他人损害的，应当承担连带责任。

第六十五条　因污染环境造成损害的，污染者应当承担侵权责任。

第六十六条　因污染环境发生纠纷，污染者应当就法律规定的不承担责任或者减轻责任的情形及其行为与损害之间不存在因果关系承担举证责任。

《最高人民法院关于审理环境侵权责任纠纷案件适用法律若干问题的解释》第二条　两个以上污染者共同实施污染行为造成损害，被侵权人根据侵权责任法第八条规定请求污染者承担连带责任的，人民法院应予支持。

第十三条 人民法院应当根据被侵权人的诉讼请求以及具体案情，合理判定污染者承担停止侵害、排除妨碍、消除危险、恢复原状、赔礼道歉、赔偿损失等民事责任。

第十四条 被侵权人请求恢复原状的，人民法院可以依法裁判污染者承担环境修复责任，并同时确定被告不履行环境修复义务时应当承担的环境修复费用。

污染者在生效裁判确定的期限内未履行环境修复义务的，人民法院可以委托其他人进行环境修复，所需费用由污染者承担。

《最高人民法院关于审理环境民事公益诉讼案件适用法律若干问题的解释》第十八条 对污染环境、破坏生态，已经损害社会公共利益或者具有损害社会公共利益重大风险的行为，原告可以请求被告承担停止侵害、排除妨碍、消除危险、恢复原状、赔偿损失、赔礼道歉等民事责任。

第二十条 原告请求恢复原状的，人民法院可以依法判决被告将生态环境修复到损害发生之前的状态和功能。无法完全修复的，可以准许采用替代性修复方式。

人民法院可以在判决被告修复生态环境的同时，确定被告不履行修复义务时应承担的生态环境修复费用；也可以直接判决被告承担生态环境修复费用。

生态环境修复费用包括制定、实施修复方案的费用和监测、监管等费用。

第二十一条 原告请求被告赔偿生态环境受到损害至恢复原状期间服务功能损失的，人民法院可以依法予以支持。

第二十二条 原告请求被告承担检验、鉴定费用，合理的律师费以及为诉讼支出的其他合理费用的，人民法院可以依法予以支持。

【案件索引】

一审：湖南省郴州市中级人民法院（2018）湘10民初3号（2018年5月3日）

【基本案情】

公益诉讼人湖南省郴州市人民检察院诉称：（1）判令创盛公司、黄文、曹盛有、曹德威、王早新、王建福依法及时处置倾倒于临武县境内的危险废物，消除危险，并修复被损害生态环境。如不能自行及时处置危险废物、修复生态环境，判令其承担危险废物处置费用58800元、环境修复费用384000元，共计972000元；（2）判令创盛公司、黄文、曹盛有、曹德威、王早新、王建福支付因处置临武县境内的相关费用，包括：环境损害调查费用3万元，危险废物现场清理转运11960元，环境监测费用2万元，环境损害评估费用3万元，共计91960元；（3）判令创盛公司、黄文、曹盛有、曹德威、王早新、王建福连带赔偿因共同故意实施污染宜章县境内环境侵权行为所造成的各项损失共计1466929元及评估鉴定费用12万元；（4）判令创盛公司、黄文、曹盛有、曹德威、王早新、王建福通过郴州市市级以上媒体向社会公众赔礼道歉。事实和理由：创盛公司于2007年11月5日成立，经营范围为再生资源开发利用、再生物资回收、环保化工原料制造、销售（不含危化品）等，法定代表人为黄文。2014年12月8日经武汉市环保局批复，该公司的危险废物处置项目投入试生产，后经延期批复，试生产期限截止至2015年12月8日。2015年2月28日经湖北省环保厅批复，该公司在试生产期间可处置HW12染料、涂料废物、HW49其他废物、HW34废酸、HW17表面处理废物、HW22含铜废物等种类危险废物。2015年3月9日黄文与该公司的股东签订合同，自2015年3月10日起至2021年3月21日止承包该公司的经营权。

自2015年3月起，健鼎（湖北）电子有限公司（以下简称健鼎公司）、黄石沪士电子有限公司（以下简称沪士公司）委托创盛公司处置其生产过程中的危险废物（HW12、HW49、HW34、HW17、HW22等）。创盛公司在处置其中属于HW12类危险废物的油墨渣时，因公司实验效果不佳，无法处置，而外运至有资质处置的宜昌危废处置中心处置，费用太高，配额太少，黄文遂要曹德威（创盛公司生产部经理）找人来回收，处置费用不超过600元/吨。曹德威遂通过其哥哥曹德良介绍联系到了王早新，通过王早新、王建福二人的介绍，联系到了无危险废物处理能力的曹盛有。三方约定了油墨渣的处置费用为400元/吨，其中王建福从中收取80元/吨的介绍费，曹德威以450元/吨的处置价格向黄文汇报，经黄文同意后，按照黄文的指示以550元/吨的处置价格向公司财务报账。截至2016年1月份，创盛公司在未审查曹盛有是否具备危险废物处置能力的情况下，先后五次将健鼎公司、沪士公司委托其处置的危险废物HW12中的油墨渣以及少量的HW49中的废抹布、手套共11车约377吨直接转交给曹盛有处置。创盛公司共支付处置费用213850元，其中，曹盛有得处置费163190元，王建福得介绍费8710元，曹德威和黄文共得回扣

41950 元。

曹盛有将从创盛公司拉回来的危险废物随意倾倒、堆放在宜章县笆篱乡平原村泰兴爆竹厂对面山地、宜章县迎春镇长村乡长启村 X065 县道 197KM + 300M 路段北面山地、宜章县迎春镇山上村马鞍山 S354 省道 201KM 路段东侧山地、临武县金江镇铁坑等地，仅进行了简单的填埋处置，未采取任何防渗漏措施，对周边环境造成了污染，后果特别严重。经宜章县环境保护监测站、郴州市环境监测站出具监测报告，湖南省环境保护厅出具认可意见，倾倒、填埋在宜章县迎春镇山上村马鞍山 S354 省道 201KM 路段东侧山地的废物取样检测出铅含量为 1.99mg/L，超过了国家标准，PH 值为 1.78，具有强酸性，系有毒物质；倾倒、填埋在临武县金江镇铁坑的废物及土壤取样检测出镉、铅、铬、铜、镍、锌含量均超过了国家标准。

经当地群众举报，宜章县环保局于 2016 年 5 月对宜章县境内的相关危险废物埋藏地点进行了应急处置，转运至有危险废物经营许可证的湖南衡兴环保科技开发有限公司（以下简称衡兴公司）处置，宜章县环保局于 2016 年 10 月 9 日向衡兴公司支付危险废物转移案危险废物处置预付款 20 万元。

经湖南省环境保护科学研究院鉴定评估，曹盛有在宜章县长村乡长启村、迎春镇碕石村、笆篱乡平原村非法处置危害物，所造成的损失包括：应急处置过程中投入物资、设备计运行等费用共 36539 元；处置污染物及受污染的土壤费用共 1427490 元；人员支出等事务性费用 2900 元；以上合计 1466929 元。2017 年 5 月底，宜章县环保局代交部分处置费用 628550 元，封存危险废物的衡兴公司在收到该笔费用之后于 2017 年 7 月将所有危险废物进行了处置。

环境保护部华南环境科学研究所鉴定评估中心于 2017 年 7 月出具《临武县金江镇非法转移处置危险废物场地清运后环境污染损害评估报告》，鉴定评估结论为：创盛公司收集健鼎公司和沪士公司产生的废油墨渣、废抹布手套等危险废物进行非法转移和处置，造成该污染事故，倾倒行为导致倾倒点土壤部分监测指标超出基线水平。临武县金江非法转移处置危险废物事件造成的环境污染损失约为 1063960 元，其中事务性费用（资料调研及调查、危险废物现场清理转运及处置、环境监测、环境损害评估等费用）共计 679960 元，环境修复费用（生态环境损害）384000 元。该部分倾倒于临武县境内的危险废物，临武县环保局仅对现场进行了清理，将危险废物转运至临武县永发砷渣治理股份公司内，尚未处置。

郴州市人民检察院于 2017 年 7 月 25 日在《检察日报》发布公告，告知郴州市人民检察院已对被告创盛公司等环境污染损害赔偿案立案审查，并督促有权提起诉讼的机关或有关组织就创盛公司等环境污染损害社会公共利益行为向人民法院提起民事公益诉讼。公告满1个月后有关机关或组织未向人民法院提起诉讼。郴州市人民检察院认为，创盛公司、黄文、曹盛有、曹德威、王早新、王建福违法处置危险废物，严重污染环境，损害了社会公共利益，其行为违反了《固体废物污染环境防治法》第十七条的规定。根据《侵权责任法》第六十五条、《环境保护法》第六条第三款和第六十四条、《固体废物污染环境防治法》第八十五条规定，创盛公司、黄文、曹盛有、曹德威、王早新、王建福应当承担排除危害、赔偿损失和环境修复责任。创盛公司、黄文、曹盛有、曹德威、王早新、王建福共同故意实施污染环境的侵权行为，造成环境污染的严重后果，依据《侵权责任法》第八条之规定，创盛公司、黄文、曹盛有、曹德威、王早新、王建福应承担连带赔偿责任。

被告创盛公司辩称：（1）对公益诉讼起诉书诉请的事实和理由无异议，对起诉书认定创盛公司与黄文、曹盛有、曹德威、王早新、王建福共同实施侵害行为有异议。（2）创盛公司对黄文、曹德威私下处置危险废物不知晓，无主观错误，创盛公司是因为管理的失误才牵涉本案的。公司在经营瘫痪的情况下，创盛公司股东愿意对临武县境内的危险废物进行处置，对于其他的处置费用，公司股东愿意庭后自己筹集资金对其他的相关损失进行赔偿。创盛公司对曹盛有等人私下倾倒危险废物的行为，是不知晓的，无主观错误。公司只是管理不善，但没有主观上的过错。依照侵权责任法的规定，创盛公司应当承担相应的赔偿责任，但创盛公司可以依照与黄文之间的承包经营合同，向黄文进行追偿。

被告黄文、曹盛有、曹德威、王早新、王建福对公益诉讼起诉书的诉讼请求和理由无异议。

法院经审理查明：创盛公司于2007年11月5日成立，经营范围为再生资源开发利用、再生物资回收、环保化工原料制造、销售（不含危化品）等，法定代表人为黄文（2017年9月8日变更为王健辉）。2014年12月8日经武汉市环保局批复，该公司的危险废物处置项目投入试生产，后经延期批复，试生产期限截止至2015年12月8日。2015年2月28日经湖北省环保厅批复，该公司在试生产期间可处置HW12染料、涂料废物、HW49其他废物、HW34废酸、HW17表面处理废物、HW22含铜废物等种类危险废物。2015年3月9日黄文与该公司的股东签订合同，自2015年3月10日起至2021年3月21日止承包该公司的经营权。创盛公司在经营过程中，对属于HW12类危险废物的油墨渣无法处置，而外运至有资质处置的宜昌危废处置中心处置，费用太高，配额太少，黄文遂要曹德威（创盛公司生产部经理）找人来回收，处置费用不超过600元/吨。曹德威遂通过王早新、王建福二人的介绍，联系到了无危险废物处理能力的曹盛有。三方约定了油墨渣的处置费用。截至2016年1月，创盛公司在未审查曹盛有是否具备危险废物处置能力的情况下，先后五次将健鼎公司、沪士公司委托其处置的危险废物HW12中的油墨渣以及少量的HW49中的废抹布、手套共11车约377吨直接转交给曹盛有处置。创盛公司共支付处置费用213850元，其中，曹盛有得处置费163190元，王建福得介绍费8710元，曹德威和黄文共得回扣41950元。

曹盛有将从创盛公司拉回来的危险废物随意倾倒、堆放在宜章县笆篱乡平原村泰兴爆竹厂对面山地、宜章县迎春镇长村乡长启村X065县道197KM+300M路段北面山地、宜章县迎春镇山上村马鞍山S354省道201KM路段东侧山地、临武县金江镇铁坑等地，仅进行了简单的填埋处置，未采取任何防渗漏措施。案发后，经宜章县环境保护监测站、郴州市环境监测站出具监测报告，湖南省环境保护厅出具认可意见，倾倒、填埋在宜章县迎春镇山上村马鞍山S354省道201KM路段东侧山地的废物取样检测出铅含量为1.99mg/L，超过了国家标准，PH值为1.78，具有强酸性，系有毒物质；倾倒、填埋在临武县金江镇铁坑的废物及土壤取样检测出镉、铅、铬、铜、镍、锌含量均超过了国家标准。

宜章县环保局于2016年5月对宜章县境内的相关危险废物埋藏地点进行了应急处置，转运至有危险废物经营许可证的衡兴公司处置。2017年5月底，宜章县环保局代交部分处置费用628550元，衡兴公司在收到该笔费用之后于2017年7月将危险废物进行了处置。对临武县境内的危险废物，临武县环保局对现场进行了清理，将危险废物转运至临武县永发砷渣治理股份公司内，但尚未处置。

受宜章县环保局委托，湖南省环境保护科学研究院于2017年2月作出《湖南省郴州市宜章县跨省非法处置危害物事件污染损害鉴定评估报告》，鉴定评估结论为“本次事件污染源及特征污染物明确，污染物迁移途径清晰，与其所造成的环境损害存在直接关系，因果关系成立”“本次事件环境损害评估中无人身损害，本报告主要核算财产损失、生态环境损害、事务性费用以及后续处置费用，总费用为1466929元”。宜章县环保局支付评估鉴定费用12万元。

受临武县环保局委托，环境保护部华南环境科学研究所于2017年7月出具《临武县金江镇非法转移处置危险废物场地清运后环境污染损害评估报告》，鉴定评估结论为："4.1 环境损害确认。倾倒行为导致倾倒点土壤部分监测指标超出基线水平。4.2 因果关系判定。（1）存在明确的污染来源和污染排放行为；（2）环境介质中存在污染源排放的污染物，且与污染源产生或排放的污染物（或污染物的转化产物）具有一致性；（3）存在污染物传输路径的合理性。4.3 环境损害量化。（1）事务性费用。资料调研及调查、危险废物现场清理转运及处置、环境监测、环境损害评估等费用共计 679960 万元；（2）环境修复费用（生态环境损害）384000 元。"临武县环保局支付评估鉴定费用 3 万元。

创盛公司、黄文、曹德威对湖南省环境保护科学研究院、环境保护部华南环境科学研究所鉴定评估中心出具的评估报告提出异议，但未申请重新鉴定。郴州市人民检察院在举证期限内申请宜章县环境保护监测站、郴州市环境监测站、湖南省环境保护科学研究院、环境保护部华南环境科学研究所的鉴定人出庭，本院予以准许，并依法通知了鉴定人到庭接受双方的质询，鉴定人分别就监测报告和评估报告作了说明。

另查明：郴州市人民检察院于 2017 年 7 月 25 日在《检察日报》发布公告，告知郴州市人民检察院已对创盛公司等环境污染损害赔偿案立案审查，并督促有权提起诉讼的机关或有关组织就创盛公司等环境污染损害社会公共利益行为向人民法院提起民事公益诉讼。公告期满后，没有符合起诉条件的机关或有关组织向人民法院提起诉讼。

【裁判结果】

湖南省郴州市中级人民法院于 2018 年 5 月 3 日作出湖南省郴州市中级人民法院（2018）湘 10 民初 3 号民事判决：一、武汉创盛环保科技有限公司、黄文、曹盛有、曹德威、王早新、王建福于本判决生效后 3 个月内处置好倾倒于临武县境内的危险废物，消除危险，并修复被损害生态环境（须经环保部门验收合格）。如武汉创盛环保科技有限公司、黄文、曹盛有、曹德威、王早新、王建福在上述期限内未履行该义务，则应立即向本院指定的账户连带支付危险废物处置费 588000 元、环境修复费 384000 元，共计 972000 元，作为代履行费用；二、武汉创盛环保科技有限公司、黄文、曹盛有、曹德威、王早新、王建福于本判决生效后 10 日内向本院指定的账户连带支付环保部门因处置临武县境内环境损害的调查费 3 万元、危险废物现场清理转运费 11960 元、环境监测费用 2 万元、环境损害评估费 3 万元，共计 91960 元；三、武汉创盛环保有限公司、黄文、曹盛有、曹德威、王早新、王建福于本判决生效后10日内向本院指定的账户连带支付环保部门因处置宜章县境内环境损害的损失1466929元、评估鉴定费12万元，共计1586929元；四、武汉创盛环保科技有限公司、黄文、曹盛有、曹德威、王早新、王建福于本判决生效后10日内通过郴州日报向社会公众赔礼道歉（内容须经本院审定）。宣判后，双方未上诉，判决已经发生法律效力。

【裁判理由】

法院生效裁判认为：根据《最高人民法院、最高人民检察院关于检察公益诉讼案件适用法律若干问题的解释》第十三条规定："人民检察院在履行职责中发现破坏生态环境和资源保护、食品药品安全领域侵害众多消费者合法权益等损害社会公共利益的行为，拟提起公益诉讼的，应当依法公告，公告期间为三十日。公告期满，法律规定的机关和有关组织不提起诉讼的，人民检察院可以向人民法院提起诉讼。"本案中，郴州市人民检察院对案件拟提起公益诉讼的情况进行了公告，公告期满后，没有任何符合提起环境民事公益诉讼条件的机关或有关组织提起诉讼，故郴州市人民检察院提起本案诉讼符合上述规定，各方当事人对其主体资格亦无异议，本院对此予以确认。本案的争议焦点是以下三个方面：（1）污染的事实是否存在以及侵权行为与损害后果是否存在因果关系。（2）污染的责任主体应如何确定。（3）污染的责任应如何承担。

一、关于污染的事实是否存在以及侵权行为与损害后果是否存在因果关系的问题

1. 曹盛有将377吨危险废物从创盛公司运输到宜章和临武县境内随意倾倒、堆放是不争的事实。案件发生后，环保部门依法进行了污染物取样，宜章县环境保护监测站、郴州市环境监测站依法进行了数据监测，出具了监测报告。湖南省环境保护科学研究院、环境保护部华南环境科学研究所依法进行了污染损害评估，出具了评估报告。《最高人民法院关于审理环境侵权责任纠纷案件适用法律若干问题的解释》第十条规定："负有环境保护监督管理职责的部门或者其委托的机构出具的环境污染事件调查报告、检验报告、检测报告、评估报告或者监测数据等，经当事人质证，可以作为认定案件事实的根据。"宜章县环境保护监测站、郴州市环境监测站的监测报告，

湖南省环境保护科学研究院、环境保护部华南环境科学研究所的评估报告，经庭审质证，可以作为认定本案事实的根据，能够证明废物堆放地受重金属污染的事实。

2. 根据《侵权责任法》第六十五条关于“因污染环境造成损害的，污染者应当承担侵权责任”以及第六十六条关于“因污染环境发生纠纷，污染者应当就法律规定的不承担责任或者减轻责任的情形及其行为与损害之间不存在因果关系承担举证责任”的规定，污染环境造成损害的，应由污染者承担侵权责任，且适用无过错责任原则和举证责任倒置原则。创盛公司、黄文、曹盛有、曹德威、王早新、王建福均未就法律上规定的不承担责任或者减轻责任的情形及其行为与损害之间不存在因果关系提交证据予以证明。相反，湖南省环境保护科学研究院、环境保护部华南环境科学研究所作出的评估报告均认定污染物排放行为与环境损害存在直接关系。因此，应认定创盛公司、黄文、曹盛有、曹德威、王早新、王建福的侵权行为与环境损害的后果存在直接的因果关系。

二、关于责任主体的问题

本案中，曹盛有擅自倾倒、堆放固体废物，对造成环境损害的后果应承担侵权责任。创盛公司将公司交由黄文内部承包经营，疏于监管，导致黄文将危险废物交由不具有危险废物处置的人员处置，对本案环境污染的发生应当承担相应的责任。黄文、曹德威为了获得非法利益，直接将危险废物交由曹盛有处置，对本案环境污染的发生也应当承担相应的责任。王早新、王建福为了获得非法利益，仍然将危险废物介绍给不具有危险废物处置资质的曹盛有处置，对本案环境污染的发生亦应当承担相应的责任。创盛公司、黄文、曹盛有、曹德威、王早新、王建福的行为直接结合，导致污染损害后果的发生，构成共同侵权。故创盛公司、黄文、曹盛有、曹德威、王早新、王建福对污染损害后果应承担连带责任。

三、关于责任应如何承担的问题

1. 由于本案倾倒于临武县境内的危险废物，尚未处置，郴州市人民检察院请求判令创盛公司、黄文、曹盛有、曹德威、王早新、王建福依法及时处置该危险废物，消除危险并修复被损害生态环境，应予以支持。如创盛公司、黄文、曹盛有、曹德威、王早新、王建福在本院指定的期限内不履行环境修复义务，则应当依照环境保护部华南环境科学研究所的评估意见交纳危险废物处置费用588000元、环境修复费用384000元，共计972000元，由本院委托具有相关资质的第三方代为履行。

2. 本案中临武县环保局支付的环境损害调查费用3万元、危险废物现场清理转运11960元、环境监测费用2万元、环境损害评估费用3万元以及宜章县境内环境污染的处置费用1466929元、评估鉴定费用12万元，属于为处置环境污染而发生的合理费用，创盛公司、黄文、曹盛有、曹德威、王早新、王建福应予以赔偿。

3. 赔礼道歉属于环境民事公益诉讼被告承担民事责任的方式。涉案的污染环境行为导致损害发生后到恢复原状前生态环境服务功能的损失，影响了社会公众享有美好生态环境的精神权益，郴州市人民检察院请求判令创盛公司、黄文、曹盛有、曹德威、王早新、王建福向社会公众赔礼道歉，应予以支持。

【案例注解】

本案是《民事诉讼法》修正之后，湖南省首例由检察机关提起的破坏生态环境民事公益诉讼案件，也是湖南省三级人民法院最先开庭审理并作出判决的环境民事公益诉讼案件。本案的主要亮点有：一是中级人民法院院长担任审判长，主审本案。当前司法责任制改革中，最高人民法院要求院庭长主审新型、重大、疑难、复杂案件。本案中，湖南省郴州市中级人民法院院长罗水平系全国法院审判业务专家、法学博士，亲自担任审判长，并主审本案，有力地回应了关于院庭长挂名办案、办简单案的质疑，不失为本案的一个大亮点。二是在审理中高度重视司法公开和公众参与。本案中，主动邀请党政部门和人大政协机关的领导、人大代表、政协委员和社会代表旁听庭审，广泛接受社会各界的监督。同时，拓宽了宣传渠道，依托传统媒体和新媒体对庭审进行了全程视频直播、图文直播，《法制日报》《人民法院报》《湖南日报》《郴州日报》《湖南电视台》等诸多新闻媒体进行了广泛报道，引起了社会各界的广泛关注，扩大了对社会的教育、评价及引导功能。三是审理中体现了很强的专业性。环境公益诉讼具有很强的专业性，牵涉到因果关系的证明问题、责任主体的认定问题、责任承担的问题等诸多专业问题，同时主动邀请了专家出庭，有力地支持了法院的裁判结果。四是当庭宣判。司法实践中，当庭宣判有利于“阳光司法”，有利于避免社会公众合理的怀疑，有利于增强司法的公信力。本案虽然重大疑难复杂，但是由于本案审判人员素质高、业务能力强，庭前准备充分，实现了当庭宣判。五是社会效果好。首先，本案得到了当事人的认同。庭审中，被告认错，宣判后，被告不上诉。其次，本案得到了社会各界的高度好评。本案判决被告进行一定程度上的损失填平，对推进湖南省检察机关提起民事公益诉讼的审判工作具有良好的示范作用，诸多省内外法院纷纷前来湖南省郴州市中级人民法院学习取经。笔者根据相关理论学说、法律法规以及部门规章的规定，结合司法实践，浅谈以下四个方面的问题：

一、提起环境民事公益诉讼的主体：检察机关

在英美法系国家环境民事公益诉讼中，法律均赋予了检察总长或检察官原告资格，并允许检察总长授权公民提起环境民事公益诉讼的权力。但是，在大陆法系国家，检察机关提起环境民事公益诉讼的主体资格存在立法空档。考察世界上各国司法实践，检察机关具备提起环境民事公益诉讼的原告资格已经成为大多数国家的做法。在这一背景下，近年来，我国开始探索检察机关提起环境民事公益诉讼的实践探索。2014 年 10 月，党的十八届四中全会通过《中共中央关于全面推进依法治国若干重大问题的决定》，明确要求“探索建立检察机关提起公益诉讼制度”。2015 年 7 月 1 日，十二届全国人大常委会第十五次会议通过决定，授权最高人民检察院在北京等 13 个省、自治区、直辖市开展为期两年的提起公益诉讼试点，拉开试点工作序幕，最高人民检察院按照授权决定要求，及时出台公益诉讼试点方案和实施办法，积极稳妥推进试点工作，始终把生态环境和资源保护领域作为办案重点，取得显著成效。2017 年 6 月 27 日，第十二届全国人民代表大会常务委员会第二十八次会议审议通过《全国人民代表大会常务委员会关于修改〈中华人民共和国民事诉讼法〉和〈中华人民共和国行政诉讼法〉的决定》，正式建立检察机关提起公益诉讼制度。为了便于司法实践操作，最高人民法院与最高人民检察院联合出台了司法解释——《最高人民法院、最高人民检察院关于检察公益诉讼案件适用法律若干问题的解释》。该司法解释已于 2018 年 3 月 2 日起施行。该司法解释第四条规定，人民检察院以公益诉讼起诉人身份提起公益诉讼，依照民事诉讼法、行政诉讼法享有相应的诉讼权利，履行相应的诉讼义务，但法律、司法解释另有规定的除外。第十三条规定，人民检察院在履行职责中发现破坏生态环境和资源保护、食品药品安全领域侵害众多消费者合法权益等损害社会公共利益的行为，拟提起公益诉讼的，应当依法公告，公告期间为三十日。公告期满，法律规定的机关和有关组织不提起诉讼的，人民检察院可以向人民法院提起诉讼。

本案中，根据《最高人民法院、最高人民检察院关于检察公益诉讼案件

适用法律若干问题的解释》第十三条规定，郴州市人民检察院对案件拟提起公益诉讼的情况进行了公告，公告期满后，没有任何符合提起环境民事公益诉讼条件的机关或有关组织提起诉讼，故郴州市人民检察院提起本案诉讼符合上述规定，各方当事人对其主体资格亦无异议，提起环境民事公益诉讼。根据《最高人民法院、最高人民检察院关于检察公益诉讼案件适用法律若干问题的解释》第四条规定，人民检察院以公益诉讼起诉人身份提起公益诉讼，故本案中，郴州市人民检察院作为公益诉讼起诉人。在笔者看来，本案中的检察机关承担公益诉讼职责具有三重法治意义：第一，具有极大的政治权威性。检察机关提起公益诉讼是履行法律监督职责所在，不会滥权滥诉，既避免了对司法秩序和效率造成冲击，维护司法权威，又能支持人民法院公正行使审判权。第二，具有法律上的正当性。当危害公共利益的重大违法损害事件发生之后，普通公民或者组织不愿意或者由于各种原因无法提起诉讼时，检察机关基于专业性、权威性和便利性，应当义不容辞地承担起公益诉讼的职责。第三，具有很强的专业性。检察机关具有专业法律监督队伍，能够高效、准确地配合人民法院进行诉讼，可以大幅度降低司法成本。

二、环境侵权责任的构成要件

环境侵权责任的构成要件有三点：一是环境侵权行为，二是损害事实，三是环境侵权行为与损害事实之间的因果关系。具体到本案，我们需要逐一进行分析。

首先，我们需要确定的是环境侵权行为是否存在。本案中，曹盛有将377吨危险废物从创盛公司运输到宜章和临武县境内随意倾倒、堆放是不容争议的客观事实。从这一点上看，充分说明了环境侵权行为是客观存在的。

其次，我们需要确定污染的事实是否存在。《最高人民法院关于审理环境侵权责任纠纷案件适用法律若干问题的解释》第十条规定："负有环境保护监督管理职责的部门或者其委托的机构出具的环境污染事件调查报告、检验报告、检测报告、评估报告或者监测数据等，经当事人质证，可以作为认定案件事实的根据。"宜章县环境保护监测站、郴州市环境监测站的监测报告，湖南省环境保护科学研究院、环境保护部华南环境科学研究所的评估报告，经庭审质证，监测和评估是按照相关质量管理体系要求进行，程序合法，且鉴定人到庭接受双方的质询，分别就监测报告和评估报告作了合理说明，监测报告和评估报告结果客观、公正，可以作为认定本案事实的根据，能够证明废物堆放地受重金属污染的事实。

最后，我们需要明确侵权行为与损害后果是否存在因果关系。由于环境污染损害一般具有长期性、潜伏性、持续性、广泛性的特点，环境污染造成损害的过程具有复杂性，有的环境污染涉及一系列的物理、化学、生物、地理、医学等专业知识甚至一些高科技知识，并且还存在一因多果或者多因一果的情况，因此，侵权行为与损害结果之间存在因果关系一般由被侵权人证明。《侵权责任法》第六十五条关于“因污染环境造成损害的，污染者应当承担侵权责任”以及第六十六条关于“因污染环境发生纠纷，污染者应当就法律规定的不承担责任或者减轻责任的情形及其行为与损害之间不存在因果关系承担举证责任”的规定，污染环境造成损害的，应由污染者承担侵权责任，且适用无过错责任原则和举证责任倒置原则。本案中，创盛公司、黄文、曹盛有、曹德威、王早新、王建福均未就法律上规定的不承担责任或者减轻责任的情形及其行为与损害之间不存在因果关系提交证据予以证明，因而，创盛公司、黄文、曹盛有、曹德威、王早新、王建福需要承担不利的法律后果。同时，关于因果关系的证明手段，“可以考虑以环境保护主管部门及其他环境监督管理部门的调查处理报告、鉴定机构的鉴定意见、学术论著、专家意见等作为证据。”① 本案中，湖南省环境保护科学研究院、环境保护部华南环境科学研究所作出的评估报告均认定污染物排放行为与环境损害存在直接关系。因此，人民法院认定创盛公司、黄文、曹盛有、曹德威、王早新、王建福的侵权行为与环境损害的后果存在直接的因果关系是正确的。

三、责任主体的认定

《固体废物污染环境防治法》第五条规定：“国家对固体废物污染环境防治实行污染者依法负责的原则。产品的生产者、销售者、进口者、使用者对其产生的固体废物依法承担污染防治责任。”该法第十七条第一款规定：“收集、贮存、运输、利用、处置固体废物的单位和个人，必须采取防扬散、防流失、防渗漏或者其他防止污染环境的措施；不得擅自倾倒、堆放、丢弃、遗撒固体废物。”同时，根据《侵权责任法》第八条“二人以上共同实施侵权行为，造成他人损害的，应当承担连带责任”以及《最高人民法院关于审理环境侵权责任纠纷案件适用法律若干问题的解释》第二条“两个以上污染者共同实施污染行为造成损害，被侵权人根据侵权责任法第八条规定请求污染者承担连带

① 沈德咏：《最高人民法院环境侵权责任纠纷司法解释理解与适用》，人民法院出版社 2016 年版，第 94 页。

责任的，人民法院应予支持”的规定。

本案中，曹盛有不具有危险废物处置资质，却擅自倾倒、堆放固体废物，造成环境污染，曹盛有对造成环境损害的后果应承担侵权责任。创盛公司虽具有危险废物经营许可证，但却将公司交由黄文内部承包经营，疏于监管，不履行防治污染的职责，导致黄文将危险废物交由不具有危险废物处置的人员处置，对本案环境污染的发生应当承担相应的责任。黄文、曹德威作为创盛公司当时的法定代表人和生产部经理，明知擅自倾倒固体废物的危害性，却为了获得非法利益，直接将危险废物交由曹盛有处置，对本案环境污染的发生也应当承担相应的责任。王早新、王建福明知危险废物处置需要资质，却为了获得非法利益，仍然将危险废物介绍给不具有危险废物处置资质的曹盛有处置，对本案环境污染的发生亦应当承担相应的责任。创盛公司、黄文、曹盛有、曹德威、王早新、王建福的行为直接结合，导致污染损害后果的发生，构成共同侵权。同时，本案中，创盛公司、黄文、曹盛有、曹德威、王早新、王建福对污染损害后果应承担连带责任。

四、责任承担

实务界学者认为，“破坏生态环境的案件应以生态环境的修复为着眼点，不仅要判令侵权人停止破坏生态环境的违法行为，更要判令侵权人承担限期修复受损生态环境的责任，还要判令侵权人赔偿生态环境受到损害至恢复原状期间服务功能损失，判决的赔偿款专款用于修复受损的生态环境，体现保护生态环境的司法价值理念。”①《最高人民法院关于审理环境民事公益诉讼案件适用法律若干问题的解释》第十八条规定，对污染环境、破坏生态，已经损害社会公共利益或者具有损害社会公共利益重大风险的行为，原告可以请求被告承担停止侵害、排除妨碍、消除危险、恢复原状、赔偿损失、赔礼道歉等民事责任。与环境污染侵权责任最为相关的责任承担方式主要是停止侵害、消除危险、恢复原状和赔偿损失。由于本案主要涉及恢复原状、赔偿损失、赔礼道歉等民事责任，故从上述三个民事责任进行论述。

首先，承担修复被损害生态环境的责任。环境民事公益诉讼的目的是为了修复受损环境，维护社会公众环境权益。司法实践中，环境民事公益诉讼适用“恢复原状”的责任方式。所谓“恢复原状”是指要求将被破坏的生态环境恢

① 林锦斌、梅贤明：《破坏生态环境民事公益诉讼的侵权责任承担》，载《人民司法·案例》2017年第12期。

复到损害之前的原有状态。[①] 但是法学界对“恢复原状”存在三种观点：第一种观点认为，原有状态是指与未破坏前的生态环境完全相同的状态；第二种观点认为，原有状态是指与未破坏前的生态环境基本相同的状态；第三种观点认为，原有状态是一种相对状态，达到国家规定环境质量标准即可。[②] 但是，由于“恢复原状”不具有可操作性，基于有利于生效裁判有效地执行，最高人民法院找到了替代措施，即为适用代偿性修复方式。这种形式主要是针对被告人在法院判令的期限内未能履行裁判确定的修复义务，此时，人民法院及相关部门则可以委托专业的第三方机构继续进行修复工作，后续修复的费用由被告人承担，避免因为被告人主观抗拒原因或客观能力因素而导致生态环境损害长时间得不到修复。[③]《最高人民法院关于审理环境侵权责任纠纷案件适用法律若干问题的解释》第十四条规定：“被侵权人请求恢复原状的，人民法院可以依法裁判污染者承担环境修复责任，并同时确定被告不履行环境修复义务时应当承担的环境修复费用。污染者在生效裁判确定的期限内未履行环境修复义务的，人民法院可以委托其他人进行环境修复，所需费用由污染者承担。”由此可见，该司法解释已经明确污染者在生效裁判确定的期限内未履行环境修复义务的，人民法院可以委托其他人进行环境修复，所需费用由污染者承担。司法实践中，一般会判决污染者承担环境修复责任，限期履行环境修复义务，在未履行的情况下，修复工作往往会委托第三人进行，所产生的费用由侵权人承担。由于本案倾倒于临武县境内的危险废物只是暂时由临武县环保局转运至临武县永发砷渣治理股份公司内，尚未处置。故，要求创盛公司、黄文、曹盛有、曹德威、王早新、王建福依法及时处置该危险废物，消除危险并修复被损害生态环境，理应支持。如上述侵权人在法院规定的期限内不履行环境修复义务，则需要交纳危险废物处置费用与环境修复费用，并由法院委托具有相关资质的第三方代为履行。

其次，承担赔偿损失的责任。在我国民法上，赔偿损失是最主要、最基本的侵权责任方式。杨立新教授认为，赔偿损失，包括人身损害赔偿、财产损害赔偿，通常是指以金钱赔偿受害人的损失，但并不排除给付同样的物作为赔偿

① 廖欣、林腾龙：《检视与探索：环境民事公益诉讼中的生态环境修复研究》，载胡云腾主编：《法院改革与民商事审判问题研究——全国法院第29届学术讨论会获奖论文集》，人民法院出版社2018年版，第1235页。

② 王灿发：《环境法学教程》，中国政法大学出版社2001年版，第135页。

③ 李挚萍：《环境修复的司法裁量》，载《中国地质大学学报》（社会科学版）2014年第4期。

方式。[①] 在环境公益诉讼中，赔偿损失一般是指生态环境受到损害至恢复原状期间服务功能的损失。根据《国家突发环境事件应急预案》第6.2条的规定，环境突发事件应急处置所需经费首先由事件责任单位承担。同时，根据《最高人民法院关于审理环境民事公益诉讼案件适用法律若干问题的解释》第十九条第二款“原告为停止侵害、排除妨碍、消除危险采取合理预防、处置措施而发生的费用，请求被告承担的，人民法院可以依法予以支持”的规定，为消除危险采取合理预防、处置措施而发生的费用，属于环境民事公益诉讼赔偿请求的范围。正如王树义教授所言，考虑因素包括环境侵权人是否有过错及过错程度，环境侵权的危害程度，环境侵权的具体情节，包括污染源的种类、环境侵权的危害场合、环境侵权的危害时间等，环境侵权人的获利情况和承担责任的经济能力、受诉法院所在地的平均生活水平、受害者的情况、侵权人的救济态度等因素。[②] 本案中，临武县环保局支付的环境损害调查费用、危险废物现场清理转运、环境监测费用、环境损害评估费用以及宜章县境内环境污染的处置费用、评估鉴定费用，均属于为处置环境污染而发生的合理费用，创盛公司、黄文、曹盛有、曹德威、王早新、王建福理应赔偿。

最后，承担赔礼道歉的责任。人格恢复性责任方式只有赔礼道歉一种，是指加害人通过口头或者书面形式向受害人公开认错，表示歉意，承认侵害行为的错误或者不法性，以取得其谅解。[③] 在环境公益诉讼中，赔礼道歉是承担侵权责任的方式。《最高人民法院关于审理环境民事公益诉讼案件适用法律若干问题的解释》第十八条规定：“对污染环境、破坏生态，已经损害社会公共利益或者具有损害社会公共利益重大风险的行为，原告可以请求被告承担停止侵害、排除妨碍、消除危险、恢复原状、赔偿损失、赔礼道歉等民事责任。”本案中的污染环境行为导致损害发生后到恢复原状前生态环境服务功能的损失，影响了社会公众享有美好生态环境的精神权益，郴州市人民检察院请求判令创盛公司、黄文、曹盛有、曹德威、王早新、王建福向社会公众赔礼道歉，应予以支持。

当前，人民法院为了积极回应人民群众对美好生态环境和公正环境资源司法保障的需求，需要树立和践行“绿水青山就是金山银山”理念，积极发挥

---

① 杨立新：《侵权责任法原理与案例教程》，中国人民大学出版社2008年版，第108页。

② 王树义等：《环境法前沿问题研究》，科学出版社2012年版，第272～276页。

③ 沈德咏：《最高人民法院环境侵权责任纠纷司法解释理解与适用》，人民法院出版社2016年版，第94页。

审判职能，不断创新环资审判工作机制，加大环资审判力度，依法追究污染环境、破坏生态和自然资源的民事责任，促进生态环境恢复改善和自然资源合理开发利用，切实保障环境公共利益和人民群众环境权益，为生态文明建设提供有力司法保障和服务。

（**一审法院合议庭成员** 罗水平 胡桐辉 杨爱华

编写人 湖南省郴州市中级人民法院 陈建华 胡桐辉

责任编辑 杨 奕

审稿人 曹守晔）

重庆市人民政府、重庆两江志愿服务发展中心诉重庆藏金阁物业管理有限公司、重庆首旭环保科技有限公司水污染责任纠纷案

——民事生态环境损害赔偿责任的认定

关键词：民事　生态环境损害赔偿诉讼　公益诉讼　连带责任

【裁判要旨】

1. 因民事诉讼与刑事诉讼、行政诉讼适用不同的证明标准和责任标准，不承担刑事责任或者行政责任并不意味着不承担民事责任。

2. 排污单位委托环境服务机构利用排污单位的防治污染设施从事污染治理的，按照排污许可的规定排放污染物是排污单位的法定义务，该义务不能通过民事合同转移。排污单位知道或者应当知道环境服务机构故意不运行或者不正常运行防治污染设施，造成环境污染的，排污单位应当与环境服务机构承担连带责任。

3. 生态环境损害赔偿诉讼具有公益性，原告代表社会公众要求污染环境的侵权行为人赔礼道歉，请求具有合法性和合理性，予以支持。

【相关法条】

《中华人民共和国侵权责任法》第八条　二人以上共同实施侵权行为，造成他人损害的，应当承担连带责任。

《中华人民共和国环境保护法》第六十五条　环境影响评价机构、环境监测机构以及从事环境监测设备和防治污染设施维护、运营的机构，在有关环境服务活动中弄虚作假，对造成的环境污染和生态破坏负有责任的，除依照有关

法律法规规定予以处罚外，还应当与造成环境污染和生态破坏的其他责任者承担连带责任。

《最高人民法院关于审理环境侵权责任纠纷案件适用法律若干问题的解释》第十三条 人民法院应当根据被侵权人的诉讼请求以及具体案情，合理判定污染者承担停止侵害、排除妨碍、消除危险、恢复原状、赔礼道歉、赔偿损失等民事责任。

【案件索引】

一审：重庆市第一中级人民法院（2017）渝01民初773号（2017年12月22日）

【基本案情】

原告重庆市人民政府和重庆两江志愿服务发展中心诉称：2013年12月，藏金阁公司与首旭公司签订《电镀废水处理委托运行承包管理运行协议》（以下简称《委托运行协议》），首旭公司承接藏金阁电镀工业中心废水处理项目。执法人员查明，藏金阁公司和首旭公司自2014年9月起，利用暗管将未经处理的含重金属废水直接排入长江，从2014年9月1日至2016年5月5日违法排放废水量共计145624吨。经鉴定评估，二被告违法排放超标废水污染生态环境造成的生态环境损害费用共计14416776万元。二被告应当依法承担连带赔偿责任。重庆两江志愿服务发展中心在庭审中增加要求二被告赔礼道歉的诉讼请求。

被告藏金阁公司和首旭公司辩称：原告诉称的污染物种类、污染源排他性认定、偷排废水量、损害结果认定错误。藏金阁公司还辩称，其与首旭公司签订了《委托运行协议》，违法排污是首旭公司的行为，与藏金阁公司无关，应由首旭公司承担民事责任，藏金阁公司不应承担赔偿责任。

法院经审理查明：重庆藏金阁电镀工业园建于2005年，该电镀工业园是经过政府批准的电镀工业集中加工区，园区内有若干电镀企业入驻。藏金阁公司负责处理园区入驻企业产生的废水。藏金阁公司领取了排放污染物许可证，并拥有废水处理的设施设备。2013年12月5日，藏金阁公司与首旭公司签订《委托运行协议》，由首旭公司使用藏金阁公司的设备对电镀工业园的废水进行处理。2016年4月21日，执法人员发现废水处理站中两个总铬反应器和一个综合反应器设施均未运行，生产废水未经处理便排入外环境。经采样监测分析发现违法排放的废水总铬浓度、总锌浓度、总铜浓度、总镍浓度分别超过国家标准 54.5 倍、189 倍、53.4 倍、81 倍。2016 年 5 月 4 日，执法人员发现藏金阁废水处理站 1 号综合废水调节池的含重金属废水通过池壁上的 120mm 口径管网未经正常处理直接排放至外环境并流入市政管网再进入长江。经监测，1 号池内渗漏的废水中六价铬浓度、总铬浓度分别超过国家标准 29.5 倍、9.9 倍。从 2014 年 9 月 1 日至 2016 年 5 月 5 日违法排放废水量共计 145624 吨。还查明，2014 年 8 月，藏金阁公司将原废酸收集池改造为 1 号综合废水调节池，未将暗管全部封闭。首旭公司自 2014 年 9 月起一直利用该管网将未经处理的含重金属废水直接排放至外环境。

受重庆市政府委托，重庆市环境科学研究院对生态环境损害进行鉴定评估，最终评估出二被告违法排放废水造成的生态环境污染损害量化数额为 14416776 万元。

2016 年 6 月 30 日，重庆市环境监察总队以藏金阁公司利用管网将含重金属废水未经处理直接排入市政管网进入长江为由，作出行政处罚决定。藏金阁公司不服，申请行政复议，重庆市环境保护局维持行政处罚决定。藏金阁公司不服，提起行政诉讼。重庆市渝北区人民法院于 2017 年 2 月 28 日作出（2016）渝 0112 行初 324 号行政判决，驳回藏金阁公司的诉讼请求。该判决发生法律效力。

2016 年 11 月 28 日，重庆市渝北区人民检察院提起公诉，指控首旭公司及其法定代表人程龙等构成污染环境罪。重庆市渝北区人民法院于 2016 年 12 月 29 日作出（2016）渝 0112 刑初 1615 号刑事判决，判决首旭公司构成污染环境罪，判处罚金 8 万元；程龙等人构成污染环境罪，分别被判处有期徒刑九个月到六个月，并处罚金 4 万元到 1 万元。该判决发生法律效力。

另查明：重庆两江志愿服务发展中心成立于 2011 年，系重庆市精神文明建设委员会主管的主要从事环境保护、文化教育、灾害救助等各类公益活动的社会组织。

【裁判结果】

重庆市第一中级人民法院于 2017 年 12 月 22 日作出（2017）渝 01 民初 773 号民事判决：一、被告重庆藏金阁物业管理有限公司和被告重庆首旭环保科技有限公司连带赔偿生态环境修复费用 14416776 万元，于本判决生效后 10

日内交付至重庆市财政局专用账户，由原告重庆市人民政府及其指定的部门和原告重庆两江志愿服务发展中心结合本区域生态环境损害情况用于开展替代修复；二、被告重庆藏金阁物业管理有限公司和被告重庆首旭环保科技有限公司于本判决生效后10日内，在省级或以上媒体向社会公开赔礼道歉；三、被告重庆藏金阁物业管理有限公司和被告重庆首旭环保科技有限公司在本判决生效后10日内给付原告重庆市人民政府鉴定费5万元，律师费198000万元；四、被告重庆藏金阁物业管理有限公司和被告重庆首旭环保科技有限公司在本判决生效后10日内给付原告重庆两江志愿服务发展中心律师费8万元；五、驳回原告重庆市人民政府和原告重庆两江志愿服务发展中心其他诉讼请求。

宣判后，双方当事人均未上诉，判决已发生法律效力。

【裁判理由】

法院生效裁判认为：

1. 关于生效刑事判决、行政判决所确认的事实与本案关联性的问题。首先，从证据效力来看，重庆市渝北区人民法院作出的行政判决和刑事判决均为生效判决，其所确认的事实具有既判力，无需再在本案中举证证明，除非被告提出相反证据足以推翻原判决，而本案中被告并未举示证据，故对于相关事实直接予以采信。其次，本案在性质上属于环境侵权民事案件，其与刑事犯罪、行政违法案件所要求的证明标准和责任标准存在差异，故最终认定的案件事实在不存在矛盾的前提条件下，可以不同于刑事案件和行政案件认定的事实。未被认定为犯罪的污染行为，不等于不构成民事侵权。环保部门对环境污染行为进行行政处罚时，依据的主要是国家和地方规定的污染物排放标准，违反了国家和地方的强制性标准，便应当受到相应的行政处罚。符合强制性标准的排污行为却不一定不构成民事侵权。

2. 关于藏金阁公司与首旭公司是否构成共同侵权的问题。藏金阁公司持有行政主管部门颁发的排污许可证，其属于可以进行排污的企业。无论是自行排放还是委托他人排放，藏金阁公司都必须确保其废水处理站正常运行，并确保排放物达到国家和地方排放标准，这是取得排污许可证企业的法定责任，该责任不能通过民事约定来解除。藏金阁公司为首旭公司提供的废水处理设备留有可以实施违法排放的管网，具有违法故意，且客观上为违法排放行为的完成提供了条件。藏金阁公司知道首旭公司在实施违法排污行为，但其却放任首旭公司违法排放废水，同时还继续将废水交由首旭公司处理，可以视为其与首旭公司形成了默契，具有共同侵权的故意，并共同造成了污染后果，二被告构成共同侵权。

3. 对于赔礼道歉的诉讼请求，长江水域生态系统的维护需要公众参与，对其实施的破坏行为会侵害到千家万户乃至子孙后代的利益，二被告对长江生态环境的严重破坏行为，是对社会公众权益的损害，要求其公开赔礼道歉既是公众合法权利的体现，也是对其他类似行为的警示，还能够让二被告公开表达对于自身过错的深刻认识和真诚悔意。无论是环境公益诉讼还是生态环境损害赔偿诉讼，均具有公益性，本案中原告代表社会公众要求污染环境的侵权行为人赔礼道歉，该请求具有合法性和合理性，予以支持。

【案例注解】

2015 年 12 月，中共中央办公厅、国务院办公厅印发《生态环境损害赔偿制度改革试点方案》（以下简称《试点方案》），决定选择部分省份开展生态环境损害赔偿制度改革试点。2016 年，重庆等七省市被确定为试点地区。根据《试点方案》，试点地方省级政府经国务院授权后，作为本行政区域内生态环境损害赔偿权利人，可指定相关部门或机构负责生态环境损害赔偿具体工作。生态环境事件发生后，赔偿权利人应及时与赔偿义务人进行磋商，磋商未达成一致的，赔偿权利人应当及时提起生态环境损害赔偿民事诉讼，赔偿权利人也可以直接提起诉讼。[①] 作为全国首批生态环境损害赔偿诉讼案件，本案为生态环境损害赔偿制度改革提供了生动的实践样本。

一、生态环境损害赔偿诉讼与环境民事公益诉讼的衔接

根据《试点方案》，省级政府可以就生态环境损害提起生态环境损害赔偿诉讼。根据《民事诉讼法》和《环境保护法》的规定，社会组织针对污染环境等损害社会公共利益的行为，可以提起环境民事公益诉讼。在不同的主体基于不同的诉权分别提起诉讼的情况下，这两种诉讼应当如何衔接，是摆在试点地区法院面前的第一道难题。在实践中也存在不同的做法：在南京中院受理的

① 在试点期间，全国法院共受理生态环境损害赔偿诉讼案件 4 件，除本案外另外 3 件为：南京中院受理的江苏省环保联合会、江苏省人民政府诉德司达（南京）染料有限公司环境污染案，山东省环保厅诉山东金诚重油化工有限公司、山东弘聚新能源有限公司土壤污染责任纠纷案和山东省环保厅诉山东天一环保科技投资有限公司环境污染损害赔偿案，前一案已经审结，后两案尚在审理过程中。

生态环境损害赔偿案件中，因江苏省政府在规定的期限内申请参加社会组织提起的公益诉讼，南京中院将江苏省政府作为公益诉讼的共同原告，实际上是认为生态环境损害赔偿诉讼具有环境公益诉讼属性。① 而在山东法院受理的两起生态环境损害赔偿案件中，② 山东法院认为两类案件在诉讼性质、诉讼依据、诉讼请求等方面并不相同，不宜合并审理。

鉴于实践中的不同做法，2017 年 12 月出台的《生态环境损害赔偿制度改革方案》（以下简称《改革方案》）规定："生态环境损害赔偿制度与环境公益诉讼之间衔接等问题，由最高人民法院商有关部门根据实际情况制定指导意见予以明确。"

若严格基于《试点方案》或者《改革方案》的规定解释，现阶段生态环境损害赔偿诉讼和公益诉讼存在如下的差异：就诉权基础来源而言，生态环境损害赔偿诉讼原告的诉权来源于政府对全体国民所负有的环境保护义务所派生出来的环境监管职权，③ 而公益诉讼原告的诉权来源于法律法规对其诉讼实施权的赋权；程序设置而言，生态环境损害赔偿诉讼需要磋商前置，而公益诉讼原告提起诉讼前不用和被告磋商就可以直接提起；就针对对象而言，赔偿权利人不能针对尚未发生的生态环境损害提起诉讼，而公益诉讼则可以针对风险行为提起诉讼；就适用范围而言，《试点方案》将生态环境损害赔偿诉讼局限于发生较大突发环境事件等三种情形，《改革方案》由各个地方综合考虑各种明确具体情形，而公益诉讼适用于污染环境等损害社会公共利益的行为；就赔偿内容而言，公益诉讼是否可以要求赔偿生态环境功能永久性损害造成的损失尚待明确；就责任承担方式而言，生态环境损害赔偿诉讼原告是否可以要求被告承担赔礼道歉的责任尚不明确。

造成这些区别的主要原因是法律依据的欠缺。生态环境损害赔偿诉讼和环境民事公益诉讼在一定程度上又具有同质性。第一，赔偿权利人提起生态环境

---

① 江苏省高级人民法院：《生态环境损害赔偿诉讼的性质辨析与制度设计》，载《2017 年最高人民法院"创新环境资源司法理论加强生态文明建设司法保障研讨会"论文汇编》。

② 山东省高级人民法院：《生态环境损害赔偿诉讼相关问题研究》，载《2017 年最高人民法院"创新环境资源司法理论加强生态文明建设司法保障研讨会"论文汇编》。

③ 对生态环境损害赔偿诉讼的诉权基础学界有不同的看法，吕忠梅教授等一批学者主张生态环境损害赔偿诉讼系基于国家所有权而提起的国家利益诉讼。见吕忠梅：《为生态损害赔偿制度提供法治化方案》，载《光明日报》2017 年 12 月 22 日第 2 版。但根据《试点方案》或《改革方案》，可以对大气污染提起生态环境损害赔偿诉讼，而大气明显不属国家所有。而且，在集体所有的自然资源遭受生态环境损害时，也应允许提起诉讼。因此，我们主张生态环境损害赔偿诉讼的诉权基础是国家的环境监管职权，该职权系国家对全体国民环境保护的宪法义务的应有之义。

损害赔偿诉讼，目的是促使赔偿义务人对受损的生态环境进行修复，保护生态环境，维护社会公共利益，而环境公益诉讼的目的也是维护社会公共利益，二者在诉讼目的上高度一致。第二，《试点方案》和《改革方案》都规定“鼓励符合条件的社会组织开展生态环境损害赔偿诉讼”。但根据现行法律规定，社会组织提起的只能是环境民事公益诉讼，如此一来，是否可以认为方案的起草者将生态环境诉讼与环境民事公益诉讼等同，并未加以区分？

在试点阶段，重庆市第一中级人民法院的这种做法既积极支持了生态环境损害赔偿制度改革，又保护了社会组织的积极性，值得肯定。但从法理上看，这一做法是否系最佳方案尚值得进一步深入研究。从环境行政与环境司法的关系看，环境公共利益的保护须充分发挥行政权的专业性和司法权的监督作用，遵循“相互尊重专长”和“行政权优先”等原则，其中应以环境行政为主要应对手段，司法权则关注对行政权的有效控制。① 如前所述，就诉权基础来源而言，生态环境损害赔偿诉讼原告的诉权来源于政府对全体国民所负有的环境保护义务所派生出来的环境监管职权，而公益诉讼原告的诉权来源于法律法规对其诉讼实施权的赋权。易言之，行政机关提起生态环境损害赔偿诉讼是履行其法定职责，是行政执法的重要方式，社会组织提起公益诉讼是行使权利，只应作为行政执法的补充而非替代。因此，生态环境损害赔偿诉讼与公益诉讼在程序衔接上，宜确认生态环境损害赔偿诉讼的优先性。在确认生态环境损害赔偿诉讼优先的情况下，鉴于民事诉讼法已经赋予检察机关提起公益诉讼的权利，社会组织在公益诉讼领域的作为空间可能进一步萎缩，如何充分发挥社会组织在环境治理中的作用、构建完善的环境治理体系尚需要制度整合。

二、生效刑事、行政判决与侵权事实的认定

严重的环境污染行为因违反国家法律法规的规定，侵权人在承担民事侵权责任的同时，往往还可能承担行政责任或者刑事责任。本案就是这样的情况。在本案诉讼提起前，藏金阁公司作为排污单位被相关行政监管部门行政处罚，但首旭公司未承担行政责任，作为第三方治理主体的环境服务机构首旭公司及其法定代表人被追究刑事责任。藏金阁公司和首旭公司辩称应以生效的刑事判决书和行政判决书来认定其侵权行为：首旭公司抗辩应以刑事判决书中认定的排放的污染物种类作为侵权事实，同时认为藏金阁公司的行政责任已被行政判

① 王明远：《论我国环境公益诉讼的发展方向：基于行政权与司法权关系理论的分析》，载《中国法学》2016 年第 1 期。

决书所确认，应由藏金阁公司承担民事责任；而藏金阁公司又以首旭公司已被追究刑事责任为由抗辩本案应由首旭公司承担民事责任。在刑事判决、行政判决认定的事实存在差异的情况下，如何认定侵权的事实，成为一大难题。

《最高人民法院关于适用〈中华人民共和国民事诉讼法〉的解释》第九十三条规定："下列事实，当事人无须举证证明：……（五）已为人民法院发生法律效力的裁判所确认的事实；……前款第二项至第四项规定的事实，当事人有相反证据足以反驳的除外；第五项至第七项规定的事实，当事人有相反证据足以推翻的除外。"从证据效力来看，生效刑事判决、行政判决所确认的事实可以直接作为案件事实加以确认，无须再举证证明，除非被告提出相反证据足以推翻原判决。本案在性质上属于环境侵权民事案件，其与刑事犯罪、行政违法案件所要求的证明标准和责任标准存在差异，故最终认定的案件事实在不存在矛盾的前提条件下，可以不同于刑事案件和行政案件认定的事实。刑事案件的证明标准明显高于民事案件，环境污染犯罪行为造成损害后果的，固然应当承担相应的赔偿责任，但未被认定为犯罪的污染行为，不等于不构成民事侵权。本案中，之所以此前的刑事判决中没有将首旭公司排放的污染物中含有总锌、总铜等重金属作为犯罪事实认定，是由于2013年出台的《最高人民法院、最高人民检察院关于办理环境刑事案件适用法律若干问题的解释》对除铅、汞、镉、铬之外重金属是否纳入刑罚处罚的范畴没有明确规定，实践中也存在较大的争议。[①] 但排放的废水中含有锌、铜等重金属也会造成生态环境的严重破坏，属于民事侵权应无争议。故被告提出应当仅以生效刑事判决所认定的污染物种类即总铬和六价铬为准的异议不成立，不予支持。就生效行政判决认定的事实而言，环保部门对环境污染行为进行行政处罚时，依据的主要是国家和地方规定的污染物排放标准，违反了国家和地方的强制性标准，便应当受到相应的行政处罚。然而，虽然因违反强制性标准而受到行政处罚的污染行为必然属于环境侵权行为，但符合强制性标准的排污行为却不一定不构成民事侵权。《最高人民法院关于审理环境侵权责任纠纷案件适用法律若干问题的解释》第一条第一款规定："因污染环境造成损害，不论污染者有无过错，污染者应当承担侵权责任。污染者以排污符合国家或者地方污染物排放标准为由主张不承担责任的，人民法院不予支持。"该条规定表明，污染者不得以合乎强制性标准进行抗辩免除民事责任，亦即对环境污染行为承担民事责任的范围可以大于进行行政处罚的范围。

---

① 喻海松：《环境资源犯罪实务精释》，法律出版社2017年版，第63页。

或许有人会对生效的刑事判决和行政判决提出质疑，为何藏金阁公司被行政处罚却未被判决有罪，而首旭公司未被行政处罚却被判决有罪，是否有些矛盾？从行政法律关系的角度讲，藏金阁公司申领了排污许可证，就应按照排污许可证的规定排污。《环境保护法》第六十五条规定："环境影响评价机构、环境监测机构以及从事环境监测设备和防治污染设施维护、运营的机构，在有关环境服务活动中弄虚作假，对造成的环境污染和生态破坏负有责任的，除依照有关法律法规规定予以处罚外，还应当与造成环境污染和生态破坏的其他责任者承担连带责任。"虽然依据上述规定，似乎可以对环境服务机构进行行政处罚，但目前没有相关法律法规规定可以直接追究环境服务机构的行政责任。[①] 因此，基于现有的法律规定，并不能追究首旭公司的行政责任。首旭公司直接实施了将含有重金属的废水不经处理直接外排的行为，已经构成犯罪，就应当承担刑事责任。检察机关在未找到充分证据证明藏金阁公司犯罪的情况下未起诉藏金阁公司，人民法院自然也就无法判决其承担刑事责任。出现目前这种刑事判决和行政判决看似矛盾的局面，根本原因在于现行法律关于将实践中广泛推行的第三方治理制度暂付阙如。

三、第三方治理制度中环境服务机构与排污单位的责任承担

实践中，传统的污染治理奉行"谁污染、谁治理"的原则，由排污单位按照"三同时制度"安装污染治理设施进行污染治理。但随着经济的快速发展，企业排放污染物的多样性及治污的复杂性，使得企业为了建造防治污染设施而大幅提高了运营成本，但治理效果却不尽如人意。面对政府对环境治理的严格要求，"让专业的人干专业的事"，专业从事污染治理的第三方环境服务机构应运而生。排污单位通过缴纳或支付合同约定的费用，委托第三方环境服务机构进行污染治理，有的甚至在建设项目启动时就按照"三同时制度"的要求，委托环境服务机构建设相应的污染治理设施。但目前在法律层面还没有第三方治理的相关规定。

就企业与环境服务机构的合作模式看，主要有两种：建设运营模式和委托

---

① 周珂、史一舒：《环境污染第三方治理法律责任的制度建构》，载《河南财经政法大学学报》2015年第6期。

运营模式。[①] 建设运营模式是指防治污染设施产权属于第三方环境服务机构，第三方环境服务机构要负责建设和运营防治污染设施。委托运营模式是指防治污染设施产权属于排污单位，第三方环境服务机构只对排污单位的防治污染设施进行管理和运行维护或者第三方环境服务机构只提供治污设备。第三方环境服务机构充分发挥其在环境污染治理方面的专业优势，降低治污成本，提高治污效率，使排污单位专注于主业。在本案中，藏金阁公司本身是主要从事物业服务的企业，自身不会生产和排放工业污染物，但藏金阁公司为电镀工业园中电镀企业提供污染治理的服务，电镀企业将电镀废水排放到藏金阁公司为其修建的污水管网中，由藏金阁公司利用其污染治理设施负责收集处理。电镀企业与藏金阁公司之间存在建设运营模式的第三方治理合同关系。而藏金阁公司又委托首旭公司对其收集来的污染物进行处理，即藏金阁公司与首旭公司之间存在委托运营模式的第三方治理合同关系。

第三方治理在传统的“污染者负担”的环境污染治理模式中，引入第三方治理单位——专业的环境服务机构这一特殊主体，将“产污”与“治污”主体分离，使污染治理模式从“谁污染、谁治理”转变为“谁污染、谁付费、第三方治理”。由于第三方治理单位的介入，使得法律责任的承担问题复杂化。

（一）第三方治理中环境污染责任的承担

关于第三方治理中环境污染责任承担问题，存在不同的观点。第一种观点认为，应由环境服务机构承担。在环境污染第三方治理模式中，生产企业并没有向环境排放污染物，而是交由第三方治理，因此其仅是污染源的生产者，污染排放企业将污染交由第三方治理意味着污染治理责任的转移，环境服务机构作为法律意义上的污染者，应当承担环境污染产生的法律责任。第二种观点认为，“谁污染谁治理”是环境污染第三方治理的前提，在第三方治理模式下，污染排放企业只是在技术层面将污染治理工作交由环境服务机构承担，其仍是法律意义上的污染者，并不存在治污责任的转移。因此，若环境服务机构因违约没有达到污染治理的要求，相应的法律责任仍应由污染排放企业承担。

笔者认为，第三方治理中环境污染责任的承担应基于不同的运营模式进行

---

① 2016年12月国家发展改革委办公厅、财政部办公厅、环境保护部办公厅、住房城乡建设部办公厅印发《环境污染第三方治理合同（示范文本）》，该合同示范文本将第三方治理分为建设运营服务型和委托服务运营型。该分类与此前学术界的分类有重大区别：学术界将第三方治理模式分为委托运营型和托管运营型，官方所称的建设运营模式就是学者所称的委托运营型，而官方所称的委托运营模式则是学界所称的托管运营型，这一点需要特别注意。

分析。

在建设运营型环境服务模式中，污染治理设施是环境服务机构投资修建的，环境服务机构对污染治理设施享有产权。环境服务机构对其从排污单位处收集来的污染物进行处理后再排放。比如，本案中的藏金阁公司将所有园区内电镀企业生产产生的工业废水收集之后进行处理。笔者认为，在这样的情况下，由环境服务机构承担环境侵权责任更为合适。首先，在这种法律关系中，污染企业产生的污染物没有直接排放到外环境中，而是进入到环境服务机构的污染治理设施控制范围内，环境服务机构对污染物处理后再排放到外环境，此时，污染企业只是污染物事实上的生产者，而环境服务机构是法律意义上的污染物排放者。而且通常情况下，也是由环境服务机构申请排污许可证。"污染者付费，环境服务机构治理"的模式改变了传统的"污染者自行治理"模式。通过环境服务合同，将原本生产企业承担的污染治理义务转移给了环境服务机构，环境责任也由传统的"谁生产，谁负责"向"谁生产，谁付费""谁治理，谁负责"转变。其次，环境服务机构不仅是污染治理设备的所有者，某种程度上控制着污染物，而且是法律上的污染者和治理者，对其以无过错责任追责体现了公平、正义、秩序等法律价值。再次，推行环境污染第三方治理的主要原因是传统的"谁生产，谁治理"的模式没有达到防治环境污染的目的，希望通过推行第三方专业治理模式，提高环境污染治理的效果，减轻生产企业的负担，将精力投入到生产经营中。如果生产企业付费购买了服务后，无论是否有过错，仍然要承担环境污染责任，无疑会打击生产企业采取这种治污模式，不仅不利于环境污染第三方治理模式的推行，而且会导致环境污染治理第三方懈怠履行义务和推卸责任。基于上述理由，在这种环境服务机构提供建设运营服务的污染治理模式下，环境服务机构是法律上的、也是最终的事实上的排污者，应承担无过错责任。① 当然，如果生产企业排放的污染物指标在污染治理设施入口处超出合同约定，不论环境服务机构治理后是否达标，生产企业都应承担违约责任。比如在本案中，如果有证据证明某一家电镀企业排放的废水在污染治理设施的入口处超出电镀企业与藏金阁公司的合同约定，电镀企业应当承担违约责任。但不论如何，由于电镀企业本身没有将污染物直接排放到外环境，电镀企业对外不承担无过错的环境污染责任。

在委托运营型环境服务模式中，污染治理设施属于生产企业所有，环境服务机构接受委托负责对污染治理设施进行管理和运行，污染物的产生者和排放

---

① 黄萍：《环境服务机构侵权责任探讨》，载《甘肃政法学院学报》2017 年第 3 期。

者都是生产企业，环境服务机构只是治理设备的管理者，治污义务没有转移，仍由生产企业承担，生产企业对外承担无过错责任。因此，环境服务机构只需对其管理中的过错承担责任，即适用过错责任原则。

（二）连带责任的适用

对于本案中藏金阁公司和首旭公司的民事责任问题，生效判决从多个方面论证了藏金阁公司与首旭公司的行为构成共同侵权。在传统民法中，连带责任与共同侵权密不可分，若构成共同侵权，则承担连带责任；若承担连带责任，则行为往往是共同侵权行为。但随着社会发展，社会活动的日益复杂和多样，特别是基于某些政策考量，即使某些行为按照传统的侵权法理论并不属于共同侵权，但法律也规定行为人应承担连带责任。比如，在《侵权责任法》第三十六条第三款规定，网络服务提供者知道网络用户利用其网络服务侵害他人民事权益，未采取必要措施的，与该网络用户承担连带责任。又比如，在道路交通领域连带责任的适用更为广泛：挂靠经营的汽车致人损害时，挂靠人和被挂靠人承担连带责任；套牌车辆致人损害时，同意他人套牌或者明知他人套牌而不制止的，两辆车辆的管理人承担连带责任。之所以在上述情况下要让行为人承担连带责任，是由于每个责任人的行为都具有法律上的可责难性，每个责任人的行为对损害的发生都发挥了作用。

就本案而言，从环境法的角度看，判决藏金阁公司和首旭公司承担连带责任也是恰当的。首先，从法律依据上看，《环境保护法》第六十五条规定："环境影响评价机构、环境监测机构以及从事环境监测设备和防治污染设施维护、运营的机构，在有关环境服务活动中弄虚作假，对造成的环境污染和生态破坏负有责任的，除依照有关法律法规规定予以处罚外，还应当与造成环境污染和生态破坏的其他责任者承担连带责任。"《最高人民法院关于审理环境侵权责任纠纷案件适用法律若干问题的解释》第十六条对"弄虚作假"的解释就包括从事防治污染设施维护、运营的机构故意不运行或者不正常运行环境监测设备或者防治污染设施的情形。本案中，从事防治污染设施运营的机构首旭公司故意不运行防治污染设施，属于"弄虚作假"。藏金阁公司作为排污者，不管其是否存在过错，均应承担责任。根据前述司法解释的规定，首旭公司应和藏金阁公司承担连带责任。其次，从必要性上看，也有必要让二被告承担连带责任。排污单位作为危险源的制造者，有义务采取合理的措施管控和避免危险的发生，在将污染物交给环境服务机构治理时，除应遵守法律上明确规定的注意义务外，还应尽到一般注意义务。虽然法律上尚无排污单位需要对从事第三方治理的环境服务机构进行监管的规定，但是基于危险控制理论，课以排污单位谨慎的注意义务是必要的，而且也符合合同约定。藏金阁公司明知首旭公司的违法排污行为但未予以制止，具有法律上的可责难性。首旭公司利用暗管排污，故意不运行防治污染设施，属于逃避监管的违法行为，主观恶性极大。因此，让藏金阁公司和首旭公司承担连带责任也是通过加大私法责任实现环境保护的公法目的。最后，《试点方案》强调生态环境损害赔偿制度试点的一个重要原则是“环境有价，损害担责”。人民法院对破坏生态环境的行为进行严惩重罚，亦符合生态环境损害赔偿改革试点的要求。

四、赔礼道歉在生态环境损害赔偿诉讼中的运用

《最高人民法院关于审理环境民事公益诉讼案件适用法律若干问题的解释》第十八条规定，对污染环境、破坏生态，已经损害社会公共利益或者具有损害社会公共利益重大风险的行为，原告可以请求被告承担停止侵害、排除妨碍、消除危险、恢复原状、赔偿损失、赔礼道歉等民事责任。根据上述规定，在环境民事公益诉讼中，可以请求被告承担赔礼道歉的民事责任。

在生态环境损害赔偿诉讼中，原告是否可以请求被告承担赔礼道歉的责任?《试点方案》中生态环境损害赔偿范围包括清除污染的费用、生态环境修复费用、生态环境修复期间服务功能的损失、生态环境功能永久性损害造成的损失以及生态环境损害赔偿调查、鉴定评估等合理费用。对侵权人还应承担何种民事责任，没有明确规定。在本案中，重庆市人民政府也未提出该请求，只是重庆两江志愿服务发展中心在庭审中增加要求二被告赔礼道歉的诉讼请求。如果重庆市人民政府在诉讼中提出该请求，人民法院是否应予支持？生效判决认为，无论是环境公益诉讼还是生态环境损害赔偿诉讼，均具有公益性，本案中原告代表社会公众要求污染环境的侵权行为人赔礼道歉，该请求具有合法性和合理性，予以支持。

笔者对此意见表示赞同。首先，根据《民法通则》《侵权责任法》以及《最高人民法院关于审理环境侵权责任纠纷案件适用法律若干问题的解释》的规定，原告可以要求被告赔礼道歉。其次，根据传统民法原理，损害赔偿的方法分为恢复原状和金钱赔偿。[①] 恢复原状对财产上的损害和非财产上损害都适用，比如登报致歉是名誉受侵害的恢复原状的方法。[②] 就生态环境损害而言，侵权人最重要的责任承担方式是生态环境修复，恢复环境原状。只有在生态环

① 曾世雄：《损害赔偿法原理》，中国政法大学出版社 2001 年版，第 146 页。

② 王泽鉴：《损害赔偿》，北京大学出版社 2017 年版，第 117 页。

境无法修复时，才采取金钱赔偿的方式，以替代修复。而《试点方案》中确定的赔偿范围应是指金钱赔偿的范围，《试点方案》并未排除适用侵权人承担其他形式的责任。最后，赔礼道歉主要适用于生命权、健康权等人身权益被侵犯的情形，针对他人精神造成伤害的侵权行为，与精神损害赔偿相关联，是上升到法律层面的道德责任，目的是弥补受害人的精神损失。在环境民事公益诉讼或者生态环境损害赔偿中，不解决特定受害人的人身权、财产权受到损害的问题，不存在对特定受害人赔礼道歉的问题。但污染环境、破坏生态的行为可能导致损害发生后到恢复原状前生态环境服务功能的损害，该损害的一个内容就是社会公众享有美好生态环境精神利益的损失，从这个角度而言，将赔礼道歉纳入生态环境损害赔偿的责任方式具有正当性和合理性。无论是环境公益诉讼还是生态环境损害赔偿诉讼，均具有公益性，在本案中原告要求污染环境的侵权行为人赔礼道歉，该请求具有合法性和合理性，应予以支持。

（**一审法院合议庭成员**　裘晓音　贾　科　张　力
编写人　重庆市高级人民法院　黄　成
责任编辑　杨　奕
审稿人　曹守晔）

中山市海洋与渔业局诉彭伟权、冯喜林等污染海洋环境责任纠纷民事公益诉讼案

——环境损害共同侵权的认定及责任承担

关键词：民事　海洋环境公益诉讼　共同侵权　环境损害

【裁判要旨】

1. 生效刑事裁判认定数人构成污染环境罪共犯，综合考量民事案件采信的证据、查明的事实及刑事裁判的既判力等因素，在环境侵权案件中一般应认定该数人构成共同侵权。

2. 考虑到民事案件和刑事案件在证明标准、举证责任、证据排除等方面的差异，刑事裁判未认定构成共犯的行为人，不妨碍其在民事案件中被认定为共同侵权人。

3. 污染环境行为在一定期间持续发生的，某一侵权人仅参与实施部分污染行为，在认定其构成共同侵权的同时，应根据公平原则，将该侵权人承担连带赔偿责任的金额限定在其参与实施的环境损害范围。

【相关法条】

《中华人民共和国海洋环境保护法》第八十九条第二款　对破坏海洋生态、海洋水产资源、海洋保护区，给国家造成重大损失的，由依照本法规定行使海洋环境监督管理权的部门代表国家对责任者提出损害赔偿要求。

《中华人民共和国民事诉讼法》第五十五条第一款　污染环境、侵害众多消费者合法权益等损害社会公共利益的行为，法律规定的机关和有关组织可以向人民法院提起诉讼。

《中华人民共和国侵权责任法》第八条　二人以上共同实施侵权行为，造成他人损害的，应当承担连带责任。

第六十五条　因污染环境造成损害的，污染者应当承担侵权责任。

【案件索引】

一审：广州海事法院（2017）粤72民初541号（2018年6月13日）

二审：广东省高级人民法院（2018）粤民终2065号（2018年10月28日）

【基本案情】

原告（被上诉人）中山市海洋与渔业局诉称：（1）被告彭伟权、冯喜林、何伟生、何桂森连带赔偿生态修复费用3725589.78元，被告袁茂胜在904979.29元的范围内承担连带赔偿责任；（2）被告彭伟权、冯喜林、何伟生、何桂森连带赔偿因环境污染产生的各项经济损失3531748.50元，被告袁茂胜在857893.50元的范围内承担连带赔偿责任；（3）被告彭伟权、冯喜林、何伟生、何桂森连带赔偿因本案诉讼产生的鉴定评估费35万元、检测费192800元、律师代理费2万元，被告袁茂胜在136709.19元的范围内承担连带赔偿责任；（4）五被告共同承担本案诉讼费用。事实和理由：2016年8月30日，原告工作人员在辖区海域巡查时发现有船舶在中山市民众镇横门东出海航道12号灯标堤围处倾倒废弃垃圾，涉嫌犯罪，向中山市公安机关报警后，中山市公安机关立即派员到场进行调查，并传讯了船上的相关人员。经中山市公安机关侦查查明，2016年7月至8月期间，五被告为谋取非法利益，以加高加固堤围为借口，从东莞市中堂镇码头将造纸厂的垃圾运往中山市民众镇横门东出海航道12号灯标堤围处进行倾倒，对周围海域造成极大的环境污染。受中山市环境保护局环境监察分局委托，广州中科检测技术服务有限公司（以下简称中科公司）对五被告倾倒的上述垃圾进行了检测，中科公司检测后作出了《废物属性鉴别报告》，该鉴别报告认定所检“横门东出海航道12号灯标堤围倾倒未知物”为含有害有毒物质的混合废弃物。2016年11月，中山市环境保护局委托环境保护部华南环境科学研究所（以下简称环科所）就五被告倾倒的垃圾对周边海域的环境污染损害情况进行评估鉴定，环科所鉴定评估后作出了《中山市横门东出海航道12号灯标堤围垃圾倾倒污染事件环境损害鉴定评估报告》(以下简称评估报告)。评估报告载明：垃圾中含有一定的有毒有害物质，对土壤和周边的地表水都造成了严重的污染；垃圾中含有大量的病原微生物，在腐败过程会产生大量的有机污染物等，对当地的水体造成重大的污染，也给渔业造成重大的损失，同时通过生物富集作用，给人体健康带来极大的隐患；垃圾露天堆放，受雨水淋溶会产生垃圾渗滤液，渗滤液中含有大量的有机污染物、重金属等污染物，进入海水后会造成海水污染，海洋生态系统被打乱等严重后果；该环境污染事件造成的相关经济损失为3862716.50元，其中包括事务性费用330968元；该环境污染事件的生态修复费用为3751941.78元。因评估报告在计算可处置垃圾收集转运费用和垃圾处理费用时，将被告袁茂胜船上尚未倾倒的部分垃圾计算在内，而该部分垃圾已由被告袁茂胜自行处理，可不计算该部分垃圾的收集转运费用和处理费用，故本案的生态修复费用实际为3725589.78元。被告彭伟权、冯喜林、何伟生、何桂森的行为严重违反我国环境保护法律法规的规定，造成严重的海洋环境污染，已经触犯刑法，被依法追究刑事责任。被告彭伟权、冯喜林、何伟生、何桂森的行为对本案堤围周边的海洋生态功能、海洋水产资源造成极其严重的破坏，治理成本巨大，给国家造成了重大的损失，被告彭伟权、冯喜林、何伟生、何桂森应连带赔偿生态修复费用3725589.78元、经济损失3531748.50元、鉴定评估费35万元、检测费192800元、律师代理费2万元。被告袁茂胜参与倾倒其中250立方米的垃圾，应在相应的损失范围内承担连带赔偿责任。原告代表国家行使该地区海洋环境监督管理权，依法有权提起本案民事公益诉讼，请求五被告承担赔偿责任。

支持起诉人广东省中山市人民检察院支持起诉称：广东省中山市第一市区人民检察院在办理彭伟权、冯喜林、何伟生、何桂森、袁茂胜涉嫌污染环境罪时，将案件所涉海洋生态环境公益诉讼线索移送该院，该院依法进行了审查，决定支持起诉。经该院审查查明，位于中山市横门东出海航道12号灯标北堤的围垦由冯喜林承包，经营水产养殖。该堤围东边是海域，南边是横门水道，西边是民众镇裕安围，北边是河道。2016年7月至8月期间，冯喜林、彭伟权、何伟生、何桂森共同商议，从东莞市中堂镇码头运输废弃胶纸至上述堤围倾倒。8月26日，执法人员发现“恒辉20”轮运输废胶纸至上述堤围，船主为袁茂胜，在倾倒半船废胶纸时被执法人员查获。彭伟权、冯喜林、何伟生、何桂森收取纸厂支付、船主转交的胶纸处理费6万元。2016年8月30日，中山市公安局对本案立案侦查。2016年10月1日，中山市公安局对袁茂胜取保候审。2017年6月5日，彭伟权、袁茂胜、冯喜林、何伟生、何桂森被广东省中山市第一市区人民检察院以涉嫌污染环境罪起诉至广东省中山市第一人民法院。中科公司作出的《废物属性鉴别报告》证实所检“横门东出海航道12号灯标堤围倾倒未知物”为含有害有毒物质的混合废弃物。环科所作出的评估报告评定本次环境污染事件造成相关经济损失共计3862716.50元，生态修复费用为3751941.78元。根据《海洋环境保护法》第八十九条的规定，原告负责中山市范围内海洋环境保护工作以及保护渔业水域生态环境工作，具有本案原告资格。该院于2016年12月7日作出中检督（2016）1号督促起诉意见书，督促中山市海洋与渔业局依法对本案提起诉讼。彭伟权、冯喜林、何伟生、何桂森、袁茂胜将含有毒有害物质的垃圾倾倒在海边堤围，严重污染海洋生态环境，根据《侵权责任法》第六十五条、第六十六条和《最高人民法院关于审理环境民事公益诉讼案件适用法律若干问题的解释》第十九条、第二十条、第二十一条、第二十二条的规定，原告有权要求五被告连带承担环境侵权责任。

被告（原审被告）彭伟权辩称：（1）评估报告载明垃圾倾倒处上游存在其他污染源，故本案海洋底泥镉超标与五被告的倾倒垃圾行为没有因果关系，镉超标造成的相关损失与五被告无关，原告不能要求五被告赔偿本案全部损失。（2）如被告彭伟权需要承担赔偿责任，本案的损失应结合刑事判决和实际发生的费用确定，不能仅根据评估报告确定。（3）评估报告不科学不合理，且存在明显的计算错误，不能作为认定本案损失的依据。

被告（原审被告）冯喜林辩称：（1）被告冯喜林已将其承租的本案堤围转租给被告彭伟权，被告彭伟权实施了倾倒垃圾行为，而被告冯喜林并未参与倾倒垃圾，原告请求被告冯喜林与其他被告承担连带赔偿责任没有依据。（2）本案除了被告袁茂胜运输的一船垃圾，还存在其他运输垃圾的侵权行为人，故本案还应将其他侵权行为人列为共同被告。（3）原告提供的评估报告虽是生效刑事判决采信的证据，但作出该评估报告的鉴定人员在鉴定时不具有鉴定资质，且鉴定程序和内容不具有科学性，故该评估报告不能作为认定本案事实的依据。（4）原告提出的五被告赔偿因环境污染产生的各项经济损失的请求不明确，且缺乏法律依据。（5）原告提出的五被告赔偿因本案诉讼产生的费用没有相应的法律依据。

被告（原审被告）何伟生辩称：（1）本案环境污染损害系多因一果，存在其他污染本案海洋环境的侵权行为人，根据《侵权责任法》第六十七条的规定，原告应当根据污染物的种类、排放量等因素确定五被告应当承担的赔偿金额，原告无权要求五被告承担全部的环境污染损害赔偿责任。（2）作出评估报告的鉴定人员在鉴定时尚未取得鉴定资质，检测方法是否科学和提取的检测样品是否具有代表性等均缺乏依据，故评估报告存在严重瑕疵，不能作为认定本案事实的依据。(3) 被告何伟生仅是打工的，根据雇主的指示开展工作，被告何伟生的行为应由其雇主承担相应的责任。(4) 如法院认定五被告应共同承担环境污染损害赔偿责任，因被告何伟生在共同责任中所起的作用相对较小，应当承担较轻的赔偿责任。

被告（原审被告）何桂森辩称：(1) 被告何桂森仅是出租钩机给被告彭伟权，在被告彭伟权承租的堤围从事挖掘地泥作业，不是倾倒垃圾非法获利项目的股东，被告何桂森不是本案侵权行为人，原告请求被告何桂森与其他被告承担连带赔偿责任没有依据。(2) 本案不仅存在其他运输垃圾的侵权行为人，垃圾提供者也是侵权行为人，故本案还应将其他侵权行为人列为共同被告。(3) 作出评估报告的鉴定人员在鉴定时尚未取得鉴定资质，且评估报告未能充分说明倾倒行为与损害结果之间的关系，评估报告不科学、不合理，不能作为认定本案事实的依据。(4) 在造成本案环境污染的过程中，五被告独立的行为均不能单独造成侵权结果，故原告要求五被告承担连带责任于法无据，本案应根据具体情况判决五被告承担按份责任。

被告（上诉人）袁茂胜辩称：(1) 本案垃圾倾倒在堤围上，不是倾倒在海洋，而原告的职责是对海洋生态环境进行监督，故原告无权提起本案诉讼，原告的主体不适格。(2) 被告袁茂胜运输废胶纸仅是在履行运输合同义务，并不清楚运输货物的属性，被告袁茂胜也没有配合参与倾倒垃圾，被告袁茂胜不是本案侵权行为人。(3) 鉴定人员没有在“恒辉20”轮未卸载货物取样，而已倾倒在堤围的垃圾不能确定是否为被告袁茂胜运输的货物，故《废物属性鉴别报告》认定的含有毒有害物质的混合废弃物不能确定是否为被告袁茂胜运输的货物，原告主张被告袁茂胜污染本案海洋环境缺乏事实依据。(4) 被告袁茂胜在事故发生后，主动配合行政部门执法，主动垫付费用处理“恒辉20”轮未卸载的货物。(5) 评估报告不科学、不合理，不能作为认定本案损失金额的依据。(6) 刑事判决认定从“恒辉20”轮上卸载的废胶纸是200立方米，如袁茂胜需要承担赔偿责任，仅需对该200立方米废胶纸造成的损失承担赔偿责任。(7) 鉴定评估费和检测费是中山市环境保护局环境监察分局支付的，不属于原告的损失，律师代理费是原告为更好地维护自身权益所产生的费用，均不是因五被告侵权行为所导致的损失，原告无权向五被告索赔。

法院经审理查明：2016年8月30日，原告中山市海洋与渔业局工作人员在辖区海域巡查时发现“恒辉20”轮在中山市民众镇横门东出海航道12号灯标堤围处倾倒废弃垃圾，涉嫌犯罪，向中山市公安机关报警后，公安机关立即派员到场进行调查，并传讯了船上的相关人员。经侦查查明，2016 年 7 月至 8 月，五被告为谋取非法利益，以加高加固堤围为借口，从东莞市中堂镇码头将造纸厂的垃圾通过船舶运往中山市民众镇横门东出海航道 12 号灯标堤围处进行倾倒，对周围海域造成极大的环境污染。该堤围东边是海域，南边是横门水道，西边是民众镇裕安围，北边是河道。根据广东省人民政府 2017 年 9 月发布的《广东省海洋生态红线图件、登记表》，本案倾倒垃圾的堤围及其周边海域属于重要河口生态系统，禁止排放有害有毒的污水、油类、油性混合物、热污染物及其他污染物和废弃物。受中山市环境保护局环境监察分局委托，广州中科检测技术服务有限公司对被告彭伟权、冯喜林、何伟生、何桂森、袁茂胜倾倒的上述垃圾进行了检测，该公司在检测后作出了《废物属性鉴别报告》。该鉴别报告认定所检“横门东出海航道 12 号灯标堤围倾倒未知物”为含有害有毒物质的混合废弃物。2016 年 11 月，中山市环保局委托环境保护部华南环境科学研究所就五被告倾倒的垃圾对周边海域的环境污染损害情况进行评估鉴定，该所鉴定后作出了《中山市横门东出海航道 12 号标堤围垃圾倾倒污染事件环境损害鉴定评估报告》。该评估报告载明：垃圾中含有一定的有毒有害物质，对土壤和周边的地表水都造成了严重的污染；垃圾中含有大量的病原微生物，在腐败过程会产生大量的有机污染物等，对当地的水体造成重大的污染，也给渔业造成重大的损失，同时通过生物富集作用，给人体健康带来极大的隐患；垃圾露天堆放，受雨水淋溶会产生垃圾渗滤液，渗滤液中含有大量的有机污染物、重金属等污染物，进入海水后会造成海水污染，海洋生态系统被打乱等严重后果；该环境污染事件造成的相关经济损失为 3862716. 50 元，其中包括事务性费用 330968 元；该环境污染事件的生态修复费用为 3751941. 78 元。中山市环境保护局为此向环科所支付鉴定费 35 万元。就该垃圾倾倒行为，彭伟权、冯喜林、何伟生、何桂森被以污染环境罪追究刑事责任，广东省中山市第一人民法院作出的（2017）粤 2071 刑初 1293 号生效刑事判决书（以下简称 1293 号刑事判决），认定彭伟权、冯喜林、何伟生、何桂森无视国家法律，违反国家规定，结伙倾倒、处置有毒有害物质，后果特别严重，其行为均已构成污染环境罪，并依法判处相应刑罚。冯喜林、何伟生、何桂森不服一审判决，提出上诉。广东省中山市中级人民法院作出（2017）粤 20 刑终 306 号生效刑事裁定书（以下简称 306 号刑事裁定），驳回上诉，维持原判。原告为提起本案诉讼，与广东悦盈律师事务所签订民事案件委托代理合同，为此向该所支付律师代理费 2 万元。原告起诉认为，被告彭伟权、冯喜林、何伟生、何桂森的行为对本案堤围周边的海洋生态功能、海洋水产资源造成极其严重的破坏，治理成本巨大，应连带赔偿生态修复费用 3725589.78 元、经济损失 3531748.50 元、鉴定评估费 35 万元、检测费 192800 元、律师代理费 2 万元；被告袁茂胜参与倾倒其中 250 立方米垃圾，应在相应的损失范围内承担连带赔偿责任。支持起诉人广东省中山市人民检察院称，广东省中山市第一市区人民检察院在办理彭伟权等人涉嫌污染环境一案时，将案件所涉海洋生态环境公益诉讼线索移送该院，该院依法进行了审查，督促原告中山市海洋与渔业局对本案提起诉讼，并决定支持起诉。

【裁判结果】

广州海事法院于 2018 年 6 月 13 日作出（2017）粤 72 民初 541 号民事判决：一、被告彭伟权、冯喜林、何伟生、何桂森连带赔偿生态修复费用 3725589.78 元，被告袁茂胜在 353297.68 元范围内承担连带赔偿责任，以上款项上交国库，用于修复被损害的生态环境；二、被告彭伟权、冯喜林、何伟生、何桂森连带赔偿因环境污染产生的各项经济损失 3531748.50 元，被告袁茂胜在 334915.71 元范围内承担连带赔偿责任，以上款项上交国库，用于修复被损害的生态环境；三、被告彭伟权、冯喜林、何伟生、何桂森连带赔偿鉴定评估费 35 万元、检测费 192800 元、律师代理费 2 万元，被告袁茂胜在 53370.32 元范围内承担连带赔偿责任，以上款项上交国库；四、驳回原告中山市海洋与渔业局的其他诉讼请求。

宣判后，袁茂胜不服原审判决，提起上诉，但未在规定期限内预交二审案件受理费。广东省高级人民法院于 2018 年 10 月 28 日作出（2018）粤民终 2065 号民事裁定：按自动撤回上诉处理。

【裁判理由】

法院生效判决认为：本案的争议焦点主要有：（1）原告的主体是否适格；（2）五被告是否需要承担污染海洋环境的赔偿责任；（3）原告主张的各项损失是否合理。

一、原告主体是否适格

本案废胶纸等垃圾虽然倾倒在中山市横门东出海航道 12 号灯标堤围，没有直接倾倒入海，但该堤围东边是海域，南边是横门水道，北边是河道，该堤围及其周边海域属于重要河口生态系统，本案倾倒的垃圾直接污染了海域和河道，破坏了河口生态系统，造成海洋环境污染损害，给国家造成了重大损失。原告负责该海域和河道的海洋环境保护和修复工作，是行使海洋环境监督管理权的部门，根据《海洋环境保护法》第八十九条第二款关于“对破坏海洋生态、海洋水产资源、海洋保护区，给国家造成重大损失的，由依照本法规定行使海洋环境监督管理权的部门代表国家对责任者提出损害赔偿要求”的规定和《民事诉讼法》第五十五条第一款关于“对污染环境、侵害众多消费者合法权益等损害社会公共利益的行为，法律规定的机关和有关组织可以向人民法院提起诉讼”的规定，中山市海洋与渔业局有权代表国家提起本案民事公益诉讼。袁茂胜以本案垃圾不是直接倾倒入海为由，对中山市海洋与渔业局的主体资格提出异议，缺乏事实和法律依据，不予支持。

根据《民事诉讼法》第十五条关于“机关、社会团体、企业事业单位对损害国家、集体或者个人民事权益的行为，可以支持受损害的单位或者个人向人民法院起诉”的规定和第五十五条第二款关于“人民检察院在履行职责中发现破坏生态环境和资源保护、食品药品安全领域侵害众多消费者合法权益等损害社会公共利益的行为，在没有前款规定的机关和组织或者前款规定的机关和组织不提起诉讼的情况下，可以向人民法院提起诉讼。前款规定的机关或者组织提起诉讼的，人民检察院可以支持起诉”的规定，本案倾倒的垃圾污染了海洋环境，负责海洋环境保护和修复工作的中山市海洋与渔业局提起本案诉讼，广东省中山市人民检察院依法可以支持中山市海洋与渔业局起诉。

二、五被告是否应当承担赔偿责任

1293 号刑事判决和 306 号刑事裁定已认定彭伟权、冯喜林、何伟生、何桂森违反国家规定，结伙倾倒、处置有毒有害物质，污染环境。根据《最高人民法院关于适用〈中华人民共和国民事诉讼法〉的解释》第九十三条的规定，已为人民法院发生法律效力的裁判所确认的事实，当事人无须举证证明，当事人有相反证据足以推翻的除外。彭伟权对该刑事判决和刑事裁定认定的上述事实没有异议。冯喜林、何伟生、何桂森否认其实施了本案污染环境行为，辩称其未与彭伟权结伙倾倒、处置有毒有害物质，但他们提出的抗辩意见已在刑事案件中提出，并经过广东省中山市第一人民法院和广东省中山市中级人民法院审理，在 1293 号刑事判决和 306 号刑事裁定中均已作出分析和认定，对上述意见均不予采纳。冯喜林、何伟生、何桂森未能提交新的相反证据推翻该刑事判决和刑事裁定确认的事实，法院对该刑事判决和刑事裁定确认的事实予以采信，认定彭伟权、冯喜林、何伟生、何桂森结伙倾倒、处置有毒有害物质，污染环境。冯喜林、何伟生、何桂森提出的未实施污染环境侵权行为的抗辩，与查明的事实不符，不予支持。根据《侵权责任法》第八条关于“二人以上共同实施侵权行为，造成他人损害的，应当承担连带责任”的规定和第六十五条关于“因污染环境造成损害的，污染者应当承担侵权责任”的规定，彭伟权、冯喜林、何伟生、何桂森应对本案污染环境造成的损害承担连带赔偿责任。冯喜林、何伟生、何桂森提出的各被告应承担按份责任的抗辩，缺乏法律依据，不予支持。

根据上述1293号刑事判决、306号刑事裁定的认定和袁茂胜的陈述，可以认定袁茂胜受彭伟权委托，用袁茂胜所有的“恒辉20”轮从东莞市中堂镇码头运输一船废胶纸至中山市横门东出海航道12号灯标堤围。袁茂胜明知船上装载的货物为废胶纸，且在当地渔政部门执法人员告知不能将废胶纸卸载并倾倒至堤围的情况下，仍应彭伟权的要求，配合其他被告将部分废胶纸卸载并倾倒至堤围，袁茂胜的上述行为已和本案其他四被告的行为构成共同侵权，袁茂胜应在其参与运输和倾倒的该部分废胶纸造成的损害范围内与其他四被告承担连带赔偿责任。袁茂胜提出的其运输废胶纸仅是在履行运输合同义务，没有配合参与倾倒废胶纸，其不是本案侵权行为人的抗辩，与查明的事实不符，不予支持。至于袁茂胜提出的鉴定人员没有对船上未卸载的货物取样进行鉴定，无法认定袁茂胜运输的废胶纸是否为含有有毒有害物质的混合废弃物的抗辩，因鉴定人员已在堤围多点采样，而从“恒辉20”轮卸下的废胶纸已和之前倾倒至堤围的垃圾混在一起，鉴定机构根据采样情况综合分析得出的结论足以证明袁茂胜运输的废胶纸是含有有毒有害物质的混合废弃物。退一步讲，即使袁茂胜运输的废胶纸不是含有有毒有害物质的混合废弃物，但其运输的废胶纸本身就是本案海洋环境的污染物，且袁茂胜运输的废胶纸与之前倾倒的垃圾混合后，已经无法准确区分各部分垃圾污染环境的程度，故袁茂胜的该项抗辩，缺乏事实和法律依据，也不予支持。

至于何伟生、何桂森提出的本案还有其他共同侵权行为人的抗辩。根据本案现有证据并不能确定五被告以外的明确的侵权行为人，况且，即使本案存在其他共同侵权行为人，根据《侵权责任法》第十三条关于“法律规定承担连带责任的，被侵权人有权请求部分或者全部连带责任人承担责任”的规定，原告在本案中请求五被告连带承担责任并无不当，故何伟生、何桂森的该项抗辩，缺乏事实和法律依据，不予支持。

三、原告主张的各项损失是否合理

污染海洋环境责任纠纷是人民法院近年来受理的新类型案件，污染海洋环境造成的损失往往缺少直接、具体、可量化的计算标准，需要有专门知识的人做出鉴定意见。本案污染事件发生后，中山市环境保护局委托环科所对中山市横门东出海航道12号灯标堤围垃圾倾倒污染事件环境损害进行鉴定评估，环科所鉴定后作出了评估报告。环科所是我国环境保护部推荐的第一批环境损害鉴定评估推荐机构名录中的鉴定机构，具有环境损害鉴定评估资质。该评估报告是彭伟权、冯喜林、何伟生、何桂森刑事案件中的证据，该评估报告为广东省中山市第一人民法院和广东省中山市中级人民法院所采信，并作为认定刑事案件事实的依据。在本案审理过程中，作出评估报告的鉴定人员陈琛出庭接受质询，环科所还就合议庭和各方当事人提出的疑问作出书面答复。在五被告仅对评估报告提出异议，但未能提供充分的相反证据予以证明的情况下，法院采信环科所作出的评估报告，并将其作为认定本案事实的依据。

评估报告认定本案环境污染事件造成经济损失为3531748.50元，生态修复费用为3751941.78元。因评估报告认定生态修复费用的可处置垃圾收集转运费用和垃圾处理费用两个项目时将“恒辉20”轮上尚未卸载的200立方米废胶纸计算在内，而“恒辉20”轮上尚未卸载的200立方米废胶纸已由袁茂胜自行处理，故应将该200立方米废胶纸的可处置垃圾收集转运费用和垃圾处理费用从生态修复费用总金额中扣减。根据评估报告确定的生活垃圾平均密度每立方米为0.488吨，200立方米废胶纸换算为97.6吨可处理类垃圾，可处置垃圾收集转运费用的单价为每吨180元，垃圾处理费用的单价为每吨90元，据此可以计算出97.6吨可处理类垃圾的可处置垃圾收集转运费用和垃圾处理费用共计26352元，因此，本案环境污染事件的生态修复费用应为3725589.78元。根据《最高人民法院关于审理环境民事公益诉讼案件适用法律若干问题的解释》第二十条关于“原告请求恢复原状的，人民法院可以依法判决被告将生态环境修复到损害发生之前的状态和功能。无法完全修复的，可以准许采用替代性修复方式。人民法院可以在判决被告修复生态环境的同时，确定被告不履行修复义务时应承担的生态环境修复费用；也可以直接判决被告承担生态环境修复费用。生态环境修复费用包括制定、实施修复方案的费用和监测、监管等费用”的规定和第二十一条关于“原告请求被告赔偿生态环境受到损害至恢复原状期间服务功能损失的，人民法院可以依法予以支持”的规定，原告请求彭伟权、冯喜林、何伟生、何桂森连带赔偿生态修复费用3725589.78

元和经济损失 3531748.50 元，具有事实和法律依据，予以支持。

本案垃圾倾倒事件发生后，中山市环境保护局环境监察分局委托中科公司进行倾倒垃圾组成分析及废物属性鉴别检测，中山市环境保护局环境监察分局为此向中科公司支付检测费 192800 元。中山市环境保护局委托环科所对中山市横门东出海航道 12 号灯标堤围垃圾倾倒污染事件环境损害进行鉴定评估，中山市环境保护局为此向环科所支付鉴定评估费 35 万元。原告为提起本案诉讼，委托广东悦盈律师事务所律师担任其委托诉讼代理人，原告为此向广东悦盈律师事务所支付律师代理费 2 万元。根据《最高人民法院关于审理环境民事公益诉讼案件适用法律若干问题的解释》第二十二条关于“原告请求被告承担检验、鉴定费用，合理的律师费以及为诉讼支出的其他合理费用的，人民法院可以依法予以支持”的规定，原告请求彭伟权、冯喜林、何伟生、何桂森连带赔偿鉴定评估费 35 万元、检测费 192800 元和律师代理费 2 万元，具有事实和法律依据，予以支持。冯喜林、袁茂胜提出的原告无权请求鉴定评估费、检测费和律师代理费的抗辩，缺乏事实和法律依据，不予支持。

关于袁茂胜参与倾倒的废胶纸数量，1293 号刑事判决、中山市公安局民众分局刑事侦查大队出具的说明、袁茂胜的陈述、“恒辉 20”轮船员陈美兰、温祥发的陈述各不相同。考虑到中山市公安局民众分局刑事侦查大队出具的说明、袁茂胜的陈述、“恒辉 20”轮船员陈美兰、温祥发的陈述均是刑事案件的证据，广东省中山市第一人民法院和广东省中山市中级人民法院在综合分析上述证据后，认定“恒辉 20”轮运输废胶纸约 400 立方米至堤围，倾倒了约 200 立方米废胶纸。在本案没有新的证据推翻生效裁判确认事实的情况下，本案认定从“恒辉 20”轮卸下的废胶纸为 200 立方米，即袁茂胜参与倾倒的废胶纸为 200 立方米。根据评估报告确定的生活垃圾的平均密度每立方米 0.488 吨，可计算出从“恒辉 20”轮上卸载并倾倒至堤围的可处理类垃圾为 97.6 吨，评估报告以全部 1029.192 吨的可处理类垃圾确定生态修复费用和经济损失，故袁茂胜应在总赔偿额 9.483% 的范围内与其他四被告承担连带赔偿责任，即袁茂胜应连带承担的生态修复费用为 353297.68 元，应连带承担的经济损失为 334915.71 元，应连带承担的鉴定评估费、检测费和律师代理费为 53370.32 元。

【案例注解】

本案是《民事诉讼法》于2017年6月27日修改施行后，全国首例由检察机关支持起诉的海洋环境民事公益诉讼案件。该案的审理有利于严厉打击在珠江口及粤港澳大湾区海域倾倒废物的行为，提升公众的环境保护意识和环境法治观念，对建设美丽中国、打好污染防治攻坚战、服务粤港澳大湾区建设具有重要意义。

本案环境污染事件的相关刑事案件在中山市两级法院审理，彭伟权等4人因犯污染环境罪，终审被判三年三个月至三年七个月不等有期徒刑，并处6万至8万元不等的罚金。污染者在承担了刑事责任后，还需依法承担民事责任，本案是行使海洋监督管理权的部门依法提起的民事公益诉讼。因本案采取民刑交叉案件的"先刑后民"处理模式，本案的审理涉及原告的主体资格、刑事裁判的既判力范围、共同侵权的认定、环境损失的鉴定等法律问题。

一、原告的主体资格问题

侵权人向海洋倾倒废弃物导致海洋环境损害，根据职能分工，海洋渔业行政主管部门有权依照《海洋环境保护法》第八十九条第二款和《民事诉讼法》第五十五条第一款的规定提起海洋环境民事公益诉讼。检察机关作为支持起诉人，有权依照《民事诉讼法》第五十五条第二款的规定支持有关机关起诉。本案审理时，袁茂胜认为，本案垃圾倾倒在堤围，没有倾倒在海洋，监督和修复堤围的环境污染不属于原告的职责范围。原告提交的《广东省海洋生态红线图件、登记表》上显示，本案倾倒垃圾的堤围及其周边海域属于重要河口生态系统，属于原告的管理区域和职责范围。因而，法院认为原告有权依据上述法律规定提起海洋环境民事公益诉讼。

二、生效刑事裁判对环境侵权案件的既判力范围

近年来，人民法院审理了较多的民刑交叉案件。针对此类案件的处理模式，学术界存在"先刑后民""先民后刑""民刑并行"等观点。就环境民事公益诉讼而言，通常是刑事案件已启动或者审结后，原告或公益诉讼起诉人才提起民事诉讼，民事案件的审理法院被动选择"先刑后民"的处理模式。这涉及生效刑事裁判对环境侵权案件的既判力问题。根据《最高人民法院关于适用〈中华人民共和国民事诉讼法〉的解释》第九十三条的规定，已为人民

法院发生法律效力的裁判所确认的事实，当事人无须举证证明，当事人有相反证据足以推翻的除外。该规定中的“裁判”当然包括刑事案件中的生效裁判。因此，生效刑事裁判对民事案件审理的影响是客观存在的，问题的关键是既判力的范围应限定在何种程度较为合理。既判力的范围包括客观范围、主观范围、时间范围等。客观范围是指确定裁判中哪些判断事项具有既判力；主观范围是指既判力作用的主体范围，是否存在扩张性。时间范围是确定裁判在何时对后诉具有约束力。对环境侵权案件而言，如何确定生效刑事裁判既判力的客观范围是审理中的难点。生效刑事裁判往往已对环境损害的基本事实、主要的侵权人、因果关系等作出认定，对这些法院已查明的事实及罪名、刑罚等对民事案件的审理当然具有拘束力。在“先刑后民”模式下，生效刑事裁判认定数名被告人（民事案件中的被告）在污染环境罪范围内构成共同犯罪，综合考量民事案件采信的证据、查明的事实及刑事裁判的既判力等因素，在环境侵权案件中一般应认定该数名被告构成共同侵权。但由于民事案件和刑事案件在证明标准、举证责任、证据排除等方面的差异（如刑事案件的证明标准更高），刑事裁判未对某一行为人认定构成共同犯罪人，但并不妨碍其在民事案件中被认定为共同侵权人。因此，生效刑事裁判对环境侵权案件的既判力范围不宜过大，也不宜过小，要兼顾司法的效率与公平，做到节约司法资源与保护当事人权利的价值平衡。

三、环境损害共同侵权的认定及责任承担

本案中，原告起诉认为五被告构成共同侵权，除刑事裁判认定的四名共同被告人外，还举证证明尚存在其他共同侵权人即袁茂胜。冯喜林辩称其仅提供租赁场地，何伟生、何桂森辩称其仅提供钩机，均未与彭伟权结伙倾倒、处置废弃物，但上述抗辩已经在刑事案件中提出，生效刑事裁判均已作出分析和认定，对上述意见不予采纳，并最终认定彭伟权等四人构成共同犯罪。共同侵权包括共同故意侵权和共同过失侵权，其成立标准比共同犯罪要低，“举重以明轻”，在彭伟权等四人已成立共同犯罪的情形下，根据《最高人民法院关于适用〈中华人民共和国民事诉讼法〉的解释》第九十三条的规定，可认定该四人构成共同侵权。虽然袁茂胜未被生效刑事裁判认定为污染环境罪的共犯，但原告提供的证据证明其曾运输一船垃圾到涉案堤围处倾倒，实际帮助实施了倾倒垃圾的行为。根据《侵权责任法》第六十五条规定，环境侵权适用无过错归责原则，因袁茂胜直接实施了侵权行为，故袁茂胜也是共同侵权人。本案中，彭伟权等四人实施的污染环境行为在一定期间持续发生，袁茂胜仅参与一

次倾倒行为，在认定其构成共同侵权的同时，应根据公平原则，将袁茂胜承担连带赔偿责任的金额限定在其参与实施的环境损害范围。故本案判决袁茂胜在其参与倾倒的200立方米垃圾的范围内承担连带赔偿责任。本案中，袁茂胜等被告主张还存在其他的侵权人，但并未就此提供相应证据。对此，法院认为原告有权依照《侵权责任法》第十三条的规定，选择部分侵权人主张全部环境损害赔偿。根据上述分析，法院生效判决最终认定彭伟权等五人成立共同侵权，承担连带赔偿责任，并将袁茂胜承担赔偿责任的部分限定在200立方米垃圾所对应的损害范围内，按相应比例计算出生态修复费用、经济损失等各项损失的对应金额。

（**一审法院合议庭成员**　叶柳东　徐元平　吴贵宁
二审法院合议庭成员　江　萍　苏大清　王晓琴
编写人　广州海事法院　吴贵宁　谭学文
责任编辑　杨　奕
审稿人　曹守晔）

二、案例精析

【编者按】 各级人民法院坚持“反映审判全貌，总结审判经验，服务审判工作”的编辑方针，突出“真实、全面、及时、说理”的编辑特色，报送了一批具有典型性、新类型、重大疑难复杂案例，对指导审判业务、宣传国家法制、预防和化解社会矛盾纠纷，促进法学教育与理论研究作出了积极努力。《人民法院案例选》将继续坚持这一优良传统，并通过中国应用法学研究所责任编辑撰写编后补评等方式，对判决和评析中虽未提及但比较重要的或评析不充分的问题，进行补充评析，以期达到总结经验教训、指导审判业务、促进理论研究的目的。

刑 事

李四刚抢劫案

——抢劫数额巨大的承兑汇票未贴现的行为的认定

关键词：刑事 抢劫 承兑汇票 数额巨大 未贴现

【裁判要旨】

抢劫数额巨大的承兑汇票，因行为人意志以外的原因未能贴现的，应认定为抢劫数额巨大且未遂。

【相关法条】

《中华人民共和国刑法》第二百六十三条 以暴力、胁迫或者其他方法抢劫公私财物的，处三年以上十年以下有期徒刑，并处罚金；有下列情形之一的，处十年以上有期徒刑、无期徒刑或者死刑，并处罚金或者没收财产：

（一）入户抢劫的；

（二）在公共交通工具上抢劫的；

（三）抢劫银行或者其他金融机构的；

（四）多次抢劫或者抢劫数额巨大的；

（五）抢劫致人重伤、死亡的；

（六）冒充军警人员抢劫的；

（七）持枪抢劫的；

（八）抢劫军用物资或者抢险、救灾、救济物资的。

【案件索引】

一审：河南省沁阳市人民法院（2017）豫0882刑初1935号（2017年12月28日）

二审：河南省焦作市中级人民法院（2018）豫08刑终85号（2018年4月23日）

【基本案情】

河南省沁阳市人民检察院（抗诉人）指控：被告人李四刚、李小刚以抢劫数额巨大的承兑汇票为目的，由于意志以外的原因，未能将实际抢得的价值2582223.2元的承兑汇票予以贴现，应当按照抢劫数额巨大和犯罪未遂的情节定罪量刑。

被告人李四刚的辩护人的辩护意见：抢劫的承兑汇票不可能被贴现，原审被告人也没有实施贴现行为，涉案汇票数额不应计入抢劫数额。本案并未造成较大的财产损失。

被告人李小刚的辩护人的辩护意见：原审被告人虽抢得汇票，但未予贴现，根据《最高人民法院关于审理抢劫刑事案件适用法律若干问题的意见》，未实际使用、消费的，不计数额。李小刚参与抢劫，是受李四刚所骗，其犯罪的主观目的和李四刚不同。

法院经审理查明：李四刚与李小刚共同预谋抢劫被害人周某某的承兑汇票。2017年5月24日18时许，李四刚和李小刚窜至沁阳市怀庆办事处玫瑰公馆小区4号楼电梯内，李四刚捂住周某某的嘴，李小刚用李四刚购买的电击棒击打周某某的左腹部，周某某因害怕而假装晕倒，李四刚、李小刚将周某某随身携带的挎包抢走，包内装有现金2000元、银色苹果5手机1部、金额2582223.2元的承兑汇票26张。经沁阳市价格认证中心鉴定，该手机价值300元。案发后，承兑汇票均已追回并发还被害人。

【裁判结果】

河南省沁阳市人民法院于2017年12月28日作出（2017）豫0882刑初1935号刑事判决：一、被告人李四刚犯抢劫罪，判处有期徒刑六年，并处罚金人民币5000元；被告人李小刚犯抢劫罪，判处有期徒刑五年，并处罚金人民币4000元；二、违法所得人民币2000元、银色苹果5手机1部依法予以追缴并发还被害人。

宣判后，河南省沁阳市人民检察院以抢劫数额巨大的承兑汇票未贴现的行为应认定为抢劫数额巨大且未遂为由提出抗诉。河南省焦作市中级人民法院于2018年4月23日作出（2018）豫08刑终85号刑事判决：一、维持河南省沁阳市人民法院（2017）豫0882刑初1935号刑事判决的第二项；二、撤销河南省沁阳市人民法院（2017）豫0882刑初1935号刑事判决的第一项；三、被告人李四刚犯抢劫罪，判处有期徒刑七年，并处罚金人民币3万元，被告人李小刚犯抢劫罪，判处有期徒刑五年，并处罚金人民币1万元。

【裁判理由】

法院生效裁判认为：李四刚、李小刚以暴力方法抢劫他人财物，共计抢劫现金2000元、银色苹果5手机1部、金额2582223.2元的承兑汇票26张，数额巨大，其行为均已构成抢劫罪。其中抢劫的金额为2582223.2元的承兑汇票，由于犯罪分子意志以外的原因而未得逞，是犯罪未遂，可以减轻处罚。本案系共同犯罪，李四刚提议并准备作案工具，在犯罪中起主要作用，系主犯，应按照其所参与的全部犯罪予以处罚。李小刚在犯罪中起次要作用，系从犯，依法应当从轻处罚。李四刚、李小刚到案后均如实供述罪行，依法均可以从轻处罚。抗诉机关的抗诉理由成立，法院予以支持。

【案例注解】

本案主要涉及抢劫数额巨大的承兑汇票，由于意志以外的原因，未贴现或转让的情形，是否应同时认定抢劫数额巨大和未遂？在审理过程中，对被告人李四刚、李小刚抢劫承兑汇票未贴现的行为如何定性，存在三种意见：

第一种观点认为，抢劫承兑汇票虽未贴现，但应当认定抢劫数额巨大和犯罪未遂。理由是：李四刚原来倒卖过承兑汇票，知道如何将承兑汇票变现，此次抢劫的目标明确，就是抢劫汇票，客观上也存在可以贴现的情况。因此应当将被抢的汇票价值认定为抢劫数额，由于意志以外原因，没有兑付或贴现，属于犯罪未遂。

第二种观点认为，抢劫承兑汇票未贴现，不应计入抢劫数额。理由是：根据《最高人民法院关于审理抢劫、抢夺刑事案件适用法律若干问题的意见》，“抢劫信用卡后使用、消费的，其实际使用、消费的数额为抢劫数额；抢劫信用卡后未实际使用、消费的，不计数额，根据情节轻重量刑。所抢信用卡数额巨大，但未实际使用、消费或者实际使用、消费的数额未达到巨大标准的，不适用‘抢劫数额巨大’的法定刑。”这里的“信用卡”从上下文的意思上可以推出，是包括各种银行卡，而银行卡也包括有密码或没密码的，因为上述意见指出“实际使用、消费的数额未达到数额巨大”，说明包括可以直接使用、消费的信用卡。而本案被抢的承兑汇票，在功能上有与信用卡相似的地方，都有支取、使用的功能，在承兑汇票没有使用的情况下，依照上述意见精神，不计数额。因此，虽然本案被告人抢劫了数额巨大的承兑汇票，但不能适用“抢劫数额巨大”的法定刑。

第三种观点认为，抢劫罪的成立不以数额较大为要件，金融票证如承兑汇票能被评价为抢劫罪的对象，而且，承兑汇票并不等同于普通的有体物，即使行为人未贴现抢劫的承兑汇票，也使他人的财产处于危险之中。所以，当行为人以暴力、胁迫等强制手段抢劫他人承兑汇票的，即使没有使用，也不妨碍抢劫罪的成立。抢劫承兑汇票后贴现的行为，同时触犯了抢劫罪与金融诈骗罪，应数罪并罚。对上述案件以抢劫数额巨大和未遂论处，是以抢劫行为为主行为，以贴现行为为从行为或抢劫行为的延伸，并将两个行为进行综合判断，确定案件性质，而没有区分相关犯罪的构成要件要素，没有具体判断哪一行为取得了何种财物，哪一行为针对何种具体对象，哪一行为与何种结果之间具有因果关系，或者说具体结果应当归属于哪一行为，有违罪刑法定原则。

笔者赞同第一种意见。具体理由如下：

（一）贴现行为属于事后不可罚行为，不需单独进行刑法评价

抢劫承兑汇票后，转让、贴现银行承兑汇票的行为，虽然符合《刑法》第一百九十四条第一款第三项规定，属于冒用他人的汇票进行金融票据诈骗活动，骗取财物数额较大的行为，但不应单独评价，已被抢劫犯罪包含在内，属

于事后不可罚行为，不成立数罪。事后不可罚行为是指犯罪成立后，即使实施与该犯罪相关联的事后的违法行为，如果孤立地看，符合其他犯罪的构成要件，具有可罚性，但由于被综合评价在该犯罪中，没有必要认定为其他犯罪。典型的事后不可罚行为包括财产犯罪后针对赃物的行为，犯罪后隐匿、毁灭证据的行为。之所以不处罚，是因为后续行为没有侵害新的法益（缺乏违法性），也可能是因为缺乏期待可能性（缺乏有责性）。抢劫汇票行为与转让、贴现行为密不可分，截取、控制汇票后，行为人需要对票据进行转让、贴现才能获取财产性利益，非法占有财产的目的最终得以实现。因此，抢劫行为与转让、贴现的行为是一个整体，后行为是前行为的延续，实施后行为所造成的结果都可归因于抢劫行为，故不需要单独进行刑法评价。

（二）票面数额应计入抢劫数额

虽然抢劫信用卡数额巨大但未使用、消费的不计入抢劫数额，但是这并不必然意味着抢劫承兑汇票数额巨大未贴现或转让的也应不计入抢劫数额。

一是承兑汇票与信用卡毕竟功能有异，由于功能有别，财产移转占有的方式同样有异，实施抢劫后将承兑汇票贴现或转让直接造成被害人积极财产的直接减少，抢劫行为人积极财产的直接增加，而使用、消费信用卡则造成被害人消极财产的增加，抢劫行为人积极财产的直接增加，前者财物占有的移转方向是由被害人到抢劫行为人，后者则是消极财产由抢劫行为人移转到被害人（若可将使用、消费信用卡的行为理解为抢劫行为人消极财产的减少），因此不能简单地对信用卡进行扩张解释，将承兑汇票包含入内，直接适用抢劫信用卡犯罪的相关规定。

二是尽管抢劫信用卡数额巨大，由于行为人意志以外的原因无法实际使用、消费的部分，不计入抢劫数额，却作为量刑情节考虑。这一规定不仅使抢劫信用卡犯罪的惩处体系更加完备，更使抢劫数额的认定思路更加明晰，即之所以作为量刑情节考虑，是因为这种情节值得刑法评价。这种情节表明了法益侵害的危险性，但未计入抢劫数额是因为这种法益侵害的危险性相对而言不具有紧迫性。然而，在抢劫数额巨大的承兑汇票由于意志以外的原因未贴现或转让的情形下，抢劫的对象是承兑汇票所代表的财产，不是承兑汇票起代表财产作用的载体本身，尽管只要行为人不贴现或转让，被害人的财产最终就不会受损失，但是，被害人对承兑汇票丧失占有不仅仅意味着丧失了对起代表财产作用的载体本身的占有，更加意味着产生载体本身所代表的财产被转让的危险，这是丧失对载体本身所代表的财产占有的危险，是对承兑汇票所代表的财产产生侵害的危险，并具有紧迫性。既然法益侵害的危险具有紧迫性，就应将承兑汇票记载的金额认定为行为人的抢劫数额。

三是承兑汇票不仅具有财产价值，支付功能强大，而且在一定程度上如同货币一样流通，行为人抢劫承兑汇票就应当评价为抢劫财物，并且应当按照票面数额认定抢劫数额。但承兑汇票虽然流通性强，毕竟不是货币，或不能被评价为货币，应作出相似但又有异于抢劫货币的处理，鉴于其流通性强、有待贴现或转让的特性，抢劫承兑汇票虽应按票面数额计入抢劫数额，但不宜按票面数额认定为既遂，而应将贴现或转让作为既遂与未遂的认定标准。

（三）应同时认定抢劫数额巨大和未遂

首先，依据《最高人民法院关于审理抢劫、抢夺刑事案件适用法律若干问题的意见》第十条“刑法第二百六十三条规定的八种处罚情节中除‘抢劫致人重伤、死亡的’这一结果加重情节之外，其余七种处罚情节同样存在既遂、未遂问题，其中属抢劫未遂的，应当根据刑法关于加重情节的法定刑规定，结合未遂犯的处理原则量刑”规定，抢劫数额巨大的承兑汇票的行为存在既遂、未遂的问题。

其次，有价支付凭证的财产权益实现特点决定，抢劫记名、可挂失的有价支付凭证的，不能把是否取得凭证作为区别既遂与未遂的标准。因为行为人抢劫这种有价证券后，并不意味着已经获得了对凭证所记载财产的完全控制，行为人还必须去相关机构兑付财产，实际非法获取财产实现抢劫犯罪的目的，构成抢劫既遂。承兑汇票作为一种记名、可挂失的有价支付凭证，在贴现以前，其票面数额只具有财产权利上的象征意义，仅抢劫承兑汇票并不能实现对其财产所有人财产权益的侵犯。抢劫行为人劫得承兑汇票后，并不意味着已经获得了对承兑汇票所记载财产的完全控制。如果行为人要进一步非法占有承兑汇票所记载的财产，就必须去贴现财物。只有将承兑汇票票面金额内的资金兑现或者转让才能真正占有他人财产，从而实现占有他人财产的犯罪目的。

最后，抢劫罪既侵犯财产权利又侵犯人身权利，具备劫取财物或者造成他人轻伤以上后果两者之一的，均属抢劫既遂；既未劫取财物，又未造成他人人身伤害后果的，属抢劫未遂。抢劫行为人劫取记名、可挂失的承兑汇票后，在冒名贴现时被人发觉或在行为人冒领以前义务人挂失，或在劫取承兑汇票后立即被抓获等，导致行为人没能最终控制承兑汇票中记载的钱财，若没有造成被害人轻伤以上后果，就属于因意志以外的原因而未能具备既遂的全部要件，应构成未遂；如果抢劫承兑汇票后顺利贴现，则构成犯罪既遂。本案中，被告人李四刚、李小刚将他人数额巨大的承兑汇票抢到手仅仅是完成了抢劫行为的一部分，并没有实现非法占有他人财产的目的，且没有造成被害人轻伤以上后果，应同时认定为抢劫数额巨大和未遂。

（**一审法院合议庭成员** 张敏洁 范献献 陈伟利
二审法院合议庭成员 张国胜 李元成 梁战胜
编写人 河南省焦作市中级人民法院 李元成 李小源
责任编辑 周维明
审稿人 李玉萍）

张丽荣脱逃案

——追诉期限制度中“已采取强制措施”的认定

关键词：刑事　追诉期限　强制措施　脱逃

【裁判要旨】

侦查机关知悉被告人脱逃后，没有及时对其采取强制措施，则其犯罪行为已超过追诉期限，不应再追诉，已经追诉的，应裁定终止审理。

【相关法条】

《最高人民法院关于适用刑法时间效力规定若干问题的解释》第一条　对于行为人1997年9月30日前实施的犯罪行为，在人民检察院、公安机关、国家安全机关立案侦查或者在人民法院受理案件以后，行为人逃避侦查或者审判，超过追诉期限或者被害人在追诉期限内提出控告，人民法院、人民检察院、公安机关应该立案而不予立案，超过追诉期限的，是否追究行为人的刑事责任，适用修订前的刑法第七十七条的规定。

《中华人民共和国刑法》（1979）第七十七条　在人民法院、人民检察院、公安机关采取强制措施以后，逃避侦查或者审判的，不受追诉期限的限制。

【案件索引】

一审：黑龙江省七台河市中级人民法院（2016）黑09刑初12号（2016年12月12日）

死刑复核：黑龙江省高级人民法院（2017）黑刑核44906596号（2017年

4 月 25 日）

【基本案情】

法院经审理查明：1992 年 9 月 25 日，被告人张丽荣因犯故意杀人罪被黑龙江省七台河市中级人民法院判处死刑，缓期二年执行。1993 年 4 月 14 日，黑龙江省高级人民法院作出核准张丽荣死刑，缓期二年执行的刑事裁定，并于同年 5 月 4 日向张丽荣送达。同年 9 月 8 日，七台河市看守所看管人员押解在该所羁押的张丽荣到七台河市人民医院就医，张丽荣就诊后乘看管人员不备逃走。2005 年 11 月 4 日，公安机关决定对张丽荣刑事拘留，并以涉嫌故意杀人罪对其上网通缉。2016 年 5 月 25 日，公安人员将化名刘淑华、刘冰的张丽荣抓获。

【裁判结果】

黑龙江省七台河市中级人民法院于 2016 年 12 月 12 日作出（2016）黑 09 刑初 12 号刑事判决：被告人张丽荣犯脱逃罪，判处有期徒刑三年。与先前故意杀人罪之判决所判处的死刑，缓期二年执行，剥夺政治权利终身的刑罚并罚，决定执行死刑，缓期二年执行，剥夺政治权利终身。

一审判决作出后，张丽荣未上诉，检察机关未抗诉，黑龙江省七台河市中级人民法院依法报送黑龙江省高级人民法院核准张丽荣死缓判决。黑龙江省高级人民法院于 2017 年 4 月 25 日作出（2017）黑核 44906596 刑事裁定：不核准黑龙江省七台河市中级人民法院（2016）黑 09 刑初 12 号对被告人张丽荣犯脱逃罪，判处有期徒刑三年，与先前故意杀人罪之判决所判处的死刑，缓期二年执行，剥夺政治权利终身的刑罚并罚，决定执行死刑，缓期二年执行，剥夺政治权利终身的刑事判决；撤销黑龙江省七台河市中级人民法院（2016）黑 09 刑初 12 号刑事判决；发回黑龙江省七台河市中级人民法院重新审判。

【裁判理由】

法院生效裁定认为：侦查机关知悉张丽荣脱逃后，没有及时对其采取强制措施，直至 2005 年 11 月 4 日才对张丽荣决定刑事拘留。1997 年 10 月 1 日施行的《最高人民法院关于适用刑法时间效力规定若干问题的解释》第一条规定，对于行为人1997年9月30日前实施的犯罪行为，在人民检察院、公安机关、国家安全机关立案侦查或者在人民法院受理案件以后，行为人逃避侦查或者审判，超过追诉期限或者被害人在追诉期限内提出控告，人民法院、人民检察院、公安机关应该立案而不予立案，超过追诉期限的，是否追究行为人的刑事责任，适用修订前的刑法第七十七条的规定。根据1979年《刑法》第七十七条规定，在人民法院、人民检察院、公安机关采取强制措施以后，逃避侦查或者审判的，不受追诉期限的限制。张丽荣涉嫌脱逃罪的追诉期限为10年，公安机关在其脱逃后的10年内（1993年9月8日至2003年9月8日）没有对张丽荣采取强制措施，其犯罪行为已超过追诉期限，不应再追诉，对公诉机关提出张丽荣犯脱逃罪的指控，应裁定终止审理。

【案例注解】

1979年《刑法》第一百六十一条规定，依法被逮捕、关押的犯罪分子脱逃的，除按其原犯罪行判处或者按其原判刑期执行外，加处五年以下有期徒刑或者拘役。以暴力、威胁方法犯前款罪的，处二年以上七年以下有期徒刑。根据1997年《刑法》第三百一十六条的规定，犯脱逃罪，应判处五年以下有期徒刑或者拘役。

根据《最高人民法院关于〈中华人民共和国刑法修正案（九）〉时间效力问题的解释》第二条的规定，对于被判处死刑缓期执行的犯罪分子，在死刑缓期执行期间，且在2015年10月31日以前故意犯罪的，适用修正后刑法第五十条第一款的规定。综合考虑张丽荣脱逃犯罪的性质、情节、后果，其行为不属情节恶劣，其虽在死刑缓期执行期间犯罪，亦不能对其执行死刑。根据从旧兼从轻原则，如脱逃罪成立，张丽荣死刑缓期执行的期间应从再次被判处死缓的判决生效后重新计算。

本案中，侦查机关知悉张丽荣脱逃后，没有及时针对其脱逃犯罪立案侦查和采取强制措施，直至2005年11月4日对张丽荣决定刑事拘留，并以其涉嫌故意杀人罪上网通缉。1997年10月1日施行的《最高人民法院关于适用刑法时间效力规定若干问题的解释》第一条规定，对于行为人1997年9月30日前实施的犯罪行为，在人民检察院、公安机关、国家安全机关立案侦查或者在人民法院受理案件以后，行为人逃避侦查或者审判，超过追诉期限或者被害人在追诉期限内提出控告，人民法院、人民检察院、公安机关应该立案而不予立案，超过追诉期限的，是否追究行为人的刑事责任，适用修订前的刑法第七十七条的规定。根据1979年《刑法》第七十七条规定，在人民法院、人民检察院、公安机关采取强制措施以后，逃避侦查或者审判的，不受追诉期限的限制。

综上，被告人张丽荣脱逃犯罪是否已过追诉期限，焦点便落在对“在人民法院、人民检察院、公安机关采取强制措施以后”的认定上。

承办人认为，对1979年《刑法》规定的强制措施不能宽泛理解，张丽荣在看守所羁押是对故意杀人罪采取的强制措施，不能视为针对脱逃罪采取的强制措施。脱逃罪的追诉期限为10年，公安机关在张丽荣脱逃后的10年内（1993年9月8日至2003年9月8日）没有履行立案手续，没有对张丽荣采取强制措施，其脱逃犯罪已超过追诉期限，不应再追诉，对公诉机关提出张丽荣犯脱逃罪的指控，应裁定终止审理。因张丽荣脱逃犯罪已超过追诉期限，不应追究刑事责任，故其死刑缓期执行的期间不能重新计算，但其脱逃期间不能计入死刑缓期执行的期间，即张丽荣脱逃前执行的四个月零五天死缓期间与其被抓获之日起连续计算死刑缓期执行的期间。一审以张丽荣犯脱逃罪施以刑罚不当，裁定撤销原判，发回一审法院依照审判监督程序予以纠正。

黑龙江省高级人民法院将该案发回黑龙江省七台河市中级人民法院重新审判后，七台河市中级人民法院于2017年8月7日作出（2017）黑09刑初13号刑事裁定书，以已超过追诉时效期限为由，裁定被告人张丽荣脱逃案终止审理。

（**一审法院合议庭成员** 张峻义 关 勇 李 欢
死刑复核合议庭成员 刘显军 郭 宁 郭卫军
编写人 黑龙江省高级人民法院 刘显军 张劲松
责任编辑 周维明
审稿人 李玉萍）

龙军等非法侵入住宅宣告无罪案

——近亲属间非法侵入住宅的不宜轻易认定构成犯罪

关键词：刑事　亲属相犯　刑法谦抑性　宽严相济刑事政策　非法侵入住宅罪

【裁判要旨】

1. 刑法谦抑性原则和理念以及宽严相济的刑事政策，要求司法机关在充分遵循罪刑法定等刑法基本原则的前提下，克减不必要的犯罪认定或者抑制不必要的重刑主义倾向。我国刑法规定犯罪最本质的特征是严重社会危害性。非法侵入他人住宅的行为，并不当然具有严重社会危害性。因此，我国刑法规定的非法侵入住宅罪是结果犯，不应认定为行为犯。

2. 我国刑法规定的非法侵入住宅罪是结果犯，在确定该罪的犯罪构成要件时，应该对其加以“情节较严重”或者“后果较严重”等类限制。

3. 近亲属之间基于正当或者基本正当的事由非法侵入对方住宅时，只有在发生“情节严重”或者“后果严重”时，才能认定构成非法侵入住宅罪。

【相关法条】

《中华人民共和国刑法》第十三条　一切危害国家主权、领土完整和安全，分裂国家、颠覆人民民主专政的政权和推翻社会主义制度，破坏社会秩序和经济秩序，侵犯国有财产或者劳动群众集体所有的财产，侵犯公民私人所有的财产，侵犯公民的人身权利、民主权利和其他权利，以及其他危害社会的行为，依照法律应当受刑罚处罚的，都是犯罪，但是情节显著轻微危害不大的，不认为是犯罪。

第二百四十五条　非法搜查他人身体、住宅，或者非法侵入他人住宅的，处三年以下有期徒刑或者拘役。

司法工作人员滥用职权，犯前款罪的，从重处罚。

【案件索引】

一审：湖南省花垣县人民法院（2017）湘3124刑初41号（2017年9月25日）

二审：湖南省湘西土家族苗族自治州中级人民法院（2017）湘31刑终215号（2017年10月18日）

【基本案情】

自诉人（上诉人）龙俊诉称：2014年至2015年，被告人龙军、李茂芬、龙庆为逼迫自诉人在对父母财产分割上作出不合理让步，多次非法强行闯入自诉人住宅吵闹打砸，长时间拒不退出。三被告人的行为均触犯了刑律，构成非法侵入住宅罪。诉请依法追究三被告人刑事责任。

被告人（被上诉人）龙军、龙庆、李茂芬辩称：龙军、龙庆与龙俊系子妹关系，与龙俊发生争执均因为家庭琐事，没有非法侵入龙俊住宅的故意。

辩护人陈巧生的辩护意见：本案龙俊被打坏的门和木椅已得到赔偿。纠纷系家庭矛盾引起。被告人龙军没有主观上没有犯罪故意，客观上没有实施犯罪行为。请求宣告被告人龙军无罪。

法院经审理查明：自诉人龙俊（男）与被告人龙军（女）、龙庆（女）系同胞姊妹，被告人李茂芬系龙军之夫。2013年10月20日，龙俊、龙庆、龙军与父母龙某某、陈某某共同签订了《父母赡养协议》，对父母的财产进行了分配。2014年1月1日、11月4日，龙某某、陈某某相继去世。龙俊三子妹为父母的遗产分割问题，多次发生纠纷。具体如下：（1）2014年1月24日，为送母亲陈某某去医院看病，龙军、李茂芬来到龙俊住宅，双方发生争执推搡。龙俊向公安机关报警。（2）2014年4月1日，因认为自诉人龙俊将花垣镇政府门面租金收取后未入家庭收入账，龙军、李茂芬与龙俊在该门面发生争执，龙军打了龙俊一耳光。（3）2015年3月24日，龙庆因需要还房贷找到龙俊，遭到龙俊拒绝后，双方在龙俊的住宅里发生争吵，龙俊向公安机关报警。（4）2015年4月1日，龙庆、李茂芬再次到龙俊住处，要求解决还房贷问题。龙军在进入龙俊前栋大门后，龙俊拒绝其进入后栋大门。龙庆在前栋与后栋之间过道打砸，将两把椅子及大门砸坏。龙军随后赶来，双方再次发生争吵推搡。龙俊再次向公安机关报警。后来经过公安机关调解，龙军赔偿龙俊500元。

【裁判结果】

湖南省花垣县人民法院于2017年9月25日作出（2017）湘3124刑初41号刑事判决：被告人龙军、龙庆、李茂芬无罪。

宣判后，龙俊不服原审判决，提起上诉。湖南省湘西土家族苗族自治州中级人民法院于2017年10月18日作出（2017）湘31刑终215号刑事裁定：驳回上诉，维持原判。

【裁判理由】

花垣县人民法院一审认为：非法侵入住宅罪是指非法强行闯入他人住宅或经要求退出而无理拒不退出的行为，本罪侵犯的客体是他人的隐私权，即行为人无权又无正当理由进入他人住宅，意图破坏他人生活的安宁和安全。被告人龙军、李茂芬、龙庆进入自诉人龙俊的住宅，是为了与自诉人协商家庭琐事及父母遗留遗产问题，并非恶意进入自诉人住宅，没有侵犯他人隐私权的故意，其行为不构成犯罪。

湘西土家族苗族自治州中级人民法院二审认为：上诉人龙俊起诉的第二起事实，因发生纠纷的地点并非龙俊的住宅，故该次纠纷与非法侵入住宅的事实无关。龙俊起诉的其他三次事实，经查，龙军、李茂芬、龙庆虽到龙俊住宅吵闹，甚至发生推搡、打砸，其行为有不当之处，但龙庆、龙军与龙俊系同胞子妹，其到龙俊住处也是为处理父母的财产才发生纠纷。被告人的行为虽给龙俊的生活造成了一定影响，但不具有刑法规定的非法侵入住宅罪所要求的“非法性”及“情节严重”。故三被告人的行为不构成非法侵入住宅罪。

【案例注解】

本案事实清楚。三被告人的行为，简单地从表面上看，都符合我国《刑法》第二百四十五条规定的非法侵入住宅罪的犯罪构成要件。一审、二审法院均宣告三被告人无罪，应认为主要是在不违背罪刑法定原则的前提下，秉承刑法谦抑性原则和理念以及宽严相济刑事政策所作选择。这可从以下几个方面来理解。

一、关于亲属相犯案件特殊处理之古今中外

发生在亲属间的违法犯罪行为，一般称之为亲属相犯行为。该行为包括两种类型：第一类是亲属间的侵害行为，即行为人对自己的亲属实施侵害（这又可以分为亲属间的财产侵害行为和亲属间的人身侵害行为）；第二类是亲属间的容隐行为，例如窝藏、包庇、作伪证等行为。亲属相犯违法犯罪不仅侵犯法律规范，也侵害伦理规范，影响到行为人或者受害人的家庭和谐，甚至影响社会秩序的稳定，应受法律规范和伦理规范的双重调整。本案中，三被告的被诉行为，显然是典型的亲属相犯行为。

通过对美国、加拿大、德国、法国、日本、韩国、意大利等国家刑法典关于亲属相犯行为比较，可以发现，它们都无一例外地对亲属相犯行为作了明确的规定，区别仅在于处理方式不同：一是定罪上的宽恕——不作为犯罪处理（如加拿大、法国）；二是量刑上的宽容——“免除处罚”或“从轻、减轻或者免除处罚”（如日本）；三是刑事程序发动上的宽容——规定为不告不理（如韩国、德国，日本刑法则在亲属之间作出区分，只将特定亲属范围内的亲属相盗作为亲告罪处理）。

中国封建社会长期是以身份为基础、以家族为本位的社会，形成了以维护宗法伦理秩序为宗旨的家族本位法。所以，中国古代法律为了维护封建伦理秩序，通过全面规制家庭这一社会最小单位，保障父权和夫权权威地位，进而维护封建君主统治，对亲属相犯行为都进行了特殊处理，只是范围和程度在各个时期有所不同。以唐律为例，“出于对宗法制度的维护，唐律以是否符合礼制作为判断行为是否具有社会危害性、是否构成犯罪的标准，而对礼制侵犯的严重程度也就成为了衡量犯罪严重程度的重要尺度。”① 如对亲属间的人身伤害，唐律往往采取亲属有别、尊卑有别的处理方法。②

在我国现行刑法去伦理化的背景下，身份刑法和伦理刑法的标签几乎成为禁忌，亲属关系在我国刑事立法中基本上不见踪迹。刑法中难以寻到伦理关系的规定，关于盗窃、抢夺等有限的司法解释，不能包括现实中发生的所有类型的亲属相犯行为。我国关于亲属相犯行为立法的不足或者不完善，给司法实践

① 孙广坤：《亲属相犯行为定罪量刑的介述与思考》，载《法律适用》2016 年第 8 期。

② 范忠信：《中西法文化的暗合与差异》，中国政法大学出版社 2001 年版，第 132 页。

中这类犯罪的定罪量刑带来了法律规范与伦理规范选择适用的困惑。

法律的生命在于经验而不是逻辑。从人伦和常理来看，亲属相犯犯罪以及为自用而犯该罪的社会危害性相对较小，对此类犯罪宽大处理容易被公众所接受，会取得更好的法律效果和社会效果。

我国现行法律对于亲属间一般犯罪从轻、减轻处罚仍停留在理论探讨中，现行刑法没有亲属相犯行为定罪量刑的规定，但在司法实践中，最高人民法院和最高人民检察院等部门单独或者联合，对亲属相犯行为的定罪量刑先后出台了《关于审理盗窃案件具体应用法律若干问题的解释》《关于审理抢劫、抢夺刑事案件适用法律若干问题的意见》《关于审理未成年人刑事案件具体应用法律若干问题的解释》《关于依法惩治拐卖妇女儿童犯罪的意见》等司法解释。这些司法解释充分考虑了伦理规范对亲属相犯行为定罪量刑的影响。特别是《最高人民法院关于审理掩饰、隐瞒犯罪所得、犯罪所得收益刑事案件适用法律若干问题的解释》规定，为近亲属掩饰、隐瞒犯罪所得及其产生的收益，且系初犯、偶犯的，可免于刑事处罚，体现了对近亲属间犯罪的宽大、人道原则，同时还设置了“行为人认罪、悔罪并退赃、退赔”的前置条件，防止该从宽处理规定被人为滥用，导致失之过宽。这些司法解释释放出司法尊重家庭人情伦理的正能量，对于人性司法、完善立法都是十分有益的探索，值得在司法实践中进一步认真总结提炼，为亲属间其他一般性犯罪从轻、减轻处罚提供公众能够接受的实践样本。

我国现行刑事立法和司法解释中关于亲属相犯犯罪行为定罪量刑的规定，具有以下特点：一是刑法典的去伦理化与司法解释伦理化相结合。刑法典总则部分和分则部分都充分体现了去伦理化的特征，而司法解释则对部分亲属相犯行为定罪量刑吸收了伦理规范。二是司法解释中亲属相犯犯罪行为处理方式多样。既有定罪上从宽、量刑上从轻，还有刑事启动程序上受害人的自由裁量，以及行为双方自行和解。三是司法解释中关于亲属相犯行为涉及范围很窄。目前主要有盗窃、抢劫、抢夺等犯罪。这些犯罪虽然有代表性但不全面，因而法律适用上有很大局限性。①

有人针对《最高人民法院关于审理掩饰、隐瞒犯罪所得、犯罪所得收益刑事案件适用法律若干问题的解释》评论道：“近亲属间犯罪从宽系对中国法律文化传统的理性传承。”“在现代刑事司法中，谦抑性也体现为法律义务适当避让亲情义务，可以更好地维护社会公认的亲情伦理原则，增进家庭的和

① 孙广坤：《亲属相犯行为定罪量刑的介述与思考》，载《法律适用》2016年第8期。

睦，确保国家的稳定，实现社会的秩序。在西方法律中，亲亲相隐制度主要体现为刑事诉讼法中规定的亲属拒绝作证权，指因夫妻关系和亲属关系而享有的拒绝作证权；刑法典中规定了犯人的亲属容隐犯罪人的某些犯罪，可以免除刑罚处罚或者减轻处罚。”①

对亲属相犯案件予以特别处理的理论支撑，一般认为主要有：一是刑法谦抑性的原则和精神；二是恢复性司法的理念（努力补偿被害人的利益，谋求被害人的谅解，从而尽可能恢复到犯罪前的人际关系）；三是人格责任论（通过对行为人人格的分析，考察其人身危险性和再犯可能性，而不仅仅依行为人的犯罪行为进行定罪量刑）；四是宽严相济刑事政策；五是构建和谐型社会的现实考量。

二、刑法谦抑性原则和理念以及宽严相济刑事政策之解读

我国现行《刑法》只在总则部分明确规定了罪刑法定、适用刑法人人平等及罪责刑相适应三项基本原则。但是，在立法、司法两方面都应该遵循或秉承刑法谦抑性原则和理念，在我国理论界和实务界都已经基本形成共识。

从刑事司法角度看，刑法谦抑性原则和理念要求司法机关在充分遵循罪刑法定等刑法三项基本原则的前提下，克减不必要的犯罪认定或者抑制不必要的重刑主义倾向。具体说来，在定罪方面，在罪与非罪之间存疑时要坚持“疑罪从无”，在重罪与轻罪之间存疑时要坚持“疑罪从轻”原则；在量刑方面，在法定从轻情节或从重情节之间存疑时，应该认定从轻情节或者不认定从重情节，即坚持“疑罪从轻”原则；当犯罪行为在轻罪重罪之间发生竞合无法区分时，应按轻罪处理；在此罪与彼罪之间存疑，而此罪与彼罪的量刑又相同时，首先应以“优势证据原则”采信证据，认定具体罪名，但如果两部分证据基本相当时，则应该采纳被告人的辩解。② 易言之，刑法谦抑性原则和理念基本要求，有罪无罪存疑时“疑罪从无”，罪重罪轻存疑时“疑罪从轻”。

刑法谦抑性原则的重要内涵是刑法的经济性。它要求以最小的成本取得最大的刑法效益。“这种（刑法）成本节约，既包含着对司法成本的减少使用，还包含着要求刑法最少地对现有社会秩序和人际关系的干预。这也就要求刑法尽量减少对社区中和家庭中人与人之间长期稳定的社会关系的破坏。因此，刑

① 郝绍彬：《近亲属间犯罪从宽彰显法治进步》，载《法制日报》2015年6月1日第7版。

② 高壮华：《简论刑法谦抑性原则》，载《河南警察学院学报》2017年第2期。

法只能作为法益保护的最后手段。"① 根据该原则，对于一些可以通过轻缓手段调整的亲属相犯行为，刑法完全可以退居其后，以《侵权责任法》《治安管理处罚法》等其他法律进行调整，或者由当事人之间自行协商解决，以尽可能实现当事人利益的平衡和社会关系的平稳运行。

我国虽然没有通过立法来明确承认刑法谦抑性原则和理念，但其精神实质在我国刑事司法政策方面得到了明确、充分的肯定。2010 年 2 月 8 日，最高人民法院印发《关于贯彻宽严相济刑事政策的若干意见》（以下简称《若干意见》）。该《若干意见》中关于从"宽"方面的内容，基本上可以认为是对刑法谦抑性原则和理念的重述。②

三、刑法谦抑性原则和理念在解释本罪构成要件时的适用

根据罪刑法定原则，法院在认定公诉机关或自诉人指控的被告人涉嫌犯罪的事实之后，认定被告人被指控的行为是否构成被指控的犯罪，首先要解释刑法条款，确定该罪的犯罪构成要件。由于刑法规定的原则性和语义的含糊性，在确定犯罪构成要件时，往往需遵循或秉承刑法谦抑性原则和理念以及宽严相济刑事政策。

我国《刑法》第二百四十五条对于非法侵入住宅罪的罪状，只简单地描述为"非法侵入他人住宅"。如何确定该罪的犯罪构成要件，就必须通过解释。解释者遵循或秉承不同的原则和理念，必将导致不同的、甚至大相径庭的结论。

在我国刑法理论上，通常对该罪的"非法侵入"作出两种情况的解释：一种是"积极的侵入"，一种是"消极的不退出"。

1989 年 11 月 30 日，最高人民检察院发布《人民检察院直接受理的侵犯公民民主权利、人身权利和渎职案件立案标准的规定》，其第六条对哪些行为构成非法侵入住宅罪作了一些列举，如：非法强行侵入他人住宅，经要求或教育仍不退出；非法强行侵入他人住宅后毁损、污损或者搬走他人生活用品；非

---

① 孙广坤：《亲属相犯行为定罪量刑的介述与思考》，载《法律适用》2016 年第 8 期。

② 该《若干意见》第 14 条规定："宽严相济刑事政策中的从'宽'，主要是指对于情节较轻、社会危害性较小的犯罪，或者罪行虽然严重，但具有法定、酌定从宽处罚情节，以及主观恶性相对较小、人身危险性不大的被告人，可以依法从轻、减轻或者免除处罚；对于具有一定社会危害性，但情节显著轻微危害不大的行为，不作为犯罪处理；对于依法可不监禁的，尽量适用缓刑或者判处管制、单处罚金等非监禁刑。"第 15 条规定："被告人的行为已经构成犯罪，但犯罪情节轻微，或者未成年人、在校学生实施的较轻犯罪，或者被告人具有犯罪预备、犯罪中止、从犯、胁从犯、防卫过当、避险过当等情节，依法不需要判处刑罚的，可以免予刑事处罚。"

法强行侵入他人住宅，停尸闹事，致使他人无法居住，等等。该司法解释对于哪些行为构成非法侵入住宅罪采用的是有限列举的方式，而且在这些行为后面加上了许多要求“情节严重”或者“严重后果”的限定词。① 对于该司法解释的某些具体规定，当然可以讨论，但其遵循或秉承刑法谦抑性原则和理念，则是毋庸争议、应该肯定的。

据通说，我国刑法规定犯罪最本质的特征是严重社会危害性。非法侵入他人住宅与醉酒驾驶行为不同，并不当然具有严重社会危害性。因此，应该坚持认为，我国刑法规定的非法侵入住宅罪是结果犯，不应认定为行为犯。对于情节或者结果不那么严重的非法侵入住宅的行为，根据我国《刑法》第十三条“但是情节显著轻微危害不大的，不认为是犯罪”的规定，可以不认定为犯罪。

根据刑法谦抑性原则和理念，也考虑到特定情形下某些人侵入他人住宅是基于意外事件或风俗习惯（如我国农村许多地区仍然保留有“串门”的习俗），应该认为对“非法侵入他人住宅”行为，不论是“积极的侵入”，还是“消极的不退出”，如果不加任何条件限制地一概认定为犯罪，显然不具有现实可行性。搜狗百科的“非法侵入住宅罪”词条中提出，区分本罪与非罪的界限，关键看情节是否严重，即只有对严重妨碍了他人居住安全与生活安宁的非法侵入住宅的行为，才能以犯罪论处。这个意见，如果绝对化，可能有违人们对住宅安宁权的需求越来越高的发展趋势。但应该认为，在确定该罪的犯罪构成要件时，对其加以诸如“情节较严重”或者“后果较严重”等类限制，才既有现实可行性，也很有必要。否则，有罪判决结果很难得到社会大众的广泛认同。

对发生在亲属之间的侵权行为，我国当前的被害人及社会大众往往具有更高的忍耐性，被害人往往没有追究侵权方刑事责任的强烈愿望。根据刑法谦抑性原则和理念，在近亲属之间基于正当或者基本正当的事由非法侵入对方住宅时，对其入罪的限制条件，显然应该比其他人更高。质言之，近亲属之间基于正当或者基本正当的事由非法侵入对方住宅时，只有在发生“情节严重”或者“后果严重”时，才应该认定构成非法侵入住宅罪。

四、本案宣告被告人无罪之具体考虑

三被告人未经允许，强行进入自诉人的住宅，并发生推搡吵闹，在一定程

① 张慧聪：《浅析非法侵入住宅罪》，载《法制与社会》2012 年第 17 期。

度上确实影响了自诉人的正常居住，具有不当性甚至非法性。但法院对被告人不予定罪，主要是考虑到以下三个方面：一是被告人进入自诉人住宅系事出有因，且有一定的正当理由。因为双方为继承财产发生纠纷，且该纠纷当时尚未定论，即未达成一致协议或者由法定机关作出终审裁决。在继承纠纷未获解决前，被告人强行进入自诉人住宅协商解决问题，应视为理由正当或基本正当。被告人的强行进入行为即使方法不当、有过激行为，只要被告人当时不是以解决纠纷为名行非法侵入之实，就不应该界定为刑法意义上的“非法侵入”。二是被告人的强行进入行为，虽然给自诉人造成了一定影响，但尚不能认定为已经达到非法侵入住宅罪所要求的亲属之间“情节严重”的程度。三是被告人与自诉人关系特殊。我国对于近亲属之间非法侵害行为的犯罪认定标准自古以来就要求更高，处罚方向也是尽量从轻的。刑法谦抑性原则和理念在近亲属之间违法犯罪的认定处理上体现得更为充分。就本案而言，被告人的主观目的、行为手段及危害后果，应该认为均达不到近亲属之间的非法侵入住宅罪所要求的条件。因此，对三被告人非法进入自诉人住宅的行为，尚非必须进行刑法上的评价。

总之，一审、二审法院的裁判结果，应认为不违背罪刑法定原则，符合刑法谦抑性原则和理念以及宽严相济刑事政策之要求，无论法律效果还是社会效果均较好，值得肯定。

（**一审法院合议庭成员** 杨朝晖 刘聪明 梁正英

二审法院合议庭成员 王 平 鲁勤练 杨向路

编写人 湖南省湘西土家族苗族自治州中级人民法院 王 平 胡基厚

责任编辑 周维明

审稿人 李玉萍）

李景秀非法行医案

——无证行医案中事故等级评判标准

关键词：刑事　非法行医　医疗事故　鉴定依据　证据采信

【裁判要旨】

无证行医致人伤残，按照法律规定应依据《医疗事故分级标准（试行）》进行鉴定，在医疗事故技术鉴定机构不予鉴定时，通过其他鉴定机构按照相关鉴定标准进行的伤残等级鉴定意见，可以直接对应司法解释中医疗事故分级标准，认定就诊人身体的伤残程度及功能障碍。

【相关法条】

《中华人民共和国刑法》第二十五条第一款　共同犯罪是指二人以上共同故意犯罪。

第六十七条第三款　犯罪嫌疑人虽不具有前两款规定的自首情节，但是如实供述自己罪行的，可以从轻处罚；因其如实供述自己罪行，避免特别严重后果发生的，可以减轻处罚。

第三百三十六条　未取得医生执业资格的人非法行医，情节严重的，处三年以下有期徒刑、拘役或者管制，并处或者单处罚金；严重损害就诊人身体健康的，处三年以上十年以下有期徒刑，并处罚金；造成就诊人死亡的，处十年以上有期徒刑，并处罚金。

《最高人民法院关于审理非法行医刑事案件具体应用法律若干问题的解释》第二条第一项　具有下列情形之一的，应认定为刑法第三百三十六条第一款规定的“情节严重”：

（一）造成就诊人轻度残疾、器官组织损伤导致一般功能障碍的；

《医疗事故技术鉴定暂行办法》第十三条第五项 有下列情形之一的，医学会不予受理医疗事故技术鉴定：

（五）非法行医造成患者身体健康损害的；

【案件索引】

一审：江西省南昌市西湖区人民法院（2018）赣0103刑初39号（2018年4月23日）

【基本案情】

江西省南昌市西湖区人民检察院指控：2015年5月，被告人李景秀和查冬洋、姜燕（以上二人均另案处理）共同出资，合伙成立秘密形象设计有限公司，该公司在未取得医疗机构执业许可证、李景秀、查冬洋、姜燕也均未取得医师资格的情况下，开展美容微整形形象设计培训项目。

2015年12月8日，被害人王某某经朋友介绍认识查冬洋，查冬洋接待王某某后介绍其在该公司学习微整形注射，具体由李景秀、姜燕指导操作，并在该公司接受微整形注射美容。2016年8月20日左右，王某某在南昌秘密形象设计公司美容室对李景秀提出其想注射玻尿酸，经商议，由李景秀代购韩国维诺丝牌玻尿酸为王某某注射，王某某于2016年8月23日转账5230元给李景秀。8月26日17时许，王某某在秘密形象设计公司接受玻尿酸注射，由姜燕在旁协助，李景秀使用注射器在王某某的左眉上方注射了一针玻尿酸，王某某当场感觉自己左眼看不清楚东西，后姜燕立即送王某某前往南昌大学第一附属医院就诊，经诊断王某某左眼注射操作并发症，视网膜动脉栓塞，后王某某前往北京中国人民解放军总医院第一附属医院就诊，经诊断为左眼失明。2017年4月21日经江西求实司法鉴定中心鉴定：王某某左眼无光感后果与注射玻尿酸致眼部视网膜动脉阻塞存在直接因果关系，其左眼视觉障碍伤残等级评定为八级；2017年7月13日经南昌市西湖区公安司法鉴定中心鉴定：王某某损伤程度为重伤二级。2016年9月6日23时，民警经过侦查在南昌市东湖区经纬府邸2期6栋3单元1506室抓获李景秀。

公诉机关认为，被告人李景秀未取得医生职业资格，伙同他人非法行医，情节严重，其行为应当以非法行医罪追究刑事责任。特提起公诉，请依法判处。

被告人李景秀对公诉机关指控的犯罪事实和罪名无异议。辩护人对公诉机关指控的定性不持异议，量刑方面的辩护意见：（1）被告人李景秀系坦白，依法可以从轻处罚；（2）李景秀当庭认罪、悔罪表现好，事发后积极陪同被害人就医，也垫付了部分的费用；（3）被告人李景秀是初犯、偶犯，犯罪主观恶性较小，社会危害性不大，依法可酌定从轻处罚；（4）被害人也存在一定的过错，其在接受李景秀注射之前已经注射过玻尿酸，也知道被告人李景秀没有行医资格；（5）2016 年 12 月 12 日对非法行医进行了新的司法解释，但是本案的发生在司法解释之前，请法庭按照刑法从旧兼从轻的原则，作出有利于被告人的判决。

法院经审理查明的基本事实与公诉机关指控的一致。另查明：事发后，李景秀、查冬洋、姜燕三人共同赔偿了王某某医疗费 2 万元。2018 年 1 月 4 日，南昌市医学会医疗事故技术鉴定工作办公室作出关于不予受理“王某某被非法行医案的医疗事故等级鉴定”的通知，决定不予受理，其理由如下：（1）根据《医疗事故技术鉴定暂行办法》第十三条的有关规定，非法行医造成患者身体健康损害的，医学会不予受理医疗事故技术鉴定。（2）医疗事故等级鉴定应是在该案被确定为医疗事故后方能进行，而该案不属于医疗事故技术鉴定的情形，故不能进行医疗事故等级鉴定。

2018 年 4 月 16 日，在法院主持调解下，被告人李景秀、同案人姜燕的亲友共同赔偿被害人王某某各项经济损失 47 万元，被害人王某某对李景秀、姜燕表示谅解，并撤回了附带民事诉讼。

【裁判结果】

江西省南昌市西湖区人民法院于 2018 年 4 月 23 日作出（2018）赣 0103 刑初 39 号刑事判决：被告人李景秀犯非法行医罪，判处有期徒刑年一年二个月，并处罚金 5000 元。宣判后，被告人李景秀未提出上诉，公诉机关未提出抗诉，判决已发生法律效力。

【裁判理由】

法院生效裁判认为：被告人李景秀未取得医生职业资格，伙同他人非法行医，情节严重，已构成非法行医罪。公诉机关指控的犯罪事实和罪名成立。被告人归案后如实供述了自己的罪行，依法可以从轻处罚。现被告人李景秀家属已赔偿了被害人的损失，并取得被害人的谅解，可以酌情从轻处罚。

【案例注解】

一、本案未统一鉴定机构及鉴定标准的问题

本案系江西省首例因整容致残构成非法行医的案件。按照《刑法》及《最高人民法院关于审理非法行医刑事案件具体应用法律若干问题的解释》规定，非法行医致人伤残的，如系造成“轻度残疾、器官组织损伤导致一般功能障碍”，属于《刑法》第三百三十六条第一款规定的“情节严重”，处三年以下有期徒刑、拘役或者管制；如系造成“中度以上残疾、器官组织损伤导致严重功能障碍”，应认定为《刑法》第三百三十六条第一款规定的“严重损害就诊人身体健康”，处三年以上十年以下有期徒刑。因此，本案的伤残程度直接关系到被告人的量刑档次。

根据《最高人民法院关于审理非法行医刑事案件具体应用法律若干问题的解释》规定，“轻度残疾、器官组织损伤导致一般功能障碍”“中度以上残疾、器官组织损伤导致严重功能障碍”，参照卫生部《医疗事故分级标准（试行)》认定。而本案在委托进行医疗事故等级伤情鉴定时，南昌市医学会医疗事故技术鉴定工作办公室不予受理，其理由如下：（1）根据《医疗事故技术鉴定暂行办法》第十三条的有关规定，非法行医造成患者身体健康损害的，医学会不予受理医疗事故技术鉴定。（2）医疗事故等级鉴定应是在该案被确定为医疗事故后方能进行，而该案不属于医疗事故技术鉴定的情形，故不能进行医疗事故等级鉴定。

基于《最高人民法院关于审理非法行医刑事案件具体应用法律若干问题的解释》规定，本案要求参照卫生部《医疗事故分级标准（试行)》认定被害人伤残等级，而南昌市医学会医疗事故技术鉴定工作办公室又由于《医疗事故技术鉴定暂行办法》的规定，不能对被害人进行医疗事故等级鉴定，公安机关委托江西求实司法鉴定中心对被害人进行了伤残等级鉴定。该鉴定机构参照《道路交通事故受伤人员伤残评定》（GB18667－2002）标准4.8.2.a款之规定，鉴定被害人左眼视觉障碍伤残等级评定为八级。

二、本案鉴定意见可否采信的问题

针对因医疗事故技术鉴定机构不予受理，而适用《道路交通事故受伤人员伤残评定》标准进行鉴定得出的鉴定意见，是否能作为本案证据使用，笔

者持肯定意见。

首先，2010年《最高人民法院关于审理刑事案件中涉及人体损伤残疾程度鉴定如何适用鉴定标准问题的请示的批复的通知》中批复：对于法院审理刑事案件中涉及人体损伤残疾程度的鉴定标准，在新的国家统一标准出台之前，除职工工伤与职业病致残程度鉴定、道路交通事故受伤人员伤残评定等有国家标准的鉴定外，其他情况下可由你院酌情确定统一适用的鉴定标准。该批复说明，法院对于鉴定标准的适用上先参照现有的国家标准，其他情况可以酌情确定统一适用的鉴定标准。

其次，对于被害人的伤残等级鉴定，2016年《最高人民法院、最高人民检察院、公安部、国家安全部、司法部关于发布〈人体损伤致残程度分级〉的公告》中明确，司法鉴定机构和司法鉴定人进行人体损伤致残程度鉴定统一适用《人体损伤致残程度分级》。该标准5.8.2.7款与《道路交通事故受伤人员伤残评定》标准4.8.2.a款相一致，均认定为八级伤残。具体到本案中，《人体损伤致残程度分级》系在2016年4月18日公布，自2017年1月1日起施行，而本案的案发时间是在2016年8月，根据从旧兼从轻的原则，鉴定机构适用了《道路交通事故受伤人员伤残评定》意见来鉴定。

最后，2002年《医疗事故分级标准（试行）》标准中，明确医疗事故一级乙等至三级戊等对应伤残等级一至十级，根据该分级标准，一级属于死亡、重度残疾，二级属于中度残疾、器官组织损伤导致严重功能障碍，三级属于轻度残疾、器官组织损伤导致一般功能障碍。本案依照《道路交通事故受伤人员伤残评定》标准鉴定的八级伤残，可对应《医疗事故分级标准（试行）》标准的三级丙等医疗事故，认定为轻度残疾、器官组织损伤导致一般功能障碍。

本案从鉴定意见对应的残疾等级可认定被告人造成就诊人轻度残疾、器官组织损伤导致一般功能障碍；本案的鉴定机构和鉴定人均具有法定资质，其鉴定程序合法，且从有利于被告人的原则出发，在医疗事故技术鉴定机构不予受理的情况下，应根据现有的鉴定意见对被告人进行处罚。

（**一审法院合议庭成员** 徐晓霞 李 琴 李玉玲
编写人 江西省南昌市西湖区人民法院 徐晓霞 徐 娟
责任编辑 周维明
审稿人 李玉萍）

夏文刚、刘瑞红诈骗案

——有瑕疵电子数据证据能力的审查判断

关键词：刑事　电子数据　瑕疵证据　证据能力

【裁判要旨】

电子数据在取证程序上存在轻微违法的，属于瑕疵证据，如果侦查机关能对该取证过程进行补充说明，作出合理解释，且该证据不存在不真实、不客观或者虚假的情况，不存在可能严重影响司法公正的情形的，可以作为证据使用。

【相关法条】

《最高人民法院、最高人民检察院关于办理诈骗刑事案件具体应用法律若干问题的解释》第五条第二款　利用发动短信、拨打电话、互联网等电信技术手段对不特定多数人实施诈骗，诈骗数额难以查证，但具有下列情形之一的，应当认定为刑法第二百六十六规定的“其他严重情节”，以诈骗（未遂）定罪处罚：

（一）发送诈骗信息五千条以上的；

（二）拨打诈骗电话五百人次以上的；

（三）诈骗手段恶劣、危害严重的。

第三款　实施前款规定行为，数量达到前款第（一）、（二）项规定标准十倍以上的，或者诈骗手段特别恶劣、危害特别严重的，应当认定为刑法第二百六十六条规定的“其他特别严重情节”，以诈骗罪（未遂）定罪处罚。

《最高人民法院、最高人民检察院、公安部关于办理电信网络诈骗等刑事案件适用法律若干问题的意见》第二条第四项　实施电信网络诈骗犯罪，犯罪嫌疑人、被告人实际骗得财物的，以诈骗罪（既遂）定罪处罚。诈骗数额难以查证，但具有下列情形之一的，应当认定为刑法第二百六十六条规定的“其他严重情节”，以诈骗罪（未遂）定罪处罚：

1. 发送诈骗信息五千条以上的，或者拨打诈骗电话五百人次以上的；

2. 在互联网上发布诈骗信息，页面浏览量累计五千次以上的。

具有上述情形，数量达到相应标准十倍以上的，应当认定为刑法第二百六十六条规定的“其他特别严重情节”，以诈骗罪（未遂）定罪处罚。

……

《最高人民法院关于适用〈中华人民共和国刑事诉讼法〉的解释》第九十三条 对电子邮件、电子数据交换、网上聊天记录、博客、微博客、手机短信、电子签名、域名等电子数据，应当着重审查以下内容：

（一）是否随原始存储介质移送；在原始存储介质无法封存、不便移动或者依法应当由有关部门保管、处理、返还时，提取、复制电子数据是否由二人以上进行，是否足以保证电子数据的完整性，有无提取、复制过程及原始存储介质存放地点的文字说明和签名；

（二）收集程序、方式是否符合法律及有关技术规范；经勘验、检查、搜查等侦查活动收集的电子数据，是否附有笔录、清单，并经侦查人员、电子数据持有人、见证人签名；没有持有人签名的，是否注明原因；远程调取境外或者异地的电子数据的，是否注明相关情况；对电子数据的规格、类别、文件格式等注明是否清楚；

（三）电子数据内容是否真实，有无删除、修改、增加等情形；

（四）电子数据与案件事实有无关联；

（五）与案件事实有关联的电子数据是否全面收集。

对电子数据有疑问的，应当进行鉴定或者检验。

第九十四条 视听资料、电子数据具有下列情形之一的，不得作为定案的根据：

（一）经审查无法确定真伪的；

（二）制作、取得的时间、地点、方式等有疑问，不能提供必要证明或者作出合理解释的。

【案件索引】

一审：陕西省凤翔县人民法院（2017）陕0322刑初75号（2017年11月

10 日）

二审：陕西省宝鸡市中级人民法院（2018）陕 03 刑终 20 号（2018 年 3 月 9 日）

【基本案情】

2016 年 2 月底，被告人夏文刚联系给车上安装“伪基站”设备，后动员其妻刘瑞红共同参与发送短信，其妻亦同意。2016 年 3 月 4 日至 3 月 25 日，被告人夏文刚、刘瑞红驾驶安装“伪基站”设备的豫 MAC ×××号面包车，按照“淘金”（另案处理）的要求途径山西、甘肃、陕西等地冒充工商银行发送诈骗链接短信，“尊敬的工行网银用户：您的工银电子密码器于次日失效，请及时登录 www. idsbn. com 进行升级激活。感谢您对我行的支持。【工商银行】”。共计发送诈骗短信 3042794 条，非法所得 9000 元。2016 年 3 月 25 日 13 时 58 分被害人刘某某收到上述短信后即按照短信内容进行操作后被网上转账 11639 元。2016 年 3 月 25 日 14 时许，被告人夏文刚、刘瑞红在凤翔县横水镇街道附近被凤翔县公安局民警现场查获。

【裁判结果】

陕西省凤翔县人民法院于 2017 年 11 月 10 日作出（2017）陕 0322 刑初 75 号刑事判决，以犯诈骗罪，判处被告人夏文刚有期徒刑七年六个月，并处罚金人民币 1 万元；被告人刘瑞红有期徒刑六年，并处罚金人民币 5000 元。随案移交的作案工具华为手机一部、TCL 手机一部、HTC 手机一部、诺基亚频点机一部、华硕笔记本电脑一部、伪基站设备一套依法收作案证。

宣判后，被告人夏文刚、刘瑞红不服，提出上诉。陕西省宝鸡市中级人民法院于 2018 年 3 月 9 日作出（2018）陕 03 刑终 20 号刑事裁定：驳回上诉，维持原判。

【裁判理由】

法院生效裁判认为：上诉人夏文刚、刘瑞红明知是诈骗短信，而利用伪基站的技术手段，向不特定人群发送，发送短信数量超过 5 万条（达 300 多万条），其行为已构成诈骗罪，且属有其他特别严重情节，依法应予惩处。关于夏文刚、刘瑞红及其辩护人所提原审判决认定二上诉人发送诈骗短信300多万条的事实不清、证据不足，原审审判决据以定罪的证据《电子数据勘验笔录》及附件光盘、50张照片、《情况说明》等，存在侦查人员在收集、提取过程中违反相关电子证据的提取、收集规则、规范及法定程序的情况，应认定为非法证据予以排除的上诉理由和辩护意见，经查，宝公（网安）数勘（2016）047号电子数据勘验笔录及附件数勘047号数据光盘的内容客观真实，不存在无法确定真伪的情况，并有公安机关的扣押清单、上诉人刘瑞红的辨认笔录及照片、宝鸡市公安局电子数据勘验笔录、凤翔县公安局出具的情况说明、上诉人夏文刚、刘瑞红在侦查阶段的供述等证据予以印证，证据来源合法，不存在不能作为定案根据的情况，故上诉人夏文刚、刘瑞红及其辩护人关于该证据应认定为非法证据予以排除的上诉理由及辩护人意见于法无据，不能成立。原审判决认定事实和适用法律正确，量刑适当，审判程序合法，应予维持。

【案例注解】

本案为一起典型的电信网络诈骗案件，根据《最高人民法院、最高人民检察院关于办理诈骗刑事案件具体应用法律若干问题的解释》第五条第二款，以及《最高人民法院、最高人民检察院、公安部关于办理电信网络诈骗等刑事案件适用法律若干问题的意见》第二条第四项的规定，发送诈骗信息的数量达到5000条以上即构成诈骗罪的其他特别严重情节，应以诈骗罪（未遂）定罪处罚。

而本案中，证实被告人夏文刚、刘瑞红发送诈骗短信数量的证据为宝鸡市公安局电子数据勘验笔录及其附件47号数据光盘，该证据证实，经宝鸡市公安局电子物证检验鉴定实验室对刘瑞红所持TCL手机内容进行提取后制作成47号数据光盘一张，该光盘内容为刘瑞红所发短信内容、号码及计数情况。凤翔县公安局对47号数据光盘中的刘瑞红所发短信内容、号码及发送计数进行统计，确定夏文刚、刘瑞红于2016年3月4日至3月25日通过伪基站发送诈骗短信共计3042794条。故而宝鸡市公安局电子数据勘验笔录及其附件47号数据光盘就成为本案定罪量刑的关键。但夏文刚、刘瑞红及其辩护人均认为该47号数据光盘在侦查机关提取过程中存在取证不合法的情况，即侦查人员在收集、提取过程中没有按照公安部《计算机犯罪现场勘验与电子证据检查规则》（公信安〔2005〕161号）的规定，对查扣的刘瑞红手机进行封存、固定即移送技术部门，技术部门在勘验、检查过程中，没有对勘验、检查过程进行录像，检查完后没有封存。认为该证据应认定为非法证据予以排除。

对宝鸡市公安局电子数据勘验笔录及其附件47号数据光盘，应当如何审查、认定，能否作为本案定案证据使用，就成为本案争议的焦点，也是本案定罪的关键。

首先，应明确我国对电子数据的审查、认定规则。《最高人民法院关于适用〈中华人民共和国刑事诉讼法〉的解释》第九十三条规定："对电子邮件、电子数据交换、网上聊天记录、博客、微博客、手机短信、电子签名、域名等电子数据，应当着重审查以下内容：（一）是否随原始存储介质移送；在原始存储介质无法封存、不便移动或者依法应当由有关部门保管、处理、返还时，提取、复制电子数据是否由二人以上进行，是否足以保证电子数据的完整性，有无提取、复制过程及原始存储介质存放地点的文字说明和签名；（二）收集程序、方式是否符合法律及有关技术规范；经勘验、检查、搜查等侦查活动收集的电子数据，是否附有笔录、清单，并经侦查人员、电子数据持有人、见证人签名；没有持有人签名的，是否注明原因；远程调取境外或者异地的电子数据的，是否注明相关情况；对电子数据的规格、类别、文件格式等注明是否清楚；（三）电子数据内容是否真实，有无删除、修改、增加等情形；（四）电子数据与案件事实有无关联；（五）与案件事实有关联的电子数据是否全面收集。对电子数据有疑问的，应当进行鉴定或者检验。"第九十四条规定："视听资料、电子数据具有下列情形之一的，不得作为定案的根据：（一）经审查无法确定真伪的，（二）制作、取得的时间、地点、方式等有疑问，不能提供必要证明或者作出合理解释的。"由此可见，对电子数据审查应当严格按照上述规定进行审查，只有经审查无法确定真伪的，制作、取得的时间、地点、方式等有疑问，不能提供必要证明或者作出合理解释的，才能作为非法证据予以排除。

其次，要严格区分瑕疵证据和非法证据。瑕疵证据是轻微违法的证据，非法证据是根本性违法的证据。从程序上看，瑕疵证据是轻微的程序性违法、技术性失范、操作性不当；而非法证据是严重的程序违法、实质性程序错误。从实质上看，瑕疵证据一般不涉及证据内容的真实性，证据本身具备客观真实性、关联性，不会侵害基本权利也不会导致证据失真；非法证据一般是在严重侵犯当事人人身等基本权利的情况下取得的，证据内容有可能失真，从而影响证据的真实性进而可能导致司法不公。瑕疵证据通过法定的程序进行补正或作出合理解释后仍能作为证据使用，而非法证据则应坚决予以排除。可见，瑕疵证据不等于非法证据，瑕疵证据与非法证据有着本质的区别，应严格进行区分。

最后，具体到本案中，侦查人员在抓获两被告时，即当场查扣了被告人刘瑞红的手机，当场制作了扣押笔录和清单，并有证据持有人刘瑞红的签名和见证人的签名。且夏文刚、刘瑞红归案后，在侦查人员讯问时均交待，刘瑞红一直用该手机通过 QQ 软件与上线“淘金”联系，接受“淘金”的指示，并将其每次用伪基站发送诈骗短信时的视频用该手机拍照并通过 QQ 发送给“淘金”。侦查人员遂将该手机送交技术部门进行勘验，技术部门即对该手机内存储的文件信息进行恢复，制作了电子数据勘验笔录及其附件 47 号数据光盘。该勘验笔录能够反映出提取、恢复、制作光盘的过程。虽然该手机在移送技术部门时没有进行封存，但侦查机关已出具情况说明对该情况进行了补充说明，并有侦查人员和技术人员的说明证明了该数据的真实性、完整性。且有刘瑞红对侦查人员提取的该手机内的其发送诈骗短信照片的辨认笔录，确认这些从其手机中提取的照片就是其用伪基站发送诈骗短信时的视频照片。由此可见，宝鸡市公安局电子数据勘验笔录及其附件 47 号数据光盘，并不是非法证据，而是在取证程序上存在轻微违法的瑕疵证据，经侦查机关对该取证过程进行补充说明后，该证据不存在不真实、不客观或者虚假的情况，不存在可能严重影响司法公正的情形，可以作为证据使用。

（**一审法院合议庭成员**　李格利　梁铸汶　金　让
二审法院合议庭成员　齐志远　陈瑾慧　李　智
编写人　陕西省宝鸡市中级人民法院　陈瑾慧
责任编辑　周维明
审稿人　李玉萍）

民　事

上海斐君钛晟投资管理合伙企业诉厦门颉轩光电有限公司、孙锋青企业借贷纠纷案

——债务人给付不足以清偿全部债务时债的抵充顺序的认定

关键词：民事　合同约定　交易习惯　利息　抵充顺序

【裁判要旨】

当债务人给付不足以清偿全部债务时，债务人主张优先清偿本金的，应有合同约定、交易习惯、债权人认可或者法律规定等作为依据，否则应优先抵充实现债权的费用、利息。

【相关法条】

《最高人民法院关于适用〈中华人民共和国合同法〉若干问题的解释（二）》第二十一条　债务人除主债务之外还应当支付利息和费用，当其给付不足以清偿全部债务时，并且当事人没有约定的，人民法院应当按照下列顺序抵充：

（一）实现债权的有关费用；

（二）利息；

（三）主债务。

【案件索引】

一审：上海市第二中级人民法院（2017）沪02民初863号（2018年4月

4日）

二审：上海市高级人民法院（2018）沪民终414号（2018年12月24日）

【基本案情】

原告（被上诉人）斐君企业诉称：（1）判令颉轩公司返还斐君企业借款本金1900万元；（2）判令颉轩公司向斐君企业支付：自2015年9月29日起至2016年5月31日止的借款利息671232.88元；自2016年6月1日起至2017年1月22日止的借款利息1793447.85元；自2017年1月23日起至2017年5月12日止的借款利息551095.89元；自2017年5月13日起至实际偿付之日止的借款利息（以1900万元为本金，按照年利率15%计付）；（3）判令颉轩公司赔偿斐君企业律师费50万元；（4）判令颉轩公司以其享有专用权的已经质押给斐君企业的七项专利权（分别为：①专利号为：201110326492.X，专利名称为：镜片压装机的压紧装置，专利类型为：发明；②专利号为：201520475277.X，专利名称为：一种镜筒模具，专利类型为：实用新型；③专利号为：201520493167.6，专利名称为：一种相机镜筒模具的滑动系统，专利类型为：实用新型；④专利号为：201520477643.5，专利名称为：一种成像镜头组，专利类型为：实用新型；⑤专利号为：201520586496.5，专利名称为：一种光学成像模组，专利类型为：实用新型；⑥专利号为：201520703898.9，专利名称为：一种移动设备镜头模组，专利类型为：实用新型；⑦专利号为：201620206496.2，专利名称为：一种广角成像镜头系统，专利类型为：实用新型）折价或以拍卖、变卖质押专利权所得的款项优先向斐君钛晟企业偿付上述（1）、（2）、（3）项应付款项；（5）判令孙锋青对颉轩公司上述（1）、（2）、（3）项应付款项承担连带赔偿责任。

被告（上诉人）颉轩公司辩称：（1）2017年5月12日颉轩公司向斐君企业归还的30万元款项应当是本金，而非利息。（2）根据颉轩公司与斐君企业《借款协议》约定，颉轩公司不能按时归还借款本金和利息时，斐君企业应当将其债权转化为对颉轩公司的股权。

一审法院经审理查明：2015年9月，上海斐君钛晟投资管理合伙企业（乙方，以下简称斐君企业）、厦门颉轩光电有限公司（丙方，以下简称颉轩公司）以及孙锋青（颉轩公司法定代表人）与案外人黄勉和案外人孙天湄（共同作为甲方）共同签订《借款协议》约定："乙方同意在协议签署之日起5日内向丙方提供借款2000万元，借款期限自借款支付至丙方账户之日起算，借款到期日为2016年5月31日。各方一致同意借款的年利率为5%，不计算复利，利息支付时间为借款到期日，支付方式为与借款本金一并归还……各方一致同意，在借款到期日：1. 乙方应优先要求丙方归还现金，乙方应在借款到期日要求丙方归还全部本金并支付相应利息；2. 若丙方无法及时在借款到期日向乙方归还全部本金并支付相应利息，则乙方应将其享有的对于丙方的债权转为其持有的对于丙方的股权……"

2015年9月29日，斐君企业向颉轩公司转账2000万元。后因颉轩公司未按约还款，2016年6月1日上述《借款协议》的三方当事人又签订《备忘录》约定："……乙方（斐君企业）现要求丙方（颉轩公司）归还2000万元借款本金及支付相应的利息。……针对2000万元借款事项，双方经协商一致同意，丙方归还乙方2000万元借款本金，并支付相应的利息。……协议各方一致同意，各方应在2016年8月31日之前办理完毕归还借款的事项。"

2016年12月2日，斐君企业的有关人员、孙锋青达成《备忘录（二）》载明："……就2000万元借款本息偿还事宜，孙锋青作为颉轩公司的法定代表人特此承诺如下：（1）颉轩公司最迟不晚于2017年1月31日全额偿还2000万元本金及利息，利息仍然按照原协议约定执行；（2）为履行前述第（1）项承诺，孙锋青代表颉轩公司、其本人以及孙天湄同意提供如下担保：A、将颉轩公司所有授权专利进行质押……"

2017年1月20日，斐君企业与颉轩公司签订《补充协议》约定："甲（颉轩公司）、乙（斐君企业）通过签署及履行《借款协议》《备忘录》《备忘录（二）》，形成甲、乙双方如下借贷关系，即甲方已向乙方借入本金2000万元，乙方向甲方出借2000万元。且甲方已多次出现逾期偿还借款情形。考虑到既往合作关系，乙方同意接受甲方的请求，再次同意有条件延长还款期限……甲方向乙方因前述借款所负担之债务如下：1. 借款本金2000万元；2. 借款本金对应之利息……偿还期限……1. 2017年1月27日前，向乙方偿还本金100万元以及其对应利息；2. 2017年2月28日前，向乙方偿还本金1000万元以及其对应利息；3. 2017年3月31日前，向乙方偿还本金900万元以及其对应利息……"

2017年1月20日，孙锋青向斐君企业作出《连带责任保证书》明确："……为保证颉轩公司依主合同约定向斐君企业偿付债务，孙锋青自愿出具连带责任保证函，并自愿受本保证函约定内容的约束……本保证函所担保的主债权为：1. 颉轩公司所借斐君企业的借款本金2000万元；2. 前述借款本金自实际出借日2015年9月29日至约定偿还日利息，利息计算以主合同约定为准；3. 利息随本金于主合同约定之各期偿还日届满日同时偿付……本保证函担保的范围如下：1. 全部主债权；2. 逾期偿还主债权而产生的违约金、赔偿金；3. 债权人实现债权的费用，包括但不限于债权人发生的律师费、诉讼费、调查费、评估、拍卖、变卖等的费用。担保期限：本保证函担保期限为主合同约定之主债务履行期限届满之日起两年。担保性质：连带责任保证……因本保证书的签署及履行而产生的任何争议应提交债权人住所地有管辖权法院诉讼解决，适用中华人民共和国法律……”

2017 年 1 月 23 日，斐君企业与颉轩公司签订《专利权质押合同》。2017 年 2 月 6 日，国家知识产权局发出《专利权质押登记通知书》。

2017 年 1 月 23 日、24 日，颉轩公司分两次向斐君企业归还钱款 129839.82 元。

2017 年 4 月 25 日、5 月 17 日，斐君企业向福建省厦门市湖里区人民法院递交《支付令申请书》及《变更支付令请求申请书》，督促颉轩公司向斐君企业偿还：（1）借款本金 1900 万元；（2）借款利息 3062625.94 元。2017 年 5 月 10 日，福建省厦门市湖里区人民法院向斐君企业发出案件受理通知书。

2017 年 5 月 12 日，颉轩公司向斐君企业还款 30 万元。

2017 年 6 月 19 日，福建省厦门市湖里区人民法院作出民事裁定书认为：颉轩公司在法定期限内提出书面异议称其于 2017 年 5 月 12 日支付给斐君企业 30 万元系偿还本金而非利息。鉴于双方对还款性质存在争议，债权债务数额不确定，遂裁定终结督促程序，支付令自行失效。

斐君企业为实现涉案债权支付费用 550935 元。

二审法院经审理查明：颉轩公司先后四次向斐君企业支付钱款的情况为：2017 年 1 月 22 日支付 100 万元，付款凭证的摘要处填写为“还款”；2017 年 1 月 23 日、1 月 24 日两次共支付 129839.82 元，付款凭证的摘要处填写为“利息”；2017 年 5 月 12 日支付 30 万元，付款凭证的摘要处填写为“还款”。双方还确认，涉案 2000 万元系颉轩公司和斐君企业的首次借款交易。

【裁判结果】

上海市第二中级人民法院于 2018 年 4 月 4 日作出（2017）沪 02 民初 863 号民事判决：一、颉轩公司自判决生效之日起 10 日内返还斐君企业借款本金人民币 1900 万元；二、颉轩公司自判决生效之日起 10 日内向斐君企业支付自 2015 年 9 月 29 日起至 2016 年 5 月 31 日止的借款利息人民币 671232.88 元；

三、颉轩公司自判决生效之日起10日内向斐君企业支付自2016年6月1日起至2017年1月22日止的借款利息人民币1793447.85元；四、颉轩公司自判决生效之日起10日内向斐君企业支付自2017年1月23日起至2017年5月12日止的借款利息人民币551095.89元；五、颉轩公司自判决生效之日起10日内向斐君企业支付自2017年5月13日起至实际偿付之日止的借款利息（以人民币1900万元为本金，按照年利率15%计付）；六、颉轩公司自判决生效之日起10日内向斐君企业赔偿律师费人民币50万元；七、斐君企业可以与颉轩公司协议以下列七项专利权（一、专利号为：201110326492.X，专利名称为：镜片压装机的压紧装置，专利类型为：发明；二、专利号为：201520475277.X，专利名称为：一种镜筒模具，专利类型为：实用新型；三、专利号为：201520493167.6，专利名称为：一种相机镜筒模具的滑动系统，专利类型为：实用新型；四、专利号为：201520477643.5，专利名称为：一种成像镜头组，专利类型为：实用新型；五、专利号为：201520586496.5，专利名称为：一种光学成像模组，专利类型为：实用新型；六、专利号为：201520703898.9，专利名称为：一种移动设备镜头模组，专利类型为：实用新型；七、专利号为：201620206496.2，专利名称为：一种广角成像镜头系统，专利类型为：实用新型）中的财产权折价或以拍卖、变卖质押专利权所得的款项优先受偿；八、孙锋青（FENGQING SUN）对颉轩公司上述一、二、三、四、五、六项应付款项承担连带保证责任。孙锋青（FENGQING SUN）在承担保证责任后，有权向颉轩公司追偿。案件受理费人民币157306.97元，财产保全费人民币5000元，共计人民币162306.97元，由颉轩公司与孙锋青（FENGQING SUN）共同负担。

宣判后，颉轩公司不服原审判决，提起上诉。上海市高级人民法院于2018年12月24日作出（2018）沪民终414号民事判决：驳回上诉，维持原判。

【裁判理由】

法院生效裁判认为：关于《借款协议》约定“债转股”程序的适用问题，颉轩公司提出“债转股”约定具有强制性，且事后未被变更和撤销；斐君企业则提出双方已合意以偿还现金的方式履行借款协议，不再适用“债转股”程序。对照上述两种观点，法院认为斐君企业的解释更为合理。理由在于：首先，针对涉案2000万元借款，颉轩公司与斐君企业约定了两种具有先后顺序的债务偿还方式，故在缺乏其他证据有力支撑的情况下，将其理解为限制斐君企业选择权的强制性约定，有悖常理。其次，从《借款协议》的履行情况看，一方面，《借款协议》约定了“债转股”程序的办理期限，但颉轩公司与斐君企业在约定期限内并未启动该程序；另一方面，颉轩公司和斐君企业于借款到期日后，又连续签订了《备忘录》《备忘录（二）》《补充协议》，且在上述协议中明确颉轩公司以归还款项的方式履行借款协议，尤其在《备忘录（二）》中，双方不仅约定了颉轩公司偿还2000万元本金及利息的期限、利率及担保等事项，而且“明确及不可撤销地确认”，在《备忘录（二）》签署前，各方签署的所有与该备忘录不一致的内容，均按《备忘录（二）》执行。此后颉轩公司又按照《补充协议》的约定归还了100万元借款本金及部分利息。

关于颉轩公司向斐君企业偿还30万元的性质问题，颉轩公司提出偿还30万元系根据《补充协议》的约定所为，且有交易习惯为证；斐君企业则提出30万元已超出《补充协议》约定的还款期限，并否认存在交易习惯。相比较而言，颉轩公司的主张缺乏事实和法律依据。首先，颉轩公司与斐君企业此前并无相关交易，故不存在交易习惯的先例；至于颉轩公司提出的向斐君企业支付钱款时，在付款凭证上注明还款即为归还本金，仅系其单方的意思表示，并未获得斐君企业的认可而形成合意，且在付款凭证上注明还款而被斐君企业认可为本金的只有一笔款项。因此，在缺乏其他有力证据予以佐证的情况下，难以推断出颉轩公司与斐君企业之间存在将30万元视为归还本金的交易习惯。其次，双方对归还30万元的性质事先未有约定，事后也未沟通，且归还30万元系在福建省厦门市湖里区人民法院受理斐君企业申请支付令程序中，时间上远超出《补充协议》第二条约定的偿还期限，亦远不足以清偿颉轩公司尚欠主债务1900万元及利息，因此，颉轩公司提出30万元系根据合同约定归还本金缺乏事实依据。

【案例注解】

本案系因企业借贷引发的民事权益纠纷。其争议焦点主要集中在两个方面：一是当事人在《借款协议》中有关“债转股”程序的约定是否具有强制性，事后有无被变更和撤销。二是颉轩公司向斐君企业偿还30万元的性质，即颉轩公司债务清偿抵充顺序的认定。

一、债务人债务清偿抵充顺序的认定

关于债务人债务清偿抵充顺序，各国民法大都规定债务人原则上可以自由指定抵充何宗债务，但债务人所提出的给付应先抵充费用、次充利息、再充资本。如，《日本民法典》第491条规定，债务人就一个或者数个债务，除原本外还应支付利息及费用，而清偿人实行的给付，不足以消灭其全部债务时，应顺序抵充费用、利息及原本。《意大利民法典》第1194条规定："没有债权人的同意，债务人不得将给付冲抵成本，而应当冲抵利息或者费用。在还本付息时，应当将给付先冲抵利息。"① 我国《最高人民法院关于适用〈中华人民共和国合同法〉若干问题的解释（二）》（以下简称《合同法解释（二）》第二十一条也大致延续了上述立法思路，即债务人除主债务之外还应当支付利息和费用，当其给付不足以清偿全部债务时，且当事人没有约定的，人民法院应当按照实现债权的有关费用、利息、主债务的顺序进行抵充。

各国之所以就债务人债务清偿的抵充顺序予以明确规定，主要是为了防止债务人滥用债务抵充权利，侵害债权人利益。因为倘若任由债务人自主选择债务清偿的抵充顺序，很可能会造成债务人指定其给付优先抵充债务本金，然后才抵充费用或者利息，从而损害债权人利益的情形。因此，《合同法解释（二）》第二十一条等类似制度设计体现了公平理念，有助于保障当事人债权的充分实现。

综观债务人债务清偿抵充顺序的规定，虽然各国都在相关法律法规或者司法解释中予以明确安排，但其前提都充分尊重当事人的意思自治，即当事人之间可就债务清偿的抵充问题进行合意处置。如前所述，我国《合同法解释（二）》第二十一条规定在"当事人没有约定"的情况下；《意大利民法典》规定"没有债权人的同意"时，等等。而当事人之间就彼此权利义务的意思自治不仅表现为合同约定、债权人同意等情形，还包括基于交易习惯等因素，由此笔者认为，当债务人给付不足以清偿全部债务时，当事人就债务清偿抵充顺序产生争议的，应当审查当事人之间是否有相关合同约定、交易习惯等因素；对于债务人主张归还款项系借款本金的，应有合同约定、交易习惯、债权人认可或者法律规定等作为依据，否则应当按照实现债权的费用、利息及主债务的顺序进行抵充。

---

① 最高人民法院研究室编著：《最高人民法院关于合同法司法解释（二）理解与适用》，人民法院出版社2015年版，第193页。

首先，查看当事人是否有债务抵充的约定或合意。意思自治作为民法的一项基本原则，其集中体现在合同自由。因此，首先应当审查当事人之间是否有合同约定，有合同约定的遵从合同约定，无约定的即遵从法律法规规定。本案中，根据法院查明的案件事实，颉轩公司虽然向斐君企业支付了四笔钱款，但是并未就支付款项的性质进行过书面约定。至于颉轩公司提出的其向斐君企业支付钱款时，在付款凭证上注明“还款”即为归还本金、注明“利息”即为归还利息，仅系颉轩公司单方的意思表示，并未获得斐君企业的认可而形成合意，且在付款凭证上注明“还款”而被斐君企业认可为本金的只有一笔款项，因此，在缺乏其他有力证据予以佐证的情况下，无法推断出颉轩公司与斐君企业之间存在将30万元视为归还本金的约定或者合意。

其次，查看当事人是否存在类似交易习惯。我国《民法总则》第十条规定，处理民事纠纷，应当依照法律；法律没有规定的，可以适用习惯，但是不得违反公序良俗。由此，习惯也被纳入民法法源的范畴之中。根据这一立法精神，在具体案件的处理中，法律没有直接规定的情况下，还应当考量当事人之间是否存在类似的交易习惯。一般而言，交易习惯是指交易行为当地或者在某一领域、某一行业中通常采用的，并为交易对方在订立合同时知道或者应当知道的做法。在日常经济活动中，如果存在某种交易习惯，除非相对方明确作出否定的意思表示，当事人遵循交易习惯而为行为的效力应当得到认可。本案中，经法院审理查明，颉轩公司与斐君企业除涉案2000万元之外，此前并无相关交易行为，因此二者之间不存在某种交易习惯的先例。同时，在颉轩公司支付斐君企业的四笔款项中，颉轩公司在付款凭证上注明“还款”而被斐君企业认可为本金的只有一笔款项，这一做法也不符合交易习惯关于某一领域、某一行业“通常使用”以及斐君企业订立合同时“知道或者应当知道”的情形，至多属于个例存在。因此，难以论证出颉轩公司与斐君企业存在将归还30万元归属于本金的习惯。

在颉轩公司关于偿还30万元系清偿本金并未得到斐君企业认可，且双方不存在合意约定、交易习惯等因素的情况下，应当根据《合同法解释（二）》第二十一条的规定，优先抵充实现债权的费用、利息。

二、“债转股”程序约定的性质认定

本案中，斐君企业与颉轩公司在《借款协议》中约定了“债转股”程序的适用问题，即在借款到期日：（1）斐君企业应优先要求颉轩公司归还现金，斐君企业应在借款到期日要求颉轩公司归还全部的本金并支付相应的利息；

（2）若颉轩公司无法及时在借款到期日向斐君企业归还全部本金并支付相应利息，则斐君企业应将其享有的对颉轩公司的债权转为其持有的对颉轩公司的股权。

围绕“债转股”程序的合同条款，当事人产生了较大理解上的差异。对此笔者认为，对有关合同条款的约定，既要看具体条款的表面文义，更要多角度分析、综合判断。首先，从字面文义来看，《借款协议》中针对涉案2000万元的借款，颉轩公司与斐君企业实际上约定了两种具有先后顺序的债务偿还方式，即先由颉轩公司归还现金，归还不成再启动“债转股”程序。由此，从协议条款的字面意思来看，虽然在约定中使用了“应将”二字，但启动“债转股”程序只是斐君企业在借款到期日后维护其自身权益的一种方式，且非首选方式，其约定本身并没有强制性涵义。其次，从体系目的来看，本案缘起于企业借贷合同，斐君企业系涉案2000万元的出借方，颉轩公司为涉案款项的借入方。在案涉《借款协议》中，联系协议约定的上下文，可以看出双方之所以约定“债转股”程序，更多地是在颉轩公司到期无法及时归还本金及利息时，用以保障作为出借方的斐君企业的合法权益。基于此，在缺乏其他证据有力支撑的情况下，将“债转股”程序的约定理解为对斐君企业选择权的强制性约束，缺乏合理性基础。

需要进一步指出的是，虽然《借款协议》约定了“债转股”程序的办理期限，但颉轩公司与斐君企业在约定期限内并未启动该程序。借款到期日后，颉轩公司和斐君企业又连续签订了《备忘录》《备忘录（二）》《补充协议》，且在上述协议中明确了颉轩公司以归还款项的方式履行借款协议；事实上，颉轩公司确实又按照《补充协议》的约定归还了100万元借款本金及部分利息。这些签订事后协议及履行事后协议的行为，也进一步印证了有关“债权股”程序并非强制性约定的判断。从某种角度上讲，在借款到期日后，颉轩公司和斐君企业通过签订事后协议、履行事后协议等方式，已合意选择了以归还现金方式履行最初的《借款协议》，也是对适用“债转股”程序的明确放弃。

（**一审法院合议庭成员** 李 蔚 王逸民 王承奇

二审法院合议庭成员 陈 萌 陈树森 夏 青

编写人 上海市高级人民法院 陈 萌 陈树森

责任编辑 杨 奕

审稿人 曹守晔）

何某某、王某某诉郴州市第一人民医院、郴州市中心血站医疗损害责任纠纷案

——感染艾滋病原因不明案件能否适用公平责任原则的认定

关键词：民事　公平责任原则　艾滋病　原因不明　无过错

【裁判要旨】

在因输血遭受感染的案件中，当损害后果与医疗机构、血液提供机构之间存在因果关系不明的情形时，人民法院应当适用公平责任原则。同时，根据当事人的损失是否严重、经济状况、有无其他救济途径等实际情况，合理裁量对感染艾滋病者及家属经济补偿的数额。

【相关法条】

《中华人民共和国民法通则》第一百三十二条　当事人对造成损害都没有过错的，可以根据实际情况，由当事人分担民事责任。

《中华人民共和国侵权责任法》第二十四条　受害人和行为人对损害的发生都没有过错的，可以根据实际情况，由双方分担损失。

第五十四条　患者在诊疗活动中受到损害，医疗机构及其医务人员有过错的，由医疗机构承担赔偿责任。

《最高人民法院关于民事诉讼证据的若干规定》第二条　当事人对自己提出的诉讼请求所依据的事实或者反驳对方诉讼请求所依据的事实有责任提供证据加以证明。

没有证据或者证据不足以证明当事人的事实主张的，由负有举证责任的当事人承担不利后果。

【案件索引】

一审：湖南省郴州市北湖区人民法院（2014）郴北民二初字第1122号（2017年5月30日）

二审：湖南省郴州市中级人民法院（2017）湘10民终1668号（2018年3月28日）

【基本案情】

原告（上诉人）何某某、王某某诉称：何某某因交通事故受伤，于2008年9月30日到湖南省郴州市第一人民医院（以下简称市一医院）住院治疗，市一医院为何某某施行了肝裂伤缝合术等，为何某某输O型血，血液来源为中心血站，给血者为曹某某、柯某、晏某某、韦某某、李某某、杨某某（血袋码分别为0190508014497、0190508017925、0190508017894、0190508010661、0190508010791、0190508016434）。2014年3月10日，经湖南省疾病预防控制中心检验，何某某HIV-1抗体阳性，确诊艾滋病。2014年4月1日，经郴州市预防控制中心检验，王某某HIV-1抗体阳性，确诊艾滋病。市一医院已支付何某某、王某某50000元。请求判令：（1）两被告连带赔偿两原告医疗费81872.5元、后续治疗费31131.5元、误工费41214.50元、护理费41214.5元、住院伙食补助费15670元、残疾生活补助费550050元、交通费277元、精神抚慰金110010元，残疾处理纠纷人员的交通费、住宿费、误工费2859.6元，合计874389.61元；（2）案件受理费由两被告承担。

被告（上诉人）郴州市第一人民医院辩称：答辩人对何某某的治疗方式符合医疗规范，不存在过错；经鉴定，何某某所患艾滋病无法确定感染途径；答辩人血浆来源合法，输血行为并无过错，也不存在因果关系；主张的医药费，大部分与治疗艾滋病无关。

被告（上诉人）郴州市中心血站辩称：何某某于2008年9月30日及同年10月5日的输血行为与其感染艾滋病的因果关系并无高度盖然性，不排斥其他途径感染，并且其他途径概率更大；答辩人采血、验血、供血合法合规，不存在任何过错；郴州市第一人民医院对何某某2008年9月30日至10月13日的住院治疗存在明显过错；本案处理应适用《侵权责任法》，按过错责任原则进行裁判；诉请的赔偿项目和计算标准，不符合法律规定；鉴定结论可以判断输血与何某某感染艾滋病没有关系，何某某同时注射过白蛋白。

湖南省郴州市北湖区人民法院经审理查明：（1）双方当事人无争议的事实。①郴州市中心血站（以下简称中心血站）提供了献血者曹某某、柯某、晏某某、韦某某、李某某、杨某某的献血登记表，血袋码分别为0190508014497、0190508017925、0190508017894、0190508010661、0190508010791、0190508016434，并进行了抗HIV检测，均呈阴性。②何某某因交通事故受伤于2008年9月30日到湖南省郴州市第一人民医院（以下简称市一医院）住院治疗，市一医院为何某某施行了肝裂伤缝合术等，为何某某输O型血，血液来源为中心血站，给血者为曹某某、柯某、晏某某、韦某某、李某某、杨某某（血袋码分别为0190508014497、0190508017925、0190508017894、0190508010661、0190508010791、0190508016434）。入院诊断：腹部闭合性损伤，全身多处软组织挫裂伤。入院后行肠系膜血管缝扎止血，肝挫伤修补手术，并进行输血治疗等，使用了曹某某、柯某、晏某某、韦某某、李某某、杨某某的血浆和红细胞。出院诊断：肝脏挫裂伤，胰腺挫伤等。③2014年3月10日，经湖南省疾病预防控制中心检验，何某某HIV－1抗体阳性，确诊艾滋病。2014年4月1日，经郴州市预防控制中心检验，王某某HIV－1抗体阳性，确诊艾滋病。④市一医院已支付何某某、王某某50000元。⑤另查，何某某于2008年10月在市一医院住院期间注射了人血白蛋白，人血白蛋白系何某某自行从药店购买。⑥何某某在2009年至2016年期间，因患慢性糜烂性胃炎、慢性胆囊炎、冠心病入院治疗。（2）当事人有争议的事实。市一医院申请对何某某、王某某的诊疗过程是否存在过错以及与损害后果是否存在因果关系进行鉴定，法院委托郴州市医学会进行鉴定。郴州市医学会于2015年12月30日作出郴州医鉴（2015）23号《医疗事故技术鉴定书》，分析认为："1. 患者2008年因车祸受伤，手术记录提示输血3000ML，有持续性活动性出血，有输血指征，血液由中心血站提供，来源合法；2. 鉴定资料显示郴州市中心血站提供的血液符合用血标准，献血员现有资料未提供；3. 艾滋病主要感染途径：性传播、母婴传播、血液传播；何某某与王某某2014年确诊艾滋病，感染途径无法确定，无法确定夫妻间谁先感染艾滋病病毒。鉴定意见：由于本案患者艾滋病感染途径不能确定，导致无法认定是否构成医疗事故。"何某某认为其先感染病毒，后传染给王某某。市一医院、中心血站对鉴定结论均无异议。郴州市医学会作出的医疗事故技术鉴定书，程序合法，予以采信。

二审期间，何某某提交《医疗过错鉴定申请书》，请求对中心血站、市一医院的输血行为、医疗行为是否存有过错，以及其过错行为与何某某感染艾滋病是否存在因果关系及在损害后果中的参与度进行司法鉴定，湖南省郴州市中级人民法院予以准许并委托湘雅二医院司法鉴定中心进行鉴定，湘雅二医院司法鉴定中心向该院出具《函》，认为鉴定要求超出其机构技术条件或鉴定能力，不予受理该院委托的鉴定。该院将此情况告知何某某并征询其意见，何某某要求再委托广州的机构鉴定。为查明案情，湖南省郴州市中级人民法院予以准许并委托南方医科大学司法鉴定中心所进行鉴定。南方医科大学司法鉴定中心所向湖南省郴州市中级人民法院出具《不予受理函》，认为其不是卫生行政管理部门及产品质检部门，输注的血制品是否合格、血制品提供的途径是否正规合法，超出其技术鉴定能力；何某某感染艾滋病的途径无法从技术上作出判定，因此不予受理湖南省郴州市中级人民法院委托的鉴定。湖南省郴州市中级人民法院对一审查明的事实予以确认。

【裁判结果】

湖南省郴州市北湖区人民法院于2017年5月30日作出（2014）郴北民二初字第1122号民事判决：一、被告郴州市中心血站于本判决生效之日起10日内补偿原告何某某、王某某5万元；二、被告郴州市第一人民医院于本判决生效之日起10日内补偿原告何某某、王某某5万元；三、驳回原告何某某、王某某的其他诉讼请求。案件受理费9841元，由被告郴州市中心血站负担4920.5元，被告郴州市第一人民医院负担4920.5元。

宣判后，何某某、王某某、市一医院、中心血站不服原审判决，提起上诉。湖南省郴州市中级人民法院于2018年3月28日作出（2017）湘10民终1668号民事判决：一、撤销湖南省郴州市北湖区人民法院（2014）郴北民二初字第1122号民事判决；二、上诉人郴州市中心血站于本判决生效之日起20日内补偿上诉人何某某、王某某12万元；三、上诉人郴州市第一人民医院于本判决生效之日起20日内补偿上诉人何某某、王某某9万元；四、驳回郴州市中心血站和郴州市第一人民医院的上诉请求；五、驳回上诉人何某某、王某某的其他诉讼请求和上诉请求。

【裁判理由】

法院生效裁判认为：本案系医疗损害责任纠纷。当事人二审中争议的焦点问题是：（1）中心血站、市一医院对何某某感染艾滋病是否存在过错；（2）

一审判决中心血站、市一医院各补偿何某某、王某某50000元是否正确。

关于争议焦点一。《侵权责任法》第五十四条规定："患者在诊疗活动中受到损害，医疗机构及其医务人员有过错的，由医疗机构承担赔偿责任"。《最高人民法院关于民事诉讼证据的若干规定》第二条规定："当事人对自己提出的诉讼请求所依据的事实或者反驳对方诉讼请求所依据的事实有责任提供证据加以证明。没有证据或者证据不足以证明当事人的事实主张的，由负有举证责任的当事人承担不利后果。"本案中，何某某2008年9月因交通事故在市一医院输血治疗，其在2014年3月被诊断感染艾滋病。艾滋病的感染途径有多种，何某某的输血与被诊断感染艾滋病间隔时间较长，其没有提交证据证明所感染的艾滋病是因2008年9月在市一医院输血所致，现有证据不能认定中心血站、市一医院对何某某感染艾滋病存在过错，中心血站、市一医院对何某某感染的艾滋病不应承担赔偿责任。

关于争议焦点二。《民法通则》第一百三十二条规定："当事人对造成损害都没有过错的，可以根据实际情况，由当事人分担民事责任"。《侵权责任法》第二十四条规定："受害人和行为人对损害的发生都没有过错的，可以根据实际情况，由双方分担损失。"本案中，何某某感染艾滋病是事实，因无证据查明感染途径，无法认定责任承担者。但何某某在市一医院有过输血治疗，使用了中心血站的血制品，而艾滋病是很难治愈的疾病，极易引发并发症，何某某、王某某夫妇均感染艾滋病，治疗费用巨大，已负债累累。基于此特殊案情，考虑何某某的诉求，市一医院已补偿何某某5万元以维护社会稳定，二审法院对一审酌定的补偿款予以适当调整，由中心血站补偿何某某、王某某12万元，由市一医院补偿何某某、王某某9万元。

综上所述，何某某、王某某的上诉请求部分成立，予以部分支持；中心血站、市一医院上诉其没有过错的理由成立，但认为其不应支付补偿款的理由不成立。

【案例注解】

本案是湖南省法院受理、审结的首例感染艾滋病原因不明案件。感染艾滋病原因不明案件是否适用公平责任原则呢？这需要我们基于改善医患关系、促进社会和谐稳定进行考量，正确把握公平责任原则适用的主要情形与经济补偿需要考量的主要因素。笔者拟从理论与实践视角就公平责任原则司法适用中的一些问题进行探索。

一、公平责任原则的内涵与理论依据

所谓公平责任原则，学界称为“公平责任”,[①] 又称为“公平分担损失规则”。[②] 实务界学者认为，公平责任，又称衡平责任，是以衡平手段确定当事人双方各自要分担的损失，衡平是抽象意义上的法律适用方法，通过诉诸公平正义来解决法律规范与道德观念的冲突，通过衡平达致公平。[③] 从我国现行法律来看，涉及公平责任原则的一般条款主要是两条：第一条是《民法通则》第一百三十二条规定：“当事人对造成损害都没有过错的，可以根据实际情况，由当事人分担民事责任”。第二条是《侵权责任法》第二十四条规定：“受害人和行为人对损害的发生都没有过错的，可以根据实际情况，由双方分担损失。”除了这两条一般条款之外，公平责任原则还有诸多特殊条款。[④] 因本案只涉及到公平责任原则的一般条款，笔者对公平责任原则的特殊条款不再赘述。

公平责任原则是否具有正当性，理论界的专家们存在很大分歧，呈现出仁者见仁智者见智的局面，让人莫衷一是。为此，笔者进行了一些统计分析。

当前，认为公平责任原则具有正当性的代表性观点主要有如下七种：其一，“引起说”，即以因果关系作为赔偿的依据。[⑤] 其二，“显失公平说”，即无过错的富人不补偿无辜的贫穷受害人的话，直觉上让人感受到显失公平。[⑥] 其三，“和谐说”，认为让富人补偿穷人损失，有助于社会团结，维护社会秩

① 与“公平责任”对应的英文表述一般为 equitable liability，德文表述一般为 Billigkeitshaftung。See René David ed，International Ency－clopedia of Comparative Law（Vol. 1），Brill Archive，1972，p. 37. 参见张金海：《公平责任考辨》，载《中外法学》2011 年第 4 期。

② 参见周元伯：《〈中华人民共和国民法通则〉释义》，南京大学出版社 1986 年版，第 157 页；王胜明：《中华人民共和国侵权责任法释义》，法律出版社 2013 年版，第 128 页。

③ 陈科：《超越理论纷争：公平责任一般条款的司法适用——以 100 份侵权案件判决书为分析样本》，载贺荣主编：《司法体制改革与民商事法律适用问题研究——全国法院第二十六届学术讨论会论文集》，人民法院出版社 2015 年版，第 1087 页。

④ 例如，有财产的无民事行为能力、限制民事行为能力人的赔偿义务（《民法通则》第一百三十三条第二款、《侵权责任法》第三十二条第二款）、紧急避险人的补偿义务（《民法通则》第一百零九条、《侵权责任法》第三十一条）、见义勇为中受益人的补偿义务（《民法通则》第一百零九条、《侵权责任法》第二十三条）、为对方利益或共同利益活动中受益人的补偿义务（《最高人民法院关于贯彻执行〈中华人民共和国民法通则〉若干问题的意见（试行）》第一百五十七条）、完全民事行为能力人暂时丧失意识或控制力致害的补偿义务（《侵权责任法》第三十三条第一款）、可能加害的建筑物使用人的补偿义务（《侵权责任法》第八十七条）。

⑤ 参见张保红：《公平责任新论》，载《现代法学》2009 年第 4 期。

⑥ 参见刘新熙：《公平责任原则探讨》，载《法学研究》1983 年第 2 期；杨立新：《侵权特别法通论》，吉林人民出版社 1990 年版，第 27 页。

序，提高社会福利。[①] 其四，“报偿主义说”，即得利者应负赔偿。[②] 其五，“事故预防说”，即公平责任有利于预防未发生的事故。[③] 其六，“分配正义说”，认为公平责任体现分配公平或正义。[④] 其七，“矫正正义说”，认为公平责任旨在恢复利益平衡，体现矫正正义。[⑤]

当前，质疑公平责任原则具有正当性的代表性观点主要有如下七种：其一，“引起说不合理说”，认为将公平责任等同于历史上的原因责任，定性错误。[⑥] 其二，“显失公平说不合理说”，认为公平责任否定过错与无过错责任，导致更大不公平。[⑦] 其三，“和谐说不合理说”，认为应由社会法来调节贫富、维护秩序、增进社会福利，公平责任乃侵权法之越位。[⑧] 其四，“破坏法之安定性说”，认为公平责任一般条款语义模糊有可能导致司法滥用。[⑨] 其五，“事故预防说不合理说”，认为公平责任无预防作用，或认为其造成过度威慑。[⑩] 其六，“分配正义说不合理说”，认为在私法领域实施分配正义，导致民众过

---

① 参见王利明：《侵权行为法归责原则研究》，中国政法大学出版社 1992 年版，第 100 页；王朋：《法理学视野中的公平责任》，载《南京社会科学》1998 年第 1 期；翟羽艳、吕秀军：《公平责任三论》，载《求是学刊》2000 年第 2 期；王毓莹、向国慧：《论公平责任原则的限制适用：公平责任原则的公平危机及其防范》，载《法律适用》2004 年第 9 期；谢志红：《侵权行为法的变革与社会保障法之肇始——兼论弱势群体的保护》，载《江西财经大学学报》2004 年第 1 期；包俊：《侵权责任归责原则体系新论》，载《江海学刊》2006 年第 1 期；王成：《侵权法归责原则的理念及配置》，载《政治与法律》2009 年第 1 期。

② 参见米健：《关于“公平”归责原则的思考》，载《中外法学》1997 年第 1 期。

③ 参见蓝承烈：《论公平责任原则》，载《学习与探索》1987 年第 3 期。

④ 参见前注：翟羽艳、吕秀军文；王卫国：《过错责任原则：第三次勃兴》，中国法制出版社 2000 年版，第 294 页；李鹏：《论我国侵权责任法的公平责任》，载《法学杂志》2010 年第 11 期；陈本寒、陈英：《公平责任归责原则的再探讨——兼评我国〈侵权责任法〉第 24 条的理解与适用》，载《法学评论》2012 年第 2 期；杨代雄：《一般侵权行为的无过错损失分担责任——对“无过错即无责任”的质疑及对“公平责任原则”的改造》，载《华东政法大学学报》2010 年第 3 期。

⑤ 参见滕淑珍：《公平原则与公平责任原则之辨析》，载《政法论丛》2003 年第 4 期；前注，王成文。

⑥ 参见张金海：《公平责任考辨》，载《中外法学》2011 年第 4 期。

⑦ 参见王韶婧：《正义价值再思考》，载《东岳论丛》2009 年第 7 期。

⑧ 参见褚宏启：《未成年学生人身伤害问题研究》，载《北京师范大学学报》（人文社会科学版）2002 年第 1 期；［日］小口彦太：《日中侵权行为法的比较》，载《法制与社会发展》1999 年第 3 期；刘玉强：《公平责任之“公平性”质疑》，载《重庆科技学院学报》2006 年第 5 期；上注，王韶婧文。

⑨ 参见王泽鉴：《民法学说与判例研究（第六册）》，北京大学出版社 2009 年版，第 229 页；陈龙江：《对我国民法上的“公平责任”的质疑》，载《海南大学学报》（人文社会科学版）2005 年第 4 期；上注，褚宏启文；上注，［日］小口彦太文。

⑩ 参见上注，王泽鉴文；罗丽香：《浅析侵权行为法公平责任原则的非正当性》，载《甘肃农业》2006 年第 9 期。

度依赖国家，有摧毁个人自由之虞。[①] 其七，“生活风险自担说”，认为意外事故风险，乃自行决策所伴随的生活风险，由受害人自担。[②]

尽管理论界存在诸多分歧，但是，面对是否需要取消公平责任原则，却鲜有文章支持取消公平责任原则。[③] 在笔者看来，在双方均无过错的情况下适用公平责任原则，不仅达到了《侵权责任法》设置权利救济的目标，也与普通民众心中的“公平正义”观念相符合，能够得到社会公众的普遍认同。正如有的学者甚至提出了“过错原则是侵权法中的世贵，而公平原则是侵权法中新贵”。[④]

近年来，在越来越多的医疗损害责任纠纷案件中，公平责任原则彰显了自己独特的魅力，其适用具有正当性。就本案而言，何某某、王某某夫妻感染艾滋病这一重大疾病，遭受了重大损害。面对无充分的证据证明市一医院、中心血站有过错的情形，必将引发矛盾和纠纷。在这种情况下，人民法院通过适用公平责任原则，既不让受害人何某某、王某某夫妻独自承担不幸，也不让本来就不应承担侵权责任的市一医院、中心血站承担责任，而是在受害人何某某、王某某夫妻与行为人市一医院、中心血站之间进行合理分配，有助于双方的紧张关系得到缓和，进而解决好矛盾与纠纷。

《侵权责任法》第五十九条规定：“因药品、消毒药剂、医疗器械的缺陷，或者输入不合格的血液造成患者损害的，患者可以向生产者或者血液提供机构请求赔偿，也可以向医疗机构请求赔偿，患者向医疗机构请求赔偿的，医疗机构赔偿后，有权向负有责任的生产者或者血液提供机构追偿。”根据《侵权责任法》第五十九条规定，受害人何某某、王某某夫妻向市一医院、中心血站提起诉讼，这样明确了诉讼主体，既有利于维护患者何某某、王某某夫妻的合法权益，又明确了责任主体市一医院与中心血站，有利于衡平病患者与医疗机构、血液提供机构之间的利益。

---

① 参见黄立嵘：《论美国侵权法“行为人自担风险”规则——兼论我国侵权责任原则的完善》，载《中国社会科学院研究生院学报》2014 年第 6 期。

② 陈龙江：《对我国民法上的“公平责任”的质疑》，载《海南大学学报》（人文社会科学版）2005 年第 4 期。

③ 根据笔者在中国知网上以“公平责任”为关键词检索的 8670 篇相关文章，其中只有寥寥几篇文章，譬如赵海萍：《关于我国民法中“公平责任”的若干思考》，载《哈尔滨学院学报》2007 年第 5 期。

④ 徐爱国：《重新解释侵权行为法的公平责任原则》，载《政治与法律》2003 年第 6 期。

二、适用公平责任原则的主要情形

当前，公平责任原则的适用情形主要有如下三个方面：一是行为人引起的意外事件；二是物件引起的意外事件；三是存在受益人的意外事件。根据实务界的学者分析，医疗损害责任纠纷适用公平责任原则的主要情形是行为人引起的意外事件。所谓意外事件，是指客观上虽然造成了损害结果，但不是出于人的故意或者过失，而是由于不能预见的原因所引起的结果。意外事件是否应成为民法上的免责事由，国外立法上存在分歧。① 我国《侵权责任法》第二十四条规定损失分担的主体为"受害人与行为人"。所谓"行为人"直接实施侵害他人财产权和人身权行为的当事人，这就要求《侵权责任法》第二十四条适用于存在人的"行为"之场合。②

在司法实践中，如何判断能否适用公平责任原则，在笔者看来，主要是两个方面：

一是是否有过错。对于过错，理论界存在三种学说，第一种是主观说。该学说认为，过错在本质属性上是主观的。③ 第二种是客观说。该学说认为，过错是指行为人的行为具有应受非难性。④ 第三种是主客观一体说。综合主观说和客观说。目前，主观过错说在解释"故意"侵权时较为从容，但是对于"过失"侵权，却总是捉襟见肘，行为人因缺乏能力而没有预见危险造成的损害，很难说他具有心理上的过错，因此，主观过错说正在逐渐为客观过错说所代替。⑤ 根据我国《侵权责任法》第二十四条的规定，适用公平责任原则的基础是受害人和行为人对于损害的发生都没有过错。

本案中，何某某2008年9月因交通事故在市一医院输血治疗，其在2014年3月被诊断感染艾滋病。艾滋病的感染途径有多种，何某某的输血与被诊断感染艾滋病间隔时间较长，其没有提交证据证明所感染的艾滋病是因2008年9月在市一医院输血所致，现有证据不能认定中心血站、市一医院对何某某感

① 王利明：《侵权行为法研究》（上卷），中国人民大学出版社2004年版，第577页。

② 陈科：《超越理论纷争：公平责任一般条款的司法适用——以100份侵权案件判决书为分析样本》，载贺荣主编：《司法体制改革与民商事法律适用问题研究——全国法院第二十六届学术讨论会论文集》，人民法院出版社2015年版，第1087页。

③ 胡雪梅：《"过错"的死亡——中英侵权法宏观比较研究及思考》，中国政法大学出版社2009年版，第199页。

④ 如河南省原阳县人民法院（2010）原民初字第320号一案，原告挖红薯窖的地点选择和防水措施均存在问题，违反合理人的注意义务，应属有过失情形，不应适用公平责任。

⑤ 王利明：《侵权行为法研究》（上卷），中国人民大学出版社2004年版，第462页。

染艾滋病存在过错。因此，本案满足了受害人和行为人对于损害的发生都没有过错而适用公平责任原则这一基础。

二是是否有因果联系。“在欠缺充分理由转由他人负担时，无辜的受害人应自我承担生命中的不幸与损害”，[①] 实务界学者认为，“充分理由”应理解为行为人的“行为”与受害人的损失间具有因果联系。[②] 因果关系主要是指受害人的损害与另一方当事人具有事实上的关联，主要表现在：损害是侵权人的“行为”所致；或者损害是为了受益人的利益所致。[③] 适用公平责任原则的重要条件是损失与行为无因果关系。

本案中，何某某感染艾滋病是事实，且何某某在市一医院有过输血治疗，使用了中心血站的血制品，但因无证据查明感染途径，无法认定责任承担者。一审法院委托郴州市医学会进行鉴定。郴州市医学会于2015年12月30日作出郴州医鉴（2015）23号《医疗事故技术鉴定书》，鉴定意见：由于本案患者艾滋病感染途径不能确定，导致无法认定是否构成医疗事故。二审期间，何某某提交《医疗过错鉴定申请书》，请求对中心血站、市一医院的输血行为、医疗行为是否存有过错，以及其过错行为与何某某感染艾滋病是否存在因果关系及在损害后果中的参与度进行司法鉴定，二审法院予以准许并委托湘雅二医院司法鉴定中心进行鉴定，湘雅二医院司法鉴定中心向该院出具《函》，认为鉴定要求超出其机构技术条件或鉴定能力，不予受理本院委托的鉴定。该院将此情况告知何某某并征询其意见，何某某要求再委托广州的机构鉴定。为查明案情，二审法院予以准许并委托南方医科大学司法鉴定中心所进行鉴定。南方医科大学司法鉴定中心所向二审法院出具《不予受理函》，认为其不是卫生行政管理部门及产品质检部门，输注的血制品是否合格，血制品提供的途径是否正规合法，超出其技术鉴定能力；何某某感染艾滋病的途径无法从技术上作出判定，因此不予受理二审法院委托的鉴定。由此可见，一审、二审期间均进行了鉴定。一审的鉴定机构认为，无法认定二者存在因果关系。二审中两所鉴定机构均认为无法认定二者存在因果关系进而不予受理。由此可见，本案中，何某某2008年9月因交通事故在市一医院输血治疗，其在2014年3月被诊断感染艾滋病。艾滋病的感染途径有多种，何某某的输血与被诊断感染艾滋病间隔时间较长，其没有提交证据证明所感染的艾滋病是因2008年9月在市一医院

---

① 陈聪富：《侵权归责原则与损害赔偿》，北京大学出版社2005年版，第7页。

② 陈科：《超越理论纷争：公平责任一般条款的司法适用——以100份侵权案件判决书为分析样本》，载贺荣主编：《司法体制改革与民商事法律适用问题研究——全国法院第二十六届学术讨论会论文集》，人民法院出版社2015年版，第1087页。

③ 焦慧君：《司法实践中如何适用公平责任原则》，载《人民论坛》2010年第7期。

输血所致，现有证据不能认定中心血站、市一医院对何某某感染艾滋病存在过错，进而否定了二者存在因果关系。因此，本案何某某感染艾滋病的损失与中心血站、市一医院的行为不具有因果关系，因而适用公平责任原则。

三、适用公平责任原则进行经济补偿需要权衡的主要因素

决定适用公平责任原则之后，如何科学合理确定经济补偿呢？需要从如下三个方面考虑：

一是损失是否严重。公平责任原则建立的基础是损害的严重程度，即损害严重影响了受害人的正常生活。“只有当结果达到一定严重程度，让受害人自己承担损失会导致明显不公或者权利义务失衡时，法院才可以考虑适用公平责任以保证各方利益平衡。”①

二是当事人的经济状况。根据财产状况决定无过错行为人是否承担责任以及承担多大责任的主要理由是以致害人的财富接济比较贫穷的受害人，翁格尔称之为“财富产生债务”。② 我国的私法精神是越来越强调对社会弱势群体的保护。在公平责任原则司法适用中，受害人与行为人的经济承受能力以及承担损失后对其生活水平的影响，是重要的衡量因素。

三是受害人是否有其他救济来源。西方国家在侵权法之外建立完善的社会保险制度来应对风险中的损失分担。③ 我国确立公平责任原则的背景是当前我国社会保障和社会保险制度相对不足，难以满足受害人损失的补偿。

决定适用公平责任原则之后，需要根据事实情节决定分担的比例和数额。一是分担比例的确定。尽管公平责任原则一般条款规定的是“由双方分担损失”，但是如何分担损失却是一个未知数，需要民事法官充分发挥自由裁量权。司法实践中，一般是根据行为的性质、受益人的受益程度、因果关系的关联度以及当事人经济状况等因素具体裁定，若无特别情况，以让双方当事人均分损失为优先选择。④ 二是损失范围的确定。根据学界的普遍观点，损失一般

---

① 陈科：《超越理论纷争：公平责任一般条款的司法适用——以100份侵权案件判决书为分析样本》，载贺荣主编：《司法体制改革与民商事法律适用问题研究——全国法院第二十六届学术讨论会论文集》，人民法院出版社2015年版，第1088页。

② 杨代雄：《一般侵权行为的无过错损失分担责任——对“无过错即无责任”的质疑及对“公平责任原则”的改造》，载《华东政法大学学报》2010年第3期。

③ ［美］小詹姆斯·A·亨德森：《美国侵权法实体与程序》，王竹译，北京大学出版社2014年版，第603页。

④ 陈科：《超越理论纷争：公平责任一般条款的司法适用——以100份侵权案件判决书为分析样本》，载贺荣主编：《司法体制改革与民商事法律适用问题研究——全国法院第二十六届学术讨论会论文集》，人民法院出版社2015年版，第1089页。

限制为直接损失，并且是财产性的损失。司法实践中，残疾赔偿金、死亡赔偿金和精神抚慰金均不应计入公平责任的“损失”之中，因为三者均属于并未实际发生且数额无法确定的间接损失，在行为人或受益人不存在可非难的过错时，让其承担这些不确定的间接损失有失公允。①

本案中，艾滋病是很难治愈的疾病，极易引发并发症，何某某、王某某夫妇均感染艾滋病，治疗费用巨大，已负债累累。基于此特殊案情，考虑何某某的诉求，市一医院已补偿何某某5万元以维护社会稳定，二审法院对一审酌定的补偿款予以适当调整，由中心血站补偿何某某、王某某12万元，由市一医院补偿何某某、王某某9万元。笔者认为，本案充分考虑了损失的严重程度、受害人的经济状况较差与行为人的经济状况较好（均为公立的医院或公立的血液提供机构）的实际情况，对受害人的损失（健康权与生命权）进行补偿。

公平责任原则的存在具有历史、现实等多方原因，并且在理论界与实务界存在分歧。正如实务界学者认为，“公平责任主要是弥补社会保障制度的不足，但侵权法只能有条件地分担损失，且成本高、效率低。理想的损害救济机制应是建立完善的社会福利系统，通过社会保障和保险制度实现以全社会之力补偿弱小个人之损失，达到真正的有损害就有补偿。”② 随着我国商业保险制度、社会保障制度，尤其是社会救助、医疗救助等制度的健全与完善，公平责任原则必将会出现弊大于利的局面，必将失去存在的土壤。为此，笔者建议在未来民法典编纂的过程中，尤其是侵权责任编中可以进行删掉公平责任一般条款的前瞻性思考。

（**一审法院合议庭成员** 朱潇峰 何婵婵 陈延春
二审法院合议庭成员 李惠铭 徐作顺 刘夋扬
编写人 湖南省郴州市中级人民法院 陈建华 刘夋扬
责任编辑 杨 奕
审稿人 曹守晔）

① 陈科：《超越理论纷争：公平责任一般条款的司法适用——以100份侵权案件判决书为分析样本》，载贺荣主编：《司法体制改革与民商事法律适用问题研究——全国法院第二十六届学术讨论会论文集》，人民法院出版社2015年版，第1089页。

② 陈科：《超越理论纷争：公平责任一般条款的司法适用——以100份侵权案件判决书为分析样本》，载贺荣主编：《司法体制改革与民商事法律适用问题研究——全国法院第二十六届学术讨论会论文集》，人民法院出版社2015年版，第1090页。

浙江光大置业有限公司诉史金惠、第三人泮广统案外人执行异议之诉纠纷案

——预查封措施是否影响当事人行使合同解除权的认定

关键词：民事　案外人执行异议之诉　预查封　合同解除

【裁判要旨】

被执行人所购的预售商品房被法院预查封，该预查封措施不等于正式查封，其效力为“限制房屋所有权转移至被执行人以外的第三人”，其执行对象并非房屋权属本身，而是被执行人基于商品房买卖合同享有的期待性财产权利。当被执行人发生违约情形，开发商以其已与被执行人达成解除合同合意，房屋产权归其所有为由要求解除预查封措施的请求，在排除双方恶意串通、规避执行的前提下法院应予支持，但申请执行人可就合同解除后出卖人返还的购房款、应支付的违约金以及应赔偿的损失等财产权利申请执行。

【相关法条】

《最高人民法院、国土资源部、建设部关于依法规范人民法院执行和国土资源房地产管理部门协助执行若干问题的通知》第十五条　下列房屋虽未进行房屋所有权登记，人民法院也可以进行预查封：

（一）作为被执行人的房地产开发企业，已办理了商品房预售许可证且尚未出售的房屋；

（二）被执行人购买的已由房地产开发企业办理了房屋权属初始登记的房屋；

（三）被执行人购买的办理了商品房预售合同登记备案手续或者商品房预

告登记的房屋。

第十六条 国土资源、房地产管理部门应当依据人民法院的协助执行通知书和所附的裁定书办理预查封登记。土地、房屋权属在预查封期间登记在被执行人名下的，预查封登记自动转为查封登记，预查封转为正式查封后，查封期限从预查封之日起开始计算。

第十八条 预查封的效力等同于正式查封。预查封期限届满之日，人民法院未办理预查封续封手续的，预查封的效力消灭。

【案件索引】

一审：浙江省仙居县人民法院（2016）浙1024民初4393号（2017年3月23日）

二审：浙江省台州市中级人民法院（2017）浙10民终825号（2018年8月22日）

【基本案情】

原告（上诉人）浙江光大置业有限公司诉称：原告为了促进光大·晶都诚园房屋销售，于2014年12月20日至2015年1月5日推出"零首付置业计划"活动。2015年1月6日，原告与泮广统签订了2015预0001079号《浙江省商品房买卖合同》《光大·晶都诚园"零首付置业计划"借款协议》，并由泮广统出具《借条》二份，向原告借去现金278392元人民币，用以支付首期购房款；2015年1月13日，泮广统与中国银行仙居支行签订贷款合同（贷款62万元），以光大·晶都诚园4号楼1单元402号房屋作为担保。2015年8月11日，仙居县人民法院作出（2015）台仙执民字第1026号执行裁定书，对光大·晶都诚园4号楼1单元402号房屋采取预查封措施。2015年8月20日泮广统因涉嫌诈骗被临海市公安局刑事拘留而后逮捕。为解决该购房纠纷，2015年11月20日，经三方协商一致，达成了解除2015预0001079号《浙江省商品房买卖合同》的《协议书》，约定光大·晶都诚园4号楼1单元402号房屋归还原告，该协议书经仙居县公证处公证生效。综上，原告认为，光大·晶都诚园4号楼1单元402号房屋虽预登记在泮广统名下，但没有颁发房产权证予以确认，根据泮广统没有支付过一分钱购房款的事实，不能认定泮广统对该房屋享有实际的财产权，且该房屋经三方协商一致，把该房屋归还原告。现请求停止对光大·晶都诚园 4 号楼 1 单元 402 号房屋的执行。

被告（被上诉人）史金惠辩称：（1）公证书所记录的解除买卖合同的协议书内容、当事人的签名都是不真实的，被告提交的录音光盘能证明泮广统的妻子洪婷一直在娘家千岛湖，不可能在协议书上签字；（2）在法院查封了涉案房产后原告再解除合同，这个协议书是无效的；（3）泮广统已经支付了二十七万多元，这个钱是泮广统借来的，但是这个钱已经属于泮广统，他已经履行了合同义务，因此不能解除合同。要求驳回原告的诉请。

第三人（原审第三人）泮广统述称：关于房屋买卖合同的解除手续都是他们代办的。第三人现在监狱服刑，两边的债务都无法履行，由法院依法处理。

法院经审理查明：泮广统与史金惠之间为买卖合同纠纷，2015 年 6 月 25 日，法院作出了（2015）台仙下商初字第 127 号民事调解书，在该案执行过程中，法院于 2015 年 8 月 11 日作出（2015）台仙执民字第 1026 号执行裁定书，裁定对泮广统、洪婷共有的位于城北西路以北，原三桥造漆厂厂区地块 4 幢 1－402 号房屋一套（房产证号 2015 预 0001079）预查封，查封期限 3 年。

2015 年 1 月 6 日，泮广统、洪婷夫妇与光大置业签订了 2015 预 0001079 号《浙江省商品房买卖合同》和《晶都诚园储藏室使用权转让协议》，约定购买光大·晶都诚园 4 号楼 1 单元 402 号房屋和编号为 4－10 的储藏室，价款分别为房屋 898392 元和储藏室 27000 元；同日，泮广统、洪婷支付储藏室价款 27000 元，并向原告借款 278392 元用于支付 4 号楼 1 单元 402 号房屋的首付款。2015 年 1 月 13 日，泮广统、洪婷向中国银行仙居支行办理房屋抵押按揭贷款 62 万元用以支付剩余房款，同时由光大置业提供阶段性连带责任保证。次日，两人在仙居县房地产管理处办理了房屋权属预告登记和抵押权预告登记。

2015 年 6 月 25 日，史金惠因与泮广统买卖合同纠纷一案向浙江省仙居县人民法院起诉，后该院作出（2015）台仙下商初字第 127 号民事调解书，明确由泮广统将其欠史金惠的 254180 元货款分期付清。在该案执行过程中，仙居法院于 2015 年 8 月 11 日作出（2015）台仙执民字第 1026 号执行裁定书，裁定对泮广统、洪婷共有的位于城北西路以北，原三桥造漆厂厂区地块 4 幢 1－402 号房屋一套（房产证号 2015 预 0001079）采取预查封措施，查封期限 3 年。

2015 年 11 月 20 日，原告光大置业与第三人泮广统、洪婷及中国银行仙居支行签订《协议书》，三方约定解除上述房屋买卖合同和住房贷款合同，泮广统、洪婷购买的涉案房屋归还原告，由原告承担银行贷款本金等内容，并经仙居县公证处公证。2015 年 11 月 24 日，原告将购房款分二次汇入洪婷的银行账户（分别为 629109.53 元和 278392 元），洪婷将该款用于归还原告借款 278392 元和中国银行仙居支行的抵押贷款；同日，中国银行仙居支行向仙居县房地产管理处出具“抵押贷款已结清，请予取消抵押登记”的证明。因光大·晶都诚园 4 号楼 1 单元 402 号房屋被本院预查封，故抵押权预告登记至今未注销。于是，光大置业向仙居法院提出执行异议，要求撤销对上述房屋的查封，被该院裁定驳回。2016 年 11 月 23 日，光大置业不服，遂向仙居法院提起案外人执行异议之诉。

【裁判结果】

浙江省仙居县人民法院于 2017 年 3 月 23 日作出（2016）浙 1024 民初 4393 号民事判决：驳回原告浙江光大置业有限公司的诉讼请求。

宣判后，浙江光大置业有限公司不服原审判决，提起上诉。浙江省台州市中级人民法院于 2018 年 8 月 22 日作出（2017）浙 10 民终 825 号民事判决：一、撤销浙江省仙居县人民法院（2016）浙 1024 民初 4393 号民事判决；二、停止对光大·晶都诚园（城北西路以北，原三桥造漆厂厂区地块）4 号楼 1 单元 402 号房屋的执行。

【裁判理由】

法院生效裁判认为：本案争议焦点在于上诉人光大置业对讼争房屋享有何种权利，以及该种权利能否阻却人民法院的强制执行。对此，结合相关法律规定作如下分析：（1）根据《物权法》第二十条、《最高人民法院关于适用〈中华人民共和国物权法〉若干问题的解释（一）》第四条、第五条的规定，预售商品房预告登记所保全的权利是以物权变动为内容的债权请求权。预告登记的权利人对不动产享有的是物权期待权，其在产权登记前，并未取得不动产物权。因此，案涉预售商品房虽经预告登记，但不影响其物权仍归属于上诉人光大置业的事实。（2）人民法院的预查封措施虽具有固定权利现状、排除物权变动的效力，但该措施本身并不改变涉案房产的物权归属，故法院预查封的对象并非房屋权属本身，而是被执行人基于商品房买卖合同享有的期待性财产权利，并且该种财产权利会随着合同履行状况发生变化而具有不确定性。本案中，原审第三人泮广统未能按时偿还按揭贷款，且已向上诉人光大置业明确表明自己收入降低无力按时还贷并提出退房要求，该种意思表示符合《合同法》第九十四条第四项“当事人一方迟延履行债务或者其他违约行为致使不能实现合同目的”的情形，上诉人光大置业可行使法定解除权解除双方之前订立的商品房买卖合同。现上诉人已明确要求解除合同，且本案上诉人并未收到预查封裁定，现有证据亦不能证明本案存在合同当事人恶意串通的事实，故该院认定涉案商品房买卖合同已有效解除，原审第三人泮广统亦因此丧失了以涉案房产物权变动为内容的债权请求权。在此情况下，原审法院继续对涉案房屋采取执行措施，缺乏事实和法律依据，依法应予纠正。综上，上诉人光大置业的上诉请求合法有理，该院予以支持。依照《民事诉讼法》第一百七十条第一款第二项的规定，判决：一、撤销浙江省仙居县人民法院（2016）浙 1024 民初 4393 号民事判决；二、停止对光大·晶都诚园（城北西路以北，原三桥造漆厂厂区地块）4 号楼 1 单元 402 号房屋的执行。一审案件受理费 12784 元，二审案件受理费 12784 元，合计 25568 元，由被上诉人史金惠负担。

【案例注解】

本案系一起与预售商品房和法院预查封措施相关的案外人执行异议之诉，案件审理关键在于如何正确理解“预查封”的效力与执行对象，以及“预查封”对合同解除权的影响问题。

一、“预查封”的效力与执行对象

“预查封”最早出现在《最高人民法院、国土资源部、建设部关于依法规范人民法院执行和国土资源房地产管理部门协助执行若干问题的通知》（法发〔2004〕5 号，以下简称《通知》），该规定出台于 2004 年 2 月 10 日。《通知》的第十五条、第十六条、第十八条规定设立了预查封制度，而除此之外，再无其他法律规范涉及预查封。[①] 预查封制度的本质特征及其与正式查封之间的区别，这方面的法律规范是缺位的，因此，实务中预查封的房屋在执行程序中如

① 《物权法》中只规定了查封，而未就预查封作出规定。

何处理成为了一大难点，本案情形就是其中争议最大的一种。[①]

从设立预查封的目的来看，这一制度是为了对尚未在登记机构进行物权登记的房地产采取相应的控制性措施，从而使申请执行人的权益能够得到相应保障。因此从设立目的看，作为标的物的房地产所有权并不归属于被执行人，这也是预查封与正式查封最大的区别。不论是预告登记还是预查封，都未改变涉案预售商品房的产权归属。[②]

《通知》第十八条关于“预查封的效力等同于正式查封”这一规定，引发了执行部门、各方当事人等利益相关体之间的不同理解。有观点据此认为既然效力等同，那么预查封的房屋与正式查封的房屋一样，可以直接在执行程序中进行处分，甚至进一步认为预查封的对象就是涉案房屋的准物权。其理由是：(1) 从预售商品房买卖合同法律关系（本文仅讨论按揭购房情形）来看，购房人在支付完首付、并通过按揭贷款将剩余款项支付给开发商之后，其已经履行完毕自身义务，合同的履行只剩下开发商的交付及协助办理过户登记义务。在预查封之后，一旦满足登记条件即可转到购房人名下，换言之，购房人与房屋产权之间只差“时间的经过”。(2)《最高人民法院关于人民法院办理执行异议和复议案件若干问题的规定》第二十九条规定：“金钱债权执行中，买受人对登记在被执行的房地产开发企业名下的商品房提出异议，符合下列情形且其权利能够排除执行的，人民法院应予支持：（一）在人民法院查封之前已签订合法有效的书面买卖合同；（二）所购商品房系用于居住且买受人名下无其他用于居住的房屋；（三）已支付的价款超过合同约定总价款的百分之五十。”既然买受人对于仍在开发商名下的商品房都可以排除执行，说明买受人已然享有了排除开发商产权的权利，类推来看，预查封项下，开发商不能再对涉案房屋提出权利要求。(3) 从预查封制度的根源——商品房的预售制度来看，商品房预售制度本身就有利于开发商，预售制度下房子尚未建成，购房人已支付了房款，开发商又拿着这些房款去建设房屋，直到建好交付并转移登记之前，开发商一直享受着无息款项，因此从“收益与风险对等”的角度看，房屋虽

① 实务中因预查封引发的执行异议纠纷，主要分为两类：第一类是被执行人为房屋开发商的情形，第二类是被执行人为购房人的情形，后者又可再细分为房屋建成后被预查封和预售的房屋被预查封。本案即属于被执行人为购房人且预售房屋被预查封的情形。

② 这是由我国《物权法》明文规定的，《物权法》对因法律行为而发生物权变动，实行的是“债权行为+登记”主义，也就是物权外观主义，在买卖合同项下，合同合法有效的债权行为，只有在办理不动产权变更登记——具备了外观公示条件之后，才发生物权变动的效力，因此，预售商品房的购房人购房后往往需要等待较长时间办理过户登记手续后方能取得产权。

然仍登记在其名下，但在此期间如果发生本案这种“风险”，也是开发商本应承受的。

对此，笔者并不赞同，并就上述理由逐一回应：（1）按揭贷款项下，预售商品房买卖合同的通常约定为“购房人的付款方式为首付＋银行按揭贷款交付剩余价款”，但这一约定不等同于“按揭贷款交付给开发商时购房人义务履行完毕”，因为实务中在购房合同之外还存在购房人和银行的借款合同以及开发商与银行之间的保证合同，三方并非简单的各自“孤立”的关系，随着经济的发展和相关纠纷日益增多，利益相关体为了风险的化解和提前预防，往往通过合同条款的“勾连”，[①] 三者结合越来越紧密，因此将预售商品房买卖合同与按揭贷款合同完全割裂的观点和做法并不能根本解决问题；（2）《最高人民法院关于人民法院办理执行异议和复议案件若干问题的规定》第二十九条对于买受人权益的保护规定，解决的是买受人与开发商的普通债权人之间权利的优先性问题，这一条款设立的初衷在于保护无过错买受人的基本生存权和居住权，所以才设置了“价款支付过半、用于居住且买受人名下无其他用于居住的房屋”这些先决条件，隐含的价值导向是不能让在交易中并无过错的买受人承担因“过错”而致自身进入执行程序的开发商所导致的不利后果，但这一条款并不能直接对比适用于本案情形下买受人与开发商的普通债权人之间的权利优先性比较，在本案情形下，核心价值导向问题是并无过错的开发商是否应当承担因发生“过错”（如违约不予偿还按揭贷款并担负其他债务）而致自身进入执行程序的购房人所导致的不利后果；（3）结合预售制度与开发商为按揭提供保证的制度来看，两者均是市场自发形成的制度，后者为前者开发商的“纯获利”增加了风险衡平的砝码，在按揭贷款的偿还上为开发商增加了“责任与义务”，因此市场自身让整个交易过程变得利益平衡。因此不能以开发商在预售制中纯获利益，就认为其理所应当承担购房人“断供”带来的风险和不利后果。

事实上，结合《通知》第十六条规定可以看到，从预查封到查封存在一个转变，因此预查封显然不等于查封，并且前文已经明确“被执行人并未取得预查封房屋的所有权”，笔者认为，该条规定中“等同”的效力范围仅限于“限制房屋所有权转移至被执行人以外的第三人”，即预查封效力与正式查封的相同的之处。

① 比如，将购房人按期还贷的义务嵌入购房合同，作为其在购房合同中也必须承担的一项义务。

二、预查封对于合同解除权的影响

预查封之所以能够进行，根本原因就在于被执行人基于商品房买卖合同而享有的合同法上的利益，但这种利益包括正向发展的合同履行利益和逆向发展的合同灭失利益两种。[①] 其中，正向发展的合同履行利益指合同双方当事人完全履行各自的合同义务，商品房被顺利登记至被执行人名下成为被执行人的个人财产，并成为被查封的对象；逆向发展的合同灭失利益指合同出现了被解除、无效等无法继续履行的情形时，被执行人（购房者）因此获得的包括出卖人返还的购房款、应支付的违约金以及应赔偿的损失等财产权利，也即被执行人（购房者）对出卖人享有的到期债权成为被查封的对象。

因此，笔者认为，因为合同履行过程存在不确定性，预查封房屋的所有权在未来处于一个不确定的状态，所以预查封措施的执行对象也由此具有了不确定性，作为被执行人基于商品房买卖合同享有的即将转化的期待性财产权利，包括物权和到期特定债权两种“可能性”。

本案情形属于合同逆向发展的情形，因被执行人（购房人）未能如约偿还银行贷款，使开发商面临既需要替购房人还贷，房子又被法院强制执行的“房财两空”的风险，因此开发商与购房人协商解除购房合同来解除这一风险。

笔者认为，不论从“商品房买卖合同解除并不违背预查封申请人的预期”来看，还是从“商品房买卖合同解除行为并不属于妨碍执行的行为”来看，“合同解除行为并不违反预查封强制执行措施的效力，商品房处于预查封情形下，预售商品房买卖合同双方当事人行使合法的合同解除权应受法律保护”。至于开发商与买受人是否恶意串通损害申请人权益，并非否定双方合同解除权的理由，该事项属于执行异议之诉应单独审查的重点内容。如果查明确实存在恶意串通的情形，双方的解除合同行为直接丧失合法的前提，法院可直接驳回开发商作为案外人的诉讼请求。

这里还有一个问题需要细化，合同解除权分为法定解除和约定解除两种，有观点认为约定解除往往容易与“合谋串通”相关联，故而不认可预查封项下当事人享有约定解除权，而只认可法定解除。但是，《合同法》关于法定解除权的第九十四条规定罗列了五种情形，其中与本案情形相关的就是第二项“在履行期限届满之前，当事人一方明确表示或者以自己的行为表明不履行主

① 杨曦希：《预查封不影响当事人行使合同解除权》，载“海坛特哥”微信公号。

要债务”、第三项“当事人一方迟延履行主要债务，经催告后在合理期限内仍未履行”和第四项“当事人一方迟延履行债务或者有其他违约行为致使不能实现合同目的”这三种法定事由，而实践中往往出现的就是购房人四处欠债而致“断供”，开发商最终不能获得房屋价款（在按揭场合下，开发商往往要代为承担银行还贷义务），这种情形已经完全符合上述三项行使条件，同时也往往是开发商希望与购房人协商解除合同、预防损失的原因所在，因此区分法定解除与约定解除并无必要。

三、类案处理思路

综上，预查封的执行对象、效力以及其对合同解除的影响等问题，均已得出明确结论。那么对于开发商作为案外人原告，以预售商品房买卖合同已被合法解除为由提起的案外人执行异议之诉应该如何处理，也有了明确的答案。现将其梳理如下：（1）涉案房屋所有权仍登记在开发商名下，故所有权归开发商所有。（2）预查封不影响开发商行使解除权，不论是法定解除还是约定解除权。在排除了恶意串通损害第三人利益的情形下，相关条件符合，应当认定合同合法有效解除。（3）合同解除后，预查封措施对应的房屋本身也已经与被执行人再无关系，应当准许开发商提出的解除预查封措施的诉讼请求。而根据合同约定，如合同解除后，被执行人（购房者）可获得向开发商要求返还已付购房款、支付违约金以及赔偿损失等财产性权利的，则上述财产性权利成为预查封的执行对象，为确保执行高效便捷、促进申请执行人利益的实现，法院在实际操作中可要求开发商先予履行其对被执行人承担的上述到期债务，再行解除预查封措施。

（**一审法院合议庭成员**　马荣伟　张　瑜　冯国星
二审法院合议庭成员　陈　龙　王安安　胡芦丹
编写人　浙江省台州市中级人民法院　胡芦丹
责任编辑　杨　奕
审稿人　曹守晔）

李国贤、冉勇诉北京乔治医学研究有限公司、广州医科大学附属第二医院、北京大学药物临床试验合同纠纷案

——药物临床试验合同关系的成立及损害赔偿责任的承担

关键词：民事　药物临床试验合同　格式条款的解释　损害赔偿

【裁判要旨】

1. 药物临床试验关系中，受试者不仅与实施药物临床试验的医疗机构之间成立医疗服务合同关系及药物临床试验合同关系，也同时与该项药物试验临床试验研究的申办者之间成立合同关系，除非受试者与申办者另有约定。后一关系属于《合同法》第十条规定的通过其他形式订立的合同关系。在药物临床试验合同关系中，由申办者编写并由实施药物临床试验的医疗机构提供给受试者的知情同意介绍、知情同意书等文件属于格式条款，应当适用格式条款的解释规则。

2. 申办者没有依照卫生部《药物临床试验质量管理规范》第四十三条的规定和药物临床试验知情同意文件为受试者购买保险的，应当承担违约责任。受试者因参加药物临床试验导致伤残或死亡等固有利益损害的，申办者的违约损害赔偿范围以受试者固有利益的损害为限。

【相关法条】

《中华人民共和国合同法》第三十九条　采用格式条款订立合同的，提供格式条款的一方应当遵循公平原则确定当事人之间的权利和义务，并采取合理的方式提请对方注意免除或者限制其责任的条款，按照对方的要求，对该条款

予以说明。

格式条款是当事人为了重复使用而预先拟定，并在订立合同时未与对方协商的条款。

第四十一条 对格式条款的理解发生争议的，应当按照通常理解予以解释。对格式条款有两种以上解释的，应当作出不利于提供格式条款一方的解释。格式条款和非格式条款不一致的，应当采用非格式条款。

第一百二十二条 因当事人一方的违约行为，侵害对方人身、财产权益的，受损害方有权选择依照本法要求其承担违约责任或者依照其他法律要求其承担侵权责任。

《药物临床试验质量管理规范》第四十三条 申办者应对参加临床试验的受试者提供保险，对于发生与试验相关的损害或死亡的受试者承担治疗的费用及相应的经济补偿。申办者应向研究者提供法律上与经济上的担保，但由医疗事故所致者除外。

【案件索引】

一审：广东省广州市海珠区人民法院（2013）穗海法民一初字第1434号（2016年9月5日）；

二审：广东省广州市中级人民法院（2017）粤01民终268号（2017年3月31日）。

【基本案情】

原告（上诉人）李国贤、冉勇诉称：患者冉顺行在广州医科大学附属第二医院（以下简称广医二院）住院治疗期间，参加“改进高血压管理和溶栓治疗的卒中研究”药物临床试验，病情不但没有好转，反而迅速加重而致死亡。三被告拒绝根据知情同意条款补偿条款赔偿。故李国贤、冉勇起诉请求：北京乔治医学研究有限公司（以下简称乔治公司）赔偿150万元；北京大学和广医二院承担连带责任。

被告（被上诉人）乔治公司辩称：本案药物试验研究不需要国家食品药品监督管理局和卫生部审查或者备案。医院已充分履行告知义务，患者及其亲属签署了知情同意书，治疗过程符合研究操作标准和GCP临床研究的要求，患者的不良预后与参加“改进卒中患者高血压管理和溶栓治疗的研究”无因果关系，并非药品不良反应。乔治公司请求驳回原告的诉讼请求。

被告（被上诉人）北京大学辩称：我校生物医学伦理委员会根据我国伦理审查的有关规定开展涉案研究项目的伦理审查，审查程序及项目合法合规，不构成侵权，恳请驳回原告的诉讼请求。

被告（被上诉人）广医二院辩称：原告此前已就同一事实起诉我院，根据一事不再理原则，本案应并入前案审理。患者的死亡是因自身疾病发展所致，与医疗行为无因果关系，恳请驳回原告的诉讼请求。

法院经审理查明：李国贤和冉顺行为夫妻关系，冉勇是李国贤、冉顺行之子。2012 年 8 月 18 日 6 时 30 分，冉顺行因“言语不清 1 小时，伴左侧肢体乏力”由 120 急救车送至广医二院急诊科就诊。入院诊断为“1. 脑血栓形成（右侧颈内动脉系统）；2. 高血压病 2 级，极高危。经医患反复沟通，冉顺行参加了由乔治公司申办并资助，由北京大学伦理委员会审查通过，并在广医二院实施的“改进高血压管理和溶栓治疗的卒中研究”药物临床试验项目，进行静脉溶栓治疗。冉顺行及李国贤阅读并理解了《受试者知情同意介绍》，签署了《受试者知情同意书》及《受试者代理人知情同意书》。患者参加了案涉研究的 A 部分和 B 部分，其中 A 部分分配至标准剂量组（0.9 毫克/千克），B 部分分配至更积极降压组（140 - 150 毫米汞柱）。2012 年 8 月 25 日 18 时 39 分，冉顺行经治疗无效死亡，死亡原因经尸检鉴定为大面积脑梗塞和脑疝形成。

《受试者知情同意介绍》《受试者知情同意书》有“对于损害或者并发症的赔偿”条款即“如果由于参加本研究导致您的亲属/朋友受到损伤或者出现了并发症，您应该尽快和研究医生取得联系，他们将帮助他/她安排合适的医学治疗。除此之外，本研究资助方已提供保险。当发生研究相关的伤害时，将由研究资助方和相应的保险公司，依据相关保险和赔偿条款，提供相应的免费医疗和补偿”这一条款的理解问题，李国贤、冉勇与乔治公司存在争议。李国贤、冉勇主张该保险应为人身意外险；乔治公司主张是以申办者为被保险人的责任险。乔治公司提供了《ENCHANTED 改进高血压管理和溶栓治疗的卒中研究研究方案》，用于证明 ENCHANTED 是一项学术界发起和执行的研究，由位于澳大利亚悉尼大学的乔治全球健康研究院作为国际协调中心进行管理，实验方案设计符合国际国内要求。乔治公司提供了 ENCHANTED 改进高血压管理和溶栓治疗的卒中研究伦理审查过程纪要文件，用于证明该研究项目已经通过相关伦理审查。乔治公司提供了企业法人营业执照，反映乔治公司为乔治全球健康研究院于 2007 年 3 月 13 日独资设立的有限责任公司。乔治公司提供了《保险证明》，显示受保人为乔治公司等机构，保险公司为 VERO 保险有限公司，保险类型为职业赔偿/临床试验保险，区域限制为全球不含美国，有限期限为 2011 年 10 月 31 日至 2012 年 10 月 31 日，覆盖范围为保险有效期限内，受保人保单规定的经营范围内发生并通告的职业过失，受保人应当承担法律责任进行赔偿的所有金额。

广东省食品药品监督管理局《广东省食品药品监督管理局投诉举报答复函》（粤食药监投复〔2014〕63 号）、《关于对粤食药监投复〔2014〕63 号的补充答复》，证明该局派出检查组对广医二院临床试验机构进行检查，核实该医院开展“改进高血压管理和溶栓治疗的卒中研究（ENCHANTED）”的情况，现场检查未发现投诉中有关该医院药物临床研究机构违法违规开展药物临床试验的情况，暂未发现广医二院药物临床试验机构存在违法开展药物临床试验的情形。

李国贤、冉勇另案以医疗损害责任纠纷为由起诉广医二院，要求广医二院承担医疗损害责任。一审法院以（2013）穗海法民一初字第 1434 号民事判决认定：广医二院存在医疗过失，李国贤、冉勇所受损失共计 344430. 3 元，该损失的 15% 即 51664. 55 元应由广医二院予以赔偿，同时酌定支持李国贤、冉勇精神损害抚慰金 15000 元。该判决已经生效。

【裁判结果】

广东省广州市海珠区人民法院于 2016 年 9 月 5 日作出（2013）穗海法民一初字第 1434 号民事判决：驳回李国贤、冉勇的诉讼请求。

李国贤、冉勇不服原审判决，向广州市中级人民法院提出上诉。广东省广州市中级人民法院于 2017 年 3 月 31 日作出（2017）粤 01 民终 268 号判决：一、撤销广州市海珠区人民法院（2013）穗海法民一初字第 1434 号民事判决。二、北京乔治医学研究有限公司应当自本判决送达之日起 7 日内向李国贤、冉勇赔偿 292765. 75 元。三、驳回李国贤、冉勇的其他诉讼请求。

【裁判理由】

法院生效判决认为：根据各方诉辩意见及法院查明的事实，本案争点如下：一是患者在广医二院接受诊疗期间，接受案涉“改进高血压管理和溶栓治疗的卒中研究”药物临床试验，据此是否与广医二院、乔治公司之间成立药物临床试验合同关系？二是患方根据案涉药物临床试验的《受试者知情同意介绍》《受试者知情同意书》关于“对于损害或者并发症的赔偿”条款即“如果由于参加本研究导致您的亲属/朋友受到损伤或者出现了并发症，您应该尽快和研究医生取得联系，他们将帮助他/她安排合适的医学治疗。除此之外，本研究资助方已提供保险。当发生研究相关的伤害时，将由研究资助方和相应的保险公司，依据相关保险和赔偿条款，提供相应的免费医疗和补偿”这一内容主张违约损害赔偿责任有无依据，该项请求权是否成立？三是关于广医二院、北京大学的责任认定。四是关于本案赔偿标准或者赔偿数额的认定。另需明确的是，本案诉由、请求权基础、责任主体均与（2013）穗海法民一初字第1434号判决不同，依据《最高人民法院关于适用〈中华人民共和国民事诉讼法〉的解释》第二百四十七条的规定，患方对乔治公司、广医二院、北京大学的起诉不符合该条规定，不构成一事不再理的情形。

一、关于争点一

本案患者因病入住广医二院诊疗，在诊疗期间，接受广医二院的建议，参加了该院徐恩教授主持的“改进高血压管理和溶栓治疗的卒中研究”药物临床试验。试验期间，患者死亡。由此事实可知患者与广医二院形成医疗服务合同关系并无疑义。因患者参加的药物临床试验本身即是广医二院向患者提供的医疗服务的主要内容，故此所谓医疗服务合同关系，包含患者因参加“改进高血压管理和溶栓治疗的卒中研究”试验而与广医二院之间形成的药物临床试验合同关系。具言之，患者因在广医二院参加“改进高血压管理和溶栓治疗的卒中研究”药物临床试验与广医二院成立药物临床试验合同关系。

有争议的是，患者是否同时与乔治公司之间建立药物临床试验合同关系。对此问题，患方与乔治公司存有争议。乔治公司主张患者与广医二院之间存在药物临床试验合同关系，但未与乔治公司签订过任何形式的文件或协议，且《临床试验协议》的合同主体为乔治全球健康研究院，故乔治公司与患者之间无合同关系。法院认为，基于以下理由，应当认定患者与乔治公司成立药物临床试验合同关系。

第一，《合同法》第十条第一款规定：“当事人订立合同，有书面形式、口头形式和其他形式。”第十一条规定：“书面形式是指合同书、信件和数据电文（包括电报、电传、传真、电子数据交换和电子邮件）等可以有形地表现所载内容的形式。”由此可知合同关系的成立，不唯通过书面形式、口头形式，通过其他形式比如事实行为亦可建立合同关系，如乘客通过上车刷公交卡乘坐公共巴士、消费者前往餐馆点菜消费等事实行为，虽无合同书等书面形式，也通常缺乏要约、承诺的一般口头形式，仍得以事实行为建立合同关系。可见，患者未与乔治公司订立合同书这一事实不足以反证双方之间没有合同关系。

第二，本案中，《临床试验协议》在乔治全球健康研究院、广医二院、徐恩三方之间订立，如前所述，乔治公司作为乔治全球健康研究院在中国区域设立的全资子公司，实质上是乔治全球健康研究院在中国区域的代表，承担乔治全球健康研究院在中国区域作为药物临床试验申办人、资助人的权利、义务、责任。作为案涉药物临床试验的申办人、资助人，乔治公司就案涉药物临床试验研究申请各医疗机构伦理委员会审查批准、提交《研究方案》《受试者知情同意介绍》《受试者知情同意书》等审查文件，提供研究所必需的资金，同时与广医二院共享患者参加该药物临床试验研究所产生的有关数据和研究成果。患者参加该项试验所使用的药物、临床试验的具体方法、签署的知情同意书等均是乔治公司提供，知情同意文件中有关条款不仅对广医二院与患者有约束力，对乔治公司也有约束力。比如本案争议的“对于损害或者并发症的赔偿”条款，正是因为该条款是由乔治公司提供，也正是因为这些知情同意文件及其他文件的存在，才使案涉药物临床试验得以经北京大学、广医二院伦理委员会审查批准。该条款不仅是广医二院对受试者的承诺，也当然地构成申办人、资助方对受试者的承诺。

据此，乔治公司虽未与患者签订合同书等书面文件，仍应与广医二院同时与患者之间成立药物临床试验合同关系。在此前提下，乔治公司关于合同相对性的抗辩显不成立。依据上述原则，广医二院的研究者徐恩虽然也在《临床试验协议》作为研究者一方签名，但徐恩并不因此与广医二院、乔治公司之间成立药物临床试验合同关系，除非其本人作为受试者参加该试验。

二、关于争点二

乔治公司与患方对《受试者知情同意书》及《受试者知情同意介绍》中“对于损害或者并发症的赔偿”条款即“如果由于参加本研究导致您的亲属/朋友受到损伤或者出现了并发症，您应该尽快和研究医生取得联系，他们将帮助他/她安排合适的医学治疗。除此之外，本研究资助方已提供保险。当发生研究相关的伤害时，将由研究资助方和相应的保险公司，依据相关保险和赔偿条款，提供相应的免费医疗和补偿”中所涉保险的涵义产生争议。乔治公司主张该条款所记载的保险是责任险，被保险人为乔治全球健康研究院及其关联公司，投保目的在于若因试验出现人身损害，由相关责任方按照当地法律判决承担赔偿责任，再以判决为依据向保险公司申请保险金。患方主张该保险是针对受试者的人身意外保险，被保险人是受试者，其目的是为了补偿受试者在受试过程中产生的损害。对此争议，法院认定如下：

第一，根据乔治公司答辩意见，案涉药物临床试验研究须遵循国家食品药品监督管理局《药物临床试验质量管理规范》的有关规定。依据该规范第四十三条规定："申办者应对参加临床试验的受试者提供保险，对于发生与试验相关的损害或死亡的受试者承担治疗的费用及相应的经济补偿。申办者应向研究者提供法律上与经济上的担保，但由医疗事故所致者除外。"该院有理由相信知情同意文件中有关"对于损害或者并发症的赔偿"条款是为了满足第四十三条的要求所特设。但根据乔治公司陈述的保险类型可知，本案申办者、资助方既未给研究者提供法律上或经济上的担保，也未给受试者提供保险。乔治公司所陈述的保险仅仅为乔治全球健康研究院及其关联公司比如乔治公司提供了责任保险。这显然不符合第四十三条的规定。

第二，从《受试者知情同意书》及《受试者知情同意介绍》中"对于损害或者并发症的赔偿"条款即"除此之外，本研究资助方已提供保险。当发生研究相关的伤害时，将由研究资助方和相应的保险公司，依据相关保险和赔偿条款，提供相应的免费医疗和补偿"的文义看，法院根本无法看出这一条款所涉及的"保险"是指乔治公司主张的仅以乔治全球健康研究院及其关联公司为被保险人的责任保险。相反，这一条款有关"提供保险""补偿"等词句足以使受试者认为资助方考虑到受试者在受试过程中可能出现损害，因此为受试者购买了保险以提供补偿。换言之，若按乔治公司的主张，这份保险写入知情同意文件并特别告知受试者，对受试者并无实际意义。如果受试者因研究者或者申办者的过失引致损害，其本身即可依据法律获得赔偿而无需借助责任保险，乔治公司主张的责任保险除了可以分散乔治公司的风险之外，并不能为受试者提供额外的补偿。而患方主张该条款所涉保险是针对受试者或者是以受试者为被保险人的保险，不仅是基于条款文义进行解释的通常理解，也与《药物临床试验质量管理规范》第四十三条的规定相符合。

第三，从格式条款解释规则来看，《合同法》第三十九条规定："采用格式条款订立合同的，提供格式条款的一方应当遵循公平原则确定当事人之间的权利和义务，并采取合理的方式提请对方注意免除或者限制其责任的条款，按照对方的要求，对该条款予以说明。格式条款是当事人为了重复使用而预先拟定，并在订立合同时未与对方协商的条款。"第四十一条规定："对格式条款的理解发生争议的，应当按照通常理解予以解释。对格式条款有两种以上解释的，应当作出不利于提供格式条款一方的解释。格式条款和非格式条款不一致的，应当采用非格式条款。”依据上述规定，本案所涉《受试者知情同意书》及《受试者知情同意介绍》均是由乔治公司提供，在本案药物临床试验合同关系中，应认定为是由申办者、资助方提供的格式条款。在受试者与申办者、资助方对“对于损害或者并发症的赔偿”这一条款存在争议的情况下，按照通常理解解释规则及不利于提供格式条款一方的解释规则，应采纳患方关于该条款涉及保险的解释即该保险本应当是以受试者为被保险人，目的在于为在受试过程中出现损害的受试者提供补偿的保险。根据本案现有证据，乔治公司并未为受试者购买这一类型的保险，其违约事实足以认定。

第四，关于对“与研究相关的伤害”的理解。案涉临床试验是对已上市新药临床使用方法及其疗效的试验而非新药试验，乔治公司提供的各项文件对这一概念并无明确解释。患者参加两部分试验，A 部分为常规疗法即按 0.9 毫克/千克给予药物，B 部分为非常规疗法即快速积极降压治疗（目标收缩压为 140 – 150 毫米汞柱）。患者在受试过程中死亡，根据鉴定意见，患者死亡的根本原因是自身脑梗塞面积大并恶性进展所致。但这一死因分析并不能否认申办方、资助方应当按照《药物临床试验质量管理规范》第四十三条的规定为受试者提供保险的责任。非常规诊疗是否优于常规治疗？是改善了还是恶化了患者病情还是根本毫无意义？这些问题恰恰是该项药物临床试验需要研究的内容，也是受试者面临的风险所在。也正是因为上述未知风险，上述规范第四十三条规定申办方应当为受试者提供保险以分散风险。在申办方对此概念没有明确界定并告知受试者的情况下，法院在较宽泛的意义上理解这一概念，即受试者在参加非常规治疗试验中死亡即可认为发生了“与研究相关的伤害”，而不考虑受试者死亡这一不良后果到底是试验诱发、促进病情恶化或者非常规治疗无效还是原发病本身自然进程所致。

根据以上分析，受试者依据《受试者知情同意书》《受试者知情同意介绍》中“对于损害或者并发症的赔偿”关于保险的内容要求乔治公司承担违约责任，符合《合同法》第一百零七条的规定，法院予以支持。

三、关于争点三

关于责任主体，法院认为，如前所述，乔治公司应当承担违约责任，但广医二院、北京大学不应承担责任。理由如下：

第一，广医二院作为研究方，根据“对于损害或者并发症的赔偿”这一条款，并没有承诺为受试者购买保险以提供补偿。根据《药物临床试验质量管理规范》第四十三条及知情同意条款，该条款约束申办方、资助方，除非案涉试验根本不存在申办方和资助方。第二，依据《合同法》第一百二十二条的规定："因当事人一方的违约行为，侵害对方人身、财产权益的，受损害方有权选择依照本法要求其承担违约责任或者依照其他法律要求其承担侵权责任。"在违约责任与侵权责任竞合的情形下，当事人得依本条规定选择请求权基础求偿。李国贤、冉勇诉广医二院医疗损害责任纠纷案【（2013）穗海法民一初字第1434号】证明患方已经选择追究广医二院的侵权责任而非违约责任，且广医二院已经在前案中承担相应的责任。第三，北京大学与患者不存在药物临床试验合同关系，不应在本案中承担责任。据此，李国贤、冉勇请求广医二院、北京大学承担连带责任缺乏充分依据，法院不予支持。

四、关于争点四

关于赔偿标准，患方以乔治公司未提供保险合同主张数额暂定为150万元，但乔治公司否认购买了以受试者为被保险人的保险，所提交的《保险证明》可以证实其所购买的保险类型是以乔治全球健康研究院及其关联公司为被保险人的责任保险。而患方并无充分证据证明证实乔治公司事实上购买了以受试者为被保险人的保险而拒不提交保险合同。在此情形下，法院难以根据乔治公司未提交保险合同这一事实认定其构成举证妨碍而采纳患方主张的上述赔偿标准。

如前所述，本案乔治公司承担赔偿责任的基础在于未按照知情同意书告知受试者的"对于损害或者并发症的赔偿"条款及《药物临床试验质量管理规范》第四十三条的规定为受试者提供保险，以便受试者发生与试验相关的损害时给予补偿。应当考虑到，即使乔治公司为患者提供了此类保险，其目的仍然在于补偿而非赔偿。本案为违约损害责任，违约行为导致患方固有权利受损，因乔治公司未为受试者提供保险而致使患方丧失得到保险补偿的权利。根据这一责任基础，基于公平原则，乔治公司应承担的违约责任损害赔偿范围不应超过患方基于法律规定应得的损害赔偿。依据（2013）穗海法民一初字第1434号判决，患方所受损害共计344430.3元（不计精神损害抚慰金），其中51664.55元已由广医二院予以赔偿。据此，法院认定乔治公司应当承担的违约责任赔偿内容为其中的差额部分即292765.75元（344430.3元－51664.55元）。患方请求按150万元的标准予以赔偿，远超其所受损害，缺乏充分理据，法院不予支持。

【案例注解】

一、受试者与医疗机构、申办者之间的法律关系认定问题

本案争点之一为临床药物试验申办者、医疗机构及受试者之间的法律关系定性问题。受试者在医疗机构接受药物临床试验，这一试验内容本身即是医疗机构提供的医疗行为，故受试者与医疗机构之间成立医疗服务合同关系并无疑义。但对于受试者与临床药物试验申办者即乔治公司之间是否存在药物临床试验合同关系争议较大。否定受试者与申办者之间成立合同关系的主要论据在于：(1) 申办者委托医疗机构开展药物临床试验研究项目，未与受试者之间建立临床药物试验合同关系。(2) 申办者与受试者之间不曾达成任何形式的合意。二审判决认定申办者与受试者之间存在合同关系，笔者认为是正确的。主要理由如下：

从合同法理论和立法看，如今的合同法理论和我国现行立法均不要求合同订立必须具备某种特定的形式。主张合同订立“必须通过要约承诺的方式”的观点已遭到越来越多学者的质疑。“今天对于我们来说不言自明的是，合同不应该要求具有任何特定形式，即使是口头合同也是可履行的，这一点已经得到广泛认可。”① 所以，是否订立了某种形式的协议并非判断合同关系成立的唯一依据。所谓合同，其本质属性为当事人达成合意。“近来很多民法典规定，要约和承诺是合同订立的唯一方式。这是错误的。毫无疑问，在许多业已订立的合同案件中，任意将一方当事人的行为视为要约而把另一方当事人的行为视为承诺是不可能的，也是不现实的。”②合同关系的成立以当事人达成合意为要件，但合意的达成不唯通过要约、承诺的形式，在某些场合下，双方当事人的事实行为也可成立合同关系，比如乘客投币乘坐公共交通工具、消费者到餐馆点菜、患者到医院就医。以上情形缺乏要约、承诺的一般形式，但仍然可以得以成立相应的合同关系。

从申办者、医疗机构及受试者三方在该药物临床试验中的地位看，本案中，患者在广医二院参加药物临床试验，该临床试验的申办者虽然未直接与患者接触，但是该药物试验的研究方案、知情同意条款、药物、研究资金均是由申办者提供，相应的伦理审查也是由申办者提出，药物试验研究取得的数据、

①② ［德］海因克茨：《欧洲合同法》（上），周忠海等译，法律出版社2001年版，第143页。

研究结果也由申办者所有或与医疗机构共享。医疗机构作为试验研究的实施者，在实施该研究的过程中，有义务接受申办者的监督检查，有关数据、成果需要与申办者共享并且定期向申办者报告研究进展。上述情节均可表明申办者在此项药物临床试验中居于控制、支配的地位。从受试者的角度看，受试者不仅仅是出于对医疗机构的信任而接受该项试验，也是出于对申办者技术水平、医学伦理的信任而参加试验。

更重要的是，知情同意文件关于“对于损害或者并发症的赔偿”条款“申办者应对参加临床试验的受试者提供保险，对于发生与试验相关的损害或死亡的受试者承担治疗的费用及相应的经济补偿。申办者应向研究者提供法律上与经济上的担保，但由医疗事故所致者除外”这一表述约束的并非医疗机构而是申办者。就整个药物临床试验而言，虽然欠缺要约、承诺的一般形式，但知情同意文件中的这一表述至少能够证明申办者而非医疗机构对受试者在此因为参加药物临床试验而可能发生的损害做出了承诺。

二、申办者违约行为的认定

二审判决论述申办者的违约行为首先着眼于对知情同意文件中“对于损害或者并发症的赔偿”条款的解释。这也是申办者与受试者主要争议所在。从文义看，该条款的表述不甚明确。何谓“与研究相关的损害”、申办者为受试者提供何种保险以及申办者为受试者提供何种补偿等均有待进一步的解释。二审判决从药物临床试验规范性文件的规定、条款的目的以及条款文义等角度，运用基本法理、目的解释、体系解释、格式合同解释规则等方法作出了有说服力的推断。

从规范角度，二审判决通过对《药物临床试验质量管理规范》第四十三条的分析，指出知情同意文件中“对于损害或者并发症的赔偿”条款实质上是为了满足该条的要求所特设。而第四十三条明确要求申办者应当为受试者提供保险，其目的是为了对与试验相关的损害或死亡的受试者承担治疗的费用及相应的经济补偿。

在此前提下，二审判决运用格式条款的解释规则，就申办者与受试者对条款的争议进行了解释。指出申办者既未给受试者提供保险，也未按照第四十三条的要求向研究者即医疗机构提供法律上、经济上的担保。而且，按照申办者主张的，其只是购买了以申办者为被保险人的责任保险，那么这种保险显然不能满足第四十三条的要求。

二审判决运用归谬法，紧密结合条款文义，分别从申办者、受试者的角度对案涉保险类型进行了分析。在我国现阶段，大型公立医院有充足的偿付能力，足以保障患者获得赔偿。按申办者的主张，以申办者为被保险人的责任保险对于受试者毫无意义。如果按申办者的主张，这一条款写入知情同意文件特别告知受试者也根本没有意义。从受试者的角度看，条款有关“提供保险”“补偿”等词句足以使受试者认为资助方考虑到受试者在受试过程中可能出现损害，因此为受试者购买了保险以提供补偿。如果受试者因研究者或者申办者的过失引致损害，其本身即可依据法律获得赔偿而无需借助责任保险，乔治公司主张的责任保险除了可以分散乔治公司的风险之外，并不能为受试者提供额外的补偿。而患方主张该条款所涉保险是针对受试者或者是以受试者为被保险人的保险，不仅是基于条款文义进行解释的通常理解，也与《药物临床试验质量管理规范》第四十三条的规定相符合。

在厘清上述争议后，申办者的违约行为清晰可见，即乔治公司作为申办者，未依照知情同意文件的约定，为受试者购买保险，以补偿受试者发生与研究有关的伤害。

三、违约责任及其范围

作为认定责任的前提，二审判决首先对案涉条款中使用的“与研究相关的伤害”这一概念进行了解释。判决指出，案涉临床试验是对已上市新药临床使用方法及其疗效的试验而非新药试验，乔治公司提供的各项文件对这一概念并无明确解释。患者参加两部分试验，A 部分为常规疗法即按 0.9 毫克/千克给予药物，B 部分为非常规疗法即快速积极降压治疗（目标收缩压为 140－150 毫米汞柱）。患者在受试过程中死亡，根据鉴定意见，患者死亡的根本原因是自身脑梗塞面积大并恶性进展所致。但这一死因分析并不能否认申办方、资助方应当按照《药物临床试验质量管理规范》第四十三条的规定为受试者提供保险的责任。非常规诊疗是否优于常规治疗？是改善了还是恶化了患者病情还是根本毫无意义？这些问题恰恰是该项药物临床试验需要研究的内容，也是受试者面临的风险所在。也正是因为上述未知风险，上述规范第四十三条规定申办方应当为受试者提供保险以分散风险。在申办方对此概念没有明确界定并告知受试者的情况下，法院在较宽泛的意义上理解这一概念，即受试者在参加非常规治疗试验中死亡即可认为发生了“与研究相关的伤害”，而不考虑受试者死亡这一不良后果到底是试验诱发、促进病情恶化或者非常规治疗无效还是原发病本身自然进程所致。

根据以上分析，受试者依据《受试者知情同意书》《受试者知情同意介绍》中“对于损害或者并发症的赔偿”关于保险的内容要求乔治公司承担违约责任，符合《合同法》第一百零七条的规定，应予支持。

关于损害责任的范围，如果申办者为受试者购买了人身意外保险，那么本案按保险赔偿即可，处理起来并不复杂。正是因为申办者没有为受试者购买人身意外保险，才引致本案纠纷。在此情形下，法庭需要根据一定的规则认定申办方承担违约责任的范围。二审据以认定具体损失的原则主要有以下几点：(1) 紧密结合本案违约行为的实质。申办者购买保险的目的在于补偿而非赔偿，而申办者所承担的违约责任是其未购买相应的保险为患者提供补偿。(2) 可预见性规则的限制。临床药物试验具有一定公益性，同时本案为合同纠纷，违约责任的承担要受可预见性规则的限制。(3) 以患方固有利益的损失为限。本案违约行为致使患方的固有利益损失不能得到补偿，那么补偿范围应当以患方固有利益的损失为限。因患方在另案中已经获得了部分赔偿，这部分赔偿应当予以扣除。根据上述原则，判决以另案核定的患者损失为限，扣除另案已经支持的赔偿数额，判决申办者就患者未得到赔偿的部分承担违约责任。

（**一审法院合议庭成员** 彭俊峰 曹子彦 郭 谧
二审法院合议庭成员 年 亚 康玉衡 张蕾蕾
编写人 广东省广州市中级人民法院 年 亚
责任编辑 杨 奕
审稿人 曹守晔）

王刃诉北京奇虎科技有限公司隐私权纠纷案

——安全软件号码标注侵权责任的认定

关键词：民事　隐私权　号码标注　侵权责任

【裁判要旨】

安全软件公司通过网络大数据对比所得信息属于信息所有人已经在网络上自行公开的信息，公司从合法渠道获得信息并标注准确，不构成侵犯隐私权。安全软件公司亦提供了更正和删除标注的渠道，号码持有人提出删除标注申请后，公司已对涉案号码标注进行删除，不需承担侵权法律责任。

【相关法条】

《中华人民共和国侵权责任法》第二条　侵害民事权益，应当依照本法承担侵权责任。

本法所称民事权益，包括生命权、健康权、姓名权、名誉权、荣誉权、肖像权、隐私权、婚姻自主权、监护权、所有权、用益物权、担保物权、著作权、专利权、商标专用权、发现权、股权、继承权等人身、财产权益。

第三十六条　网络用户、网络服务提供者利用网络侵害他人民事权益的，应当承担侵权责任。

网络用户利用网络服务实施侵权行为的，被侵权人有权通知网络服务提供者采取删除、屏蔽、断开链接等必要措施。网络服务提供者接到通知后未及时采取必要措施的，对损害的扩大部分与该网络用户承担连带责任。

网络服务提供者知道网络用户利用其网络服务侵害他人民事权益，未采取必要措施的，与该网络用户承担连带责任。

《最高人民法院关于审理利用网络信息侵害人身权益民事纠纷案件适用法

律若干问题的规定》第十二条第一款第四项、第五项 网络用户或网络服务提供者利用网络公开自然人基因信息、病历资料、健康检查资料、犯罪记录、家庭住址、私人活动等个人隐私和其他个人信息，造成他人损害，被侵权人请求其承担侵权责任的，人民法院应予支持。但下列情形除外：

（四）自然人自行在网络上公开的信息或者其他已合法公开的个人信息；

（五）以合法渠道获取的个人信息；

【案件索引】

一审：北京市西城区人民法院（2015）西民初字第28460号（2015年11月26日）

二审：北京市第二中级人民法院（2016）京02民终第852号（2016年3月23日）

【基本案情】

原告（上诉人）王刃诉称：其自1998年10月30日起一直持有浙江移动的手机号136××××9992。2015年7月17日下午，其在杭州市某处约人会谈，期间给新认识的朋友沈某打电话，沈某手机显示“维特网络信息有限公司（合肥分公）”字样，其被怀疑是骗子，感觉人格受到侮辱。因此事并非孤例，之前也曾多次出现，故其向中国移动客服了解，回复称标记系北京奇虎科技有限公司（以下简称奇虎公司）所为，中国移动无法取消。其找奇虎公司客服，客服要求其提交话费清单、机主证明才予以受理。其认为奇虎公司擅自泄露个人隐私，侵犯其权利。故其请求法院判令奇虎公司清除136××××9992号码捆绑的“浙江维特网络信息有限公司（合肥分公）”等一切信息，在人民日报等报纸以及新浪、腾讯、百度等门户网站公开赔礼道歉，并赔偿精神损害抚慰金10万元。

被告（被上诉人）奇虎公司辩称：王刃提交的证据不充分，截图未经公证处公证，真实性存疑；沈某的证明属于证人证言，本人未到庭，无法核对真实性。现有证据显示在网络中有大量涉及涉案手机号的网页，均显示浙江维特网络信息有限公司合肥分公司的对外联系方式。即便是王刃本人也在使用该手机号，也不排除是该公司对外使用，因此奇虎公司不存在侵权行为。该公司的产品360手机卫士安卓版的软件确有可以标记手机号码的功能，对于标记企业信息存在三种途径，网民主动标记上传、大数据匹配、企事业单位等法人单位自行上传，均会产生手机号标记内容，无论上述何种方式，奇虎公司作为一个软件平台都没有任何过错。退一步讲，如果标记错误，王刃完全可以通过申诉方式消除标记。因此奇虎公司并不存在侵权行为，不同意王刃诉讼请求。

法院经审理查明：王刃出示的中国移动话费明细单显示136××××9992的号码系其所有，装机日期为1998年10月。2015年7月17日，王刃用该号码的手机给朋友沈某的号码为136××××8801的手机拨打电话时（沈某的手机内安装360手机卫士安卓版软件，该软件由奇虎公司享有知识产权），在360手机卫士软件的“防窃听”模块下，显示王刃号码的信息为“维特网络信息有限公司（合肥分公）浙江杭州移动”的标注提示。王刃向奇虎公司的客服投诉，客服要求王刃出示能够证明其机主信息的证明，引起其不满。王刃认为奇虎公司未向其核实，未经其允许，擅自将手机号码标注为某单位号码的行为，侵犯其名誉权及隐私权。

奇虎公司提交的证据显示，手机号码136××××9992的手机号码的机主信息，系通过在互联网上大数据比对得出浙江维特网络信息有限公司合肥分公司所登记的电话号码。奇虎公司出具的公证书显示，通过搜索引擎，输入136××××9992号码后，可搜索出数个企业黄页网站，与该号码对应的企业信息均指向浙江维特网络信息有限公司合肥分公司。在中国产品网的网页www. pe168. com/qiye/info/17239586. html的链接中为浙江维特网络信息有限公司合肥分公司，对公司介绍如下“浙江维特网络信息有限公司合肥分公司于2012年10月8日在合肥工商注册，董事长王刃，公司属于合肥化肥行业……电话：136××××9992，地址：合肥市蜀山区蜀山新产业园振兴路7#研发楼”。奇虎公司另出具的合肥市工商行政管理局《私营企业基本注册信息查询单》，企业名称为“浙江维特网络信息有限公司合肥分公司，法定代表人：王刃，联系电话：136××××9992”。奇虎公司出示以上信息，证明上述企业信息是从公开渠道获得的，任何公民都可以了解企业的经营信息。

奇虎公司另出示360手机卫士安卓版的软件许可使用协议的全文，以及在shouji. 360. cn主页上“号码标记申诉”的链接。王刃对上述证据的真实性无异议。

开庭时，王刃的手机号码在拨打到安装360手机卫士的手机时，已不再显示标记信息。开庭后，王刃称在另外一部安卓系统手机上又出现相似标记信息，其认为奇虎公司仍然继续侵权。

【裁判结果】

北京市西城区人民法院于2015年11月26日作出（2015）西民初字第28460号民事判决：驳回原告王刃的诉讼请求。

宣判后，王刃提出上诉。二审期间，上诉人王刃经法院合法传唤，无正当理由，未到庭应诉。北京市第二中级人民法院于2016年3月23日作出（2016）京02民终第852号民事裁定：按上诉人王刃撤回上诉处理，双方当事人均按原审判决执行。

【裁判理由】

法院生效裁判认为：王刃作为公司法定代表人或负责人，将登记在个人名下的手机号码作为企业办公电话予以登记的事实是客观存在的。奇虎公司出示的证据可以证明王刃所使用的号码已经在企业黄页被公开披露，且王刃在工商行政管理机关登记企业信息时，亦将该手机号码予以登记，以备信息查阅。奇虎公司通过大数据比对功能，确定该手机号码与浙江维特网络信息有限公司合肥分公司相对应，并进行标记，其信息并无错误，且软件标记的是企业信息，而非公民个人信息。该软件设计开发之初，是便于360手机卫士的用户获得更好的体验，并无恶意侵犯通话中主叫方人格权的故意，而客观上王刃亦不能举证其朋友或者客户在使用该功能后，反馈出某些负面影响。诉讼中，经现场拨打，360手机卫士已经将王刃的号码标记取消。王刃称在诉讼中，奇虎公司又重新进行标记，未提交充分依据。故王刃要求取消标记的诉讼请求，缺乏事实依据，法院不予支持。此外，奇虎公司已证实其获取手机号码对应的标记信息均来源于公开渠道，因此亦不能认定被告标记号码的行为侵犯了其隐私权。综上，原告的诉讼请求无事实依据，法院不予支持。

【案例注解】

本案是全国首例因安全软件标记手机号码而产生的侵权损害赔偿纠纷。本案争议焦点为安全软件通过网络大数据对比所得信息对手机号码进行标注是否侵犯个人隐私权。一审法院围绕争议焦点，对是否构成侵权进行了论述，为同类案件的裁判提供一个重要的参考样本。同时在判决最后对于号码标注规范性问题提出建议。下文将就相关问题做进一步论证。

一、安全软件号码标注简述

（一）什么是安全软件号码标注

安全软件号码标注主要是指电信用户、企业利用安全软件主动对自己或他人的电话号码进行公开标记，是安全软件的一种功能。

（二）安全软件号码标注的正当性

1. 从社会公益角度看，号码标注是软件公司一种自主业务范畴，但是其结果有助于保护网络安全利益、消费者利益、公平竞争利益或者产品安全利益等，所以其存在有其正当性。

2. 从民事法律角度看，对于安全软件公司来说，号码标注作为其自主业务和商业活动，因“法不禁止即自由”和“经营自由”两个原则，有其存在的正当性。另外，对于被标注方来说，安全软件号码标注能够限制个人权利的滥用。因为法律保护隐私权是有界限的，当主叫方信息隐私免受公开的权利已经侵犯了被叫方独处的隐私权利时，就丧失了其权利存在的基础，为保护被叫方免遭电话骚扰，被叫方的知情权和隐私权应处于优先保护的地位。正因如此，号码标注存在有其正当性。对于标注方来说，电信用户作为一般消费者有自主选择商品或者服务的权利。安全软件号码标注功能作为一种服务性商品，电信用户是否使用是其作为一般消费者的基本权利。电信用户作为消费者有权选择使用号码标注功能，通过“号码标记”，自主选择是否接听、接收某些来电和短信以及接听、接收哪些来电和短信。这也正反映了号码标注存在的正当性。

二、安全软件号码标注侵权责任认定

本案的审理在《民法总则》及一系列相关司法解释颁布和实施之前，当事人以《侵权责任法》为依据，通过主张隐私权和名誉权来保护自己的权利。

（一）观点分歧

到本案审结时，《侵权责任法》《最高人民法院关于审理利用网络信息侵害人身权益民事纠纷案件适用法律若干问题的规定》都没有对公民的通信方式、电话号码是否属于个人隐私加以明示。

在案件审理过程中，对于案件中手机号码及对应信息权利属性有两种观点。第一种观点认为：其属于个人信息，个人信息属于隐私权范围。我国

《侵权责任法》以及在本案审理结束后2017年实施的《民法总则》均有涉及个人信息的明文规定。《民法总则》第一百一十一条规定个人信息受法律保护，不得非法加工、传输他人信息。① 因此，安全软件主动抓取大数据、加工后标注并推送给手机用户行为就属于侵犯该手机用户的隐私，如果对其声誉或者商业信誉造成影响，还要追究相应责任。第二种观点认为：主动公开在工商登记以及企业黄页网站的手机号码，是手机号码主人为工商登记备案所用，其目的是获得商业机会。因此该手机号码及对应信息属于公开信息，不属于个人隐私，不受相关法律的保护。法律依据是《最高人民法院关于审理利用网络信息侵害人身权益民事纠纷案件适用法律若干问题的规定》第十二条第一款第四项、第五项②之规定：网络用户或网络服务提供者利用网络公开自然人自行在网络上公开的信息或者其他已合法公开的个人信息以及以合法渠道获取的个人信息，不承担侵权责任。所以安全软件为了使手机用户获得更好的用户体验，主动标注号码属性的行为不属于侵权，不应承担赔偿责任。

（二）手机号码及对应信息权属性质分析

手机号码及对应信息属于个人信息是毋庸置疑的。个人信息保护最早源自瑞典政府在1973年制定的《资料法》，随后在全球范围内开始个人资料保护的专门立法。各国对信息权的保护旨在，合法手段取得的个人信息要在合法范围内依据取得的目的使用，不得非法买卖、提供或者公开。同时，还要制裁非法手段收集、使用、加工、传输个人信息的行为。我国2017年颁布实施的《民法总则》③ 第一次对自然人信息权进行规定。自然人个人信息主要指，据以识别特定自然人身份的任何生物性、物理性的数据、文件、档案等资料，范围不仅包括自然人的身份证信息、户籍信息、家庭构成、职业情况、社会交往、网络交易数据等物理性数据，还包括自然人机体基因、生

---

① 《民法总则》第一百一十一条规定：自然人的个人信息受法律保护。任何组织和个人需要获取他人个人信息的，应当依法取得并确保信息安全，不得非法收集、使用、加工、传输他人个人信息，不得非法买卖、提供或者公开他人个人信息。

② 根据《最高人民法院关于审理利用网络信息侵害人身权益民事纠纷案件适用法律若干问题的规定》第十二条第一款第四项、第五项规定，网络用户或网络服务提供者利用网络公开自然人自行在网络上公开的信息或者其他已合法公开的个人信息以及以合法渠道获取的个人信息，不承担侵权责任。所以安全软件为了使手机用户获得更好的用户体验，主动标注号码属性的行为不属于侵权，不应承担赔偿责任。

③ 本案审理时《民法总则》还没有颁布和实施。案件受理时间2015年，案件审结时间2016年，《民法总则》颁布和实施是在2017年。

物学、遗传学密码等信息，任何与特定自然人相关的，可以据此将该自然人特定化的信息均属于个人信息。任何对该类信息的侵犯，均侵犯自然人的信息权。①

隐私是当事人不愿他人知道或他人不便知道的信息，当事人不愿他人干涉或他人不便干涉的个人私事和当事人不愿他人侵入或不便侵入的个人领域。隐私权是指自然人享有的对自己的个人秘密和个人私生活进行支配并排除他人干涉的一种人格权，是指自然人享有的私人生活安宁与私人信息秘密受保护，不被他人非法侵扰、知悉、收集、利用和公开的一种人格权。我国在2010年第一次在《侵权责任法》中将隐私权作为独立的人格权进行规定。

自然人信息权和隐私权都属于人格权范畴。隐私权包含的信息类型较窄，只有那些自然人不愿意公之于众的自然人信息才受隐私权的保护，而一般的个人信息则不属于隐私权的保护范围，比如手机号码、工作单位、家庭地址等，除非有特殊规定或者特殊情况，一般情况下不属于个人隐私。

司法实践中，信息是否属于隐私权，是根据其是否超出了“社会零容忍度”为标准进行侵权判断，以一个“一般人”的标准进行衡量，不会根据个案进行判断。因此对于那些不涉及敏感信息以及已公开的、不再具有隐秘特点的个人信息，只能寻求个人信息的保护，而非隐私权的保护。

本案中，涉案手机号码及对应信息是信息所有人自行在网络上公开的信息，所以不属于隐私，不应受隐私权保护。

（三）侵犯隐私权责任构成要件分析

本案中所涉及的隐私权不是传统意义上的隐私权，而是网络环境中的隐私权。网络隐私权与传统隐私权没有本质意义上的变化，但其内涵和外延都有了极大的拓展。“网络隐私权可以定义为隐私权在网络中的延伸，是指在互联网平台中自然人所享有的生活安宁、私人信息、私人空间依法受到保护，不被他人非法侵犯、知悉、搜集、复制、利用和公开的一种人格权；也包括第三人不得随意转载、下载、传播所知道的他人的隐私，不得恶意诽谤他人等。”② 因此本案是否侵犯隐私权，其构成要件分析需要在网络环境这一背景下进行探讨。

---

① 沈德咏主编：《〈中华人民共和国民法总则〉条文理解与适用》（下），人民法院出版社2017年版，第762~763页。

② 王清越：《网络环境中侵犯隐私权的民事责任研究》，首都经济贸易大学2017年硕士学位论文。

1. 加害行为

传统的侵害隐私权的行为方式是一种积极的作为方式，而网络侵犯隐私权方式除了积极的作为方式还包括消极的不作为方式。这主要是针对网络服务商这一特别主体。网站大多配置有监视用户上网行为的软件或者利用cookie技术搜集用户信息，记录用户的电子邮件地址和网上购物日志。许多网站甚至通过出售顾客的隐私资料赚取非法利润。这是积极方式作为方式的侵权。不作为侵权须以行为人负有作为义务为前提，网络服务商因为其不仅附有消极义务，更主要的是对用户承担合理的注意义务和安全保障义务，如果其以不作为的方式违反其所承担的义务，造成了隐私权被侵犯或者侵权结果进一步扩大，那么就可能因此承担侵权责任。另外，侵害行为本身需要具有违法性。这里所说的违法性不仅指的是违反法律强制性规定，也指违反法律基本原则。虽然我国法律没有侵害网络隐私权的具体规定，但是此种行为与民法基本原则中的自愿原则、遵守社会公共道德原则与禁止权利滥用原则相违背，也具有违法性。

法律规定网络服务提供商需要承担的保护义务有四项：第一，信息的合理收集和运用。所有未经用户本人允许的隐私信息都不得擅自利用，若要适用必须征得当事人同意；第二，信息安全保护。对于已经收集取得的个人隐私信息要通过安全存储，防止泄露、篡改或者被盗；第三，主动阻止涉及隐私信息的传播。对已经发现侵权的信息要及时删除，避免再次扩散；第四，在被告知侵权时，网络服务商要即时采取措施中止侵权。其中第三项和第四项义务同属于合理注意义务，前者为事后主动审查义务，后者为及时阻止义务。网络服务提供商违反了上述义务，无论是作为还是不作为方式，如果发生侵权，均应承担损失。

本案中，首先从安全软件公司信息来源分析，奇虎公司举证证明，王刃相关信息是该公司通过大数据搜索，从公开渠道获得手机号码对应的信息，对此信息来源王刃也不持异议。证据包括企业黄页网站、中国产品网网页相关链接以及企业工商登记注册信息查询单，以上证据均显示涉案手机号码系浙江维特网络信息有限公司合肥分公司联系方式。因此以上信息都是信息权人自己在网络上公开的信息，奇虎公司是从公开渠道获得的，依据《最高人民法院关于审理利用信息网络侵害人身权益适用法律若干规定》，自然人自行在网络上公开的信息或其他已合法公开的个人信息，网络服务者公开标记该信息不属于侵权行为。由此可以认定奇虎公司通过大数据搜索生成的数据，是从公开渠道合法获取，并未侵犯个人隐私权。其次，从安全软件公司使用信息目的来分析，其主动对已公开号码分选、标识的动机是让该安装该软件使用者具有更好的应用体验。以安全软件标注的正当性来说，不能认为其标注行为侵犯隐私权。再次，从安全软件使用信息手段来说，安全软件公司标记不涉及姓名及负面标注，标注是反映已公开的基本事实，不涉及隐私泄漏。同时在当前互联网大数据时代背景下，我们必须认识到本案原告为了获得商业利益主动提交或备案的信息可视为他放弃对其号码的隐私权益。最后，奇虎公司为被标注人提供了申诉渠道，在诉讼中，经现场拨打，360 软件已经将涉案手机号码的标注取消。

综上，无论是从积极作为方面还是从消极不作为方面，奇虎公司均不存在侵犯隐私权加害行为。

2. 损害事实

损害事实鉴定的前提条件是侵权者侵害了被侵权人正当且合法的权益。奇虎公司在抓取数据、标注号码并进行推送的一系列过程中，信息标注准确无误，未侵害原告正当合法利益，对于单位和职业的标注并未导致原告隐私权和名誉权受损的后果发生。王刃在企业黄页主动填写相关信息，即便一个手机号码出现多个“身份信息”，也不意味着机主个人名誉受损。客观上王刃不能举证其朋友或者客户在使用号码标注功能后，反馈出某些负面影响，亦不能对于安全软件公司给自己造成损失提供证据。

另外，一般侵权损害结果以已经存在“不利后果”为主要内容，但法律另有规定的除外。从网络侵犯隐私权的特殊规定来看，网络侵犯隐私权重要组成部分是侵犯个人资料隐私，即网络服务商变更、删除保护个人资料隐私的积极权能，因为义务人怠于履行义务，而使隐私权受到现实威胁的，即便损害后果尚未实际发生，隐私权人也有权提前请求停止侵害、消除危险、排除妨害等。本案中奇虎公司已经取消对涉案手机号码的标注。

因此，奇虎公司未给原告造成任何损失。

3. 因果关系

因果关系是指证明受害人的合法权益受到损害与加害者的不法加害之间有因果上的联系，即侵权行为与加害结果之间的关系。在网络环境下，受害者发现自己的隐私权被他人不法加害，首先应分清楚究竟侵权人是谁，是第三人还是网络服务供应商或者是二者都有；其次应锁定自己的损失与哪方侵权者存在《侵权责任法》意义上的因果联系，隐私权侵权是单纯由第三方造成的，还是由网络服务提供者造成，因为网络服务提供商不作为同样与侵权行为的发生成立因果关系。

本案中不存在侵权行为也无损害事实，自不用讨论因果关系。

4. 过错

侵犯隐私权的行为属于一般侵权，适用过错责任原则，即在侵权者有过错时才应该承担责任。但是针对网络服务商这一主体和互联网的新变化，归责原则也应有所不同，针对其注意义务可以适用过错推定原则，即在侵权行为发生后，如果侵权者在诉讼中不能证明自己没有过错，则推定有过错。

本案中安全软件公司对于号码标注功能的设计开发初衷是便于360卫士的用户获得更好的体验，并无恶意侵犯号码所有人的故意，且奇虎公司对涉案手机号码的标注信息来源合法，标注信息内容准确，因此其在号码标注中不存在任何过错。同时奇虎公司也尽到合理注意义务，在王刃提出申请后，取消了号码标注。

因此法院认为：奇虎公司主动标注和搜集手机号码获取信息的渠道来源合法，标注信息恰当，没有涉及当事人的隐私，反映的是基本事实，未造成原告人格权损害后果，亦没有损害公众利益，没有违背公序良俗，因此不符合侵权责任的要件构成，并未侵犯公民的隐私权、名誉权，故一审判断驳回原告诉讼请求。

三、安全软件号码标注涉及的主体及其权利义务关系

本案是安全软件公司通过数据搜索主动标注，而非软件用户标注所引发。在现实生活中，手机号码标记存在三种途径，用户主动标记上传、大数据匹配、法人单位自行上传。因此在安全软件号码标注民事法律行为中，存在三方主体，即标注人、被标注人、网络安全服务提供方（安全软件公司）。实际生活中大量存在的是第三方手机用户上传标注信息的情况，为此本文将对三方主体权利义务进行论述，为类案裁判提供依据。

一是标注人，其负有善意标注、谨慎上传的义务，如果标注人出于发泄或其他恶意上传标注分类，则构成对被标注人权利的侵害，应属于侵权行为，并根据不同的情形承担赔礼道歉、消除影响、赔偿损失等法律责任。现实生活中大量存在的是第三方手机用户上传标注信息完成号码标注，即不同的手机客户端使用者在接到陌生电话后，安全软件会提示骚扰电话或快递送餐等标注分类，由安全软件终端使用人员分类标识上传，当电话号码的标注数达到一定的数量标准，就会在客户端显示标注。若标注数量减少到一定数量或一段时间内无新标注时，标注则不显示。如果一个月内没有用户给该电话号码标注，则标注会自动清除，该标注是一个动态变化过程。在未经被标注者许可的前提下，标注其信息可能侵犯隐私权。而在缺少合理客观依据的

情况下，将错误、消极的价值判断的信息标记传递给第三人，还有可能侵害被标注者的名誉权。

二是被标注人，如标注不当或标注侵权，被标注人有权请求网络服务提供者予以删除、屏蔽、断开链接等，减少、停止对合法权益的侵害。对基于商业性、经营性使用号码的，被标注人有必要容忍义务，乃因商业推广行为对被叫号机主存在一定干扰，即使标注存在错误，出于保护安全软件使用人利益的考量，也不宜认定为侵权，但应当允许被标注人申请更正，这主要是出于维护安全软件使用人利益角度对被标注人删除的权利予以必要限制。

三是网络安全服务提供方，其负有留存标注人信息并及时配合被标注人“通知——删除（更正）”的义务，网络服务提供方不能履行该义务并对被标注人造成侵害的，应当与标注人承担连带责任。第三方手机用户标注上传信息有赖于安全软件标注分类的科学性，因为就一般用户而言其接到不想接听的电话，大都会认为属于骚扰电话，因此在标注分类上存在不科学性，也会导致错误分类标注出现。此时号码所有人有权提供相应证据要求对错误标注更正或删除，安全软件管理人则应当提供“通知——删除（更正）”渠道。假如权利人提供有效信息，通知安全软件管理人后，其怠于删除或更正的，应该承担相应的法律责任。总体而言，安全平台义务主要包括：（1）如果在电信用户提供较为充分的证据进行申诉后，安全软件不采取必要措施导致电信用户损失扩大的，安全软件应当承担侵权赔偿责任。（2）个人在进行误标或恶意标注的申诉时，需要提交身份证的正反面照片以提供身份证明，以及“开户资料”或“近一个月话费账单”或“运营商签的电话服务协议”以提供归属证明。不管是身份证明，还是归属证明，都涉及个人隐私的问题。第三方安全软件公司应保管好用户的信息，如果泄露用户的信息，应当依法承担侵权责任。（3）安全软件作为第三方平台，应当只显示用户、企业主动标注的内容，以及依法可以显示的内容，不应当主动标注、拦截电信内容。具体而言，在未经用户同意的情况下，不应当对手机用户的个人信息进行分析进而标注更多的信息；除了政府部门依法提供的信息外，除非十分有把握，未经用户同意，不应主动通过网络抓取信息进行挖掘并予以标注。如果安全软件主动标注、拦截电信内容，侵害他人个人信息权或隐私权的，应当依法承担赔偿责任。

无论标注人、被标注人还是网络安全服务提供方均应对他人合法权益予以必要的关注，防止损害发生或扩大，从而构建和谐共处的良好网络法律秩序。

四、安全软件号码标注案件审理中涉及的利益衡量

自工业革命以来，重视科技创新成为各种法律制度的一个特点。因此在我们今天的法律和实践中，应当倡导科技创新，并采取法律措施对科技开发和应用予以支持，从而使社会不断进步。为说明此问题，在此列举两个国外的案例。

案例一：美国第9巡回法院2009年“广告病毒链接屏蔽案”。在这个案件中，原告Z网络公司开发了一种软件，在其中植入广告，被告杀毒软件公司的软件KL，将该软件视为恶毒病毒的广告软件，因软件中的广告链接会使用户的电脑受网络病毒感染，所以屏蔽了原告的软件用于浏览器工具栏内的广告链接。原告诉至州法院，提出禁令救济、第三人干涉合同侵权救济、商业诽谤救济、违反华盛顿州消费者保护法以及不当得利救济。其诉请及其依据非常宽泛。上诉法院认为，被告软件仅使计算机用户对其所接受到的网络内容得到了更大的控制权，认为被告有权获得《通讯规范法案》（CDB）中避风港规则所适用的豁免，进而维持了一审判决，原告败诉。

案例二：德国汉堡地方法院2015年“广告白名单案”——有选择组织广告案。AP是一种浏览器插件，允许用户阻止一些令人讨厌的广告。E公司2011年推出了“可接收广告”的计划，不再屏蔽一些广告，而是开始有选择性地放行一部分，但允许用户自主屏蔽。谷歌、微软、亚马逊等可以通过付费把自己的广告放到这款浏览器插件的白名单中。德国的《时代周刊》《商报》因没有付费被屏蔽掉，于是起诉到法院，要求E公司禁止销售这款浏览器插件，声称这款软件干扰了他们基于广告的在线业务模式。地方法院驳回两大报纸的上诉，理由就是这种软件设置本身并不构成不法，一个重要的依据是这种行为落入了用户自身对广告的选择权。

从上述案例可以看到，在涉及互联网领域的侵权案件中，鼓励科技创新始终是一个重要考虑，同时也兼顾了广大用户的合法利益。因此，在具体认定软件开发或经营是否构成侵权的时候，应特别注意利益衡量因素，以此来斟酌不法构成。利用网络实施犯罪活动频发，拦截骚扰或诈骗电话，提示伪基站的功能利大于弊。如果仅因某些用户不了解号码标注功能而自感不快，未实质造成侵权后果的情况下，认定标注功能违法显属不妥。因此从规范安全软件号码标注行为的角度讲，应当权衡好各相关主体的权利和义务，既要发挥安全软件号码标注对互联网空间的善治作用，又要充分保护被标注者合法权益。如果软件开发或者应用可以落在特定公共利益合理范围，或者契合用户的正当利益的合

理范围，则应当认定可以构成排除非法构成的理由；在存在互联网服务平台的情形，是否构成帮助侵权，同样情况还可援引特别法上的避风港原则[①]加以豁免。

五、对安全软件标注行为的规范

安全软件对号码进行标注是市场需求，但也亟待规范，在鼓励科技创新的同时要对人格权予以尊重。

判决中最后的前瞻性建议值得肯定，应在标注前与号码所有人进行确认。“对于奇虎公司360手机卫士软件中主动标注企业信息的功能，本院认为仍存在一定改进之处，我国小微企业的业主为工作方便、节约资源，将私人电话作为办公电话使用是普遍情况，这并不意味着手机号码被登记在工商行政管理机关后，就专用于商务。如非号码所有人主动申请标记，建议针对被标记号码采取短信确认的方式，对所有人进行提示，有助于获得相应知情权。”基于互联网大数据分析也不应当免除其告知用户搜集使用信息的情况，并提供相应的更正信息渠道，防止损害用户合法权益。

前瞻性体现在：第一，此案审结后，《民法总则》颁布实施，首次规定了个人信息权，个人信息权的保护范围大于隐私权的保护范围。将来此类纠纷有可能从个人信息权保护角度寻求救济。第二，此案判决生效后，出台的相关法律中规定，[②] 网络产品服务具有收集用户信息功能，其提供者应当向用户明示并取得同意，因此判决建议的问题也是立法同样给予关注的问题。第三，对现实中被拒接或屏蔽而言，也产生了更多的不便甚至利益损害，一些号码容易出现误标，在考虑到号码可能被实际使用人废弃后第三人重新启用，会存在未消除标注障碍的情况，如果第三人并不存在之前的标注行为，可能会导致通信受阻。基于以上原因，我们应进一步规范安全软件号码标注。任何互联网企业决不能以数据大联络成本高为由推卸自身责任，否则只能引发更多此类诉讼，浪费司法资源，也造成用户的长期困扰。

---

① 避风港原则：是指在发生著作权侵权案件时，当ISP（网络服务提供商）只提供空间服务，并不制作网页内容，如果ISP被告知侵权，则有删除的义务，否则就被视为侵权。如果侵权内容既不在ISP的服务器上存储，又没有被告知哪些内容应该删除，则ISP不承担侵权责任。

② 2017年6月1日生效的《网络安全法》第二十二条第三款规定：网络产品、服务具有收集用户信息功能的，其提供者应当向用户明示并取得同意；涉及用户个人信息的，还应当遵守本法和有关法律、行政法规关于个人信息保护的规定。说明立法机关对该问题同样给予关注，并提出了明确的规范。

主管部门适时出台有关安全软件号码标注业务的法规，为规范相关业务市场，处理相关民事纠纷起到更为积极的作用。

安全软件号码标注基本规则应为：（1）避免主动标记或拦截电信信息；（2）标注应当客观、真实、准确，避免误导性表述；（3）保障被误标、恶意标注、误拦截用户及时、便捷、低成本的救济途径。

（**一审法院独任审判员** 林　涛
二审法院合议庭成员 刘苑薇　刘永民　王　广
编写人 北京市西城区人民法院　谢凌云
责任编辑 杨　奕
审稿人 曹守晔）

商　事

深圳航空有限公司诉北京横山置地房地产开发有限公司企业借贷案

——股东约定不明投资款性质的认定

关键词：商事　股东出资　民间借贷　资本公积金

【裁判要旨】

股东投入公司的资金性质约定不明，且股东不能举证证明符合其他法律关系要件的，不宜推定为公司对股东的借款并予以返还。从投资款本质属性分析，应认定为公司资本，纳入资本公积金范畴。

【相关法条】

《中华人民共和国公司法》第二十八条　股东应当按期足额缴纳公司章程中规定的各自所认缴的出资额。股东以货币出资的，应当将货币出资足额存入有限责任公司在银行开设的账户；以非货币财产出资的，应当依法办理其财产权的转移手续。

股东不按照前款规定缴纳出资的，除应当向公司足额缴纳外，还应当向已按期足额缴纳出资的股东承担违约责任。

第一百六十七条　股份有限公司以超过股票票面金额的发行价格发行股份所得的溢价款以及国务院财政部门规定列入资本公积金的其他收入，应当列为公司资本公积金。

《最高人民法院关于审理民间借贷案件适用法律若干问题的规定》第十七条 原告仅依据金融机构的转账凭证提起民间借贷诉讼，被告抗辩转账系偿还双方之前借款或其他债务，被告应当对其主张提供证据证明。被告提供相应证据证明其主张后，原告仍应就借贷关系的成立承担举证证明责任。

【案件索引】

一审：北京市第三中级人民法院（2017）京03民初191号（2017年6月26日）

二审：北京市高级人民法院（2017）京03民终599号（2017年12月25日）

【基本案情】

原告（上诉人）深圳航空有限责任公司（以下简称深航公司）诉称：深航公司先后通过银行转账方式向北京横山置地房地产开发有限公司（以下简称横山公司）汇付12笔款项，截至目前横山公司实际拖欠款项合计为180690570.32元。现起诉要求横山公司返还欠款及资金占用成本。

被告（被上诉人）横山公司辩称：双方不存在借款合同关系，往来款项的性质为股权转让款及股东投资款。

法院经审理查明：2006年11月转让方与深航公司签订股权转让协议书。转让方将持有的横山公司100%股权转让给深航公司，转让价格是1.5268亿元。2007年11月又签订补充协议，约定对于原股权转让款1.5268亿元，其中76554318.32元由深航公司投入横山公司，用于清偿公司以往债务，另余款76125681.68元作为股权转让款支付给转让方。2008年1月转让方出具确认书，确认最终的股权转让款为76055681.68元。

2006年11月至2008年6月期间，深航公司先后通过银行转账方式向横山公司汇付12笔款项，其中2006年11月支付3580.4万元，用途：股权转让款；2006年12月支付2000万元，用途：预付款；2007年1月支付864.19万元，附言摘要：工程款；2007年1月支付5000万元，用途：工程款；2007年4月支付1142万元，附言摘要：北京酒店项目款；2007年5月支付1026.8万元，附言摘要：第三笔股权款；2007年8月支付2000万元，用途：第四批建设；2007年11月支付2200万元，用途：第四批建设；2007年12月支付250

万元，用途：建设资金；2007 年 12 月支付 250 万元，用途：建设资金；2008 年 1 月支付 1150 万元，用途：建设资金；2008 年 6 月支付 558 万元，用途：土地出让金。以上款项合计为 200213900 元。

2008 年 12 月深航公司、深航货运有限公司与深航房地产开发有限责任公司（以下简称深航房地产公司）签订股权转让协议。深航公司、深航货运有限公司将持有的横山公司 100% 股权转让给深航房地产公司，转让价格是 1.5 亿元。

2009 年 12 月，深航公司发出深航发〔2009〕621 号文件，称因深航房地产公司大股东缺位，为保持公司稳定，经深航公司研究决定，在特殊时期加强对深航房地产公司的管理，将深航房地产公司及其下属公司的所有印章暂由深航公司监管使用。2009 年 12 月 23 日，横山公司的公司公章、合同章、财务章、法人章交由深航公司员工孙超接收。

2010 年 7 月深航公司向横山公司出具《对账结果确认函》称："自 2006 年 11 月至 2008 年 6 月，我司先后通过银行转账方式向贵司汇付 12 笔款项，合计人民币 200213900 元。现经对账，截至本函出具之日，贵司尚欠我司款项合计人民币 180690570.32 元。该等款项构成我司对贵司债权。若贵司确认上述对账结果，请在下附回执上加盖公章。"2010 年 8 月横山公司在《回执》上加盖公章，《回执》内容为"贵司《对账结果确认函》收悉。我司现确认对账结果，即我司尚欠贵司款项人民币 180690570.32 元。我司承诺尽快向贵司全额清偿上述债务。"

2010 年 8 月，深航公司以横山公司为被告向北京市高级人民法院提起诉讼，要求横山公司返还涉案欠款及资金占用成本。该案审理过程中，北京市高级人民法院依法委托北京中润达会计师事务所对该案所涉款项进行司法审计。司法审计报告显示：（1）深航公司自 2006 年 11 月至 2008 年 6 月，通过银行转账的方式向横山公司开户银行汇款共 12 笔，总金额为 20021.39 万元。（2）横山公司截至 2008 年 8 月其他应付款—深航公司余额为 180690570.32 元。其中 76554318.32 元为在股权转让过程中，深航公司按照股权转让协议将股权转让款直接投入横山公司用于清理以往债务后的余额，已包含在 1.5268 亿元的股权转让款中，不能确认为深航公司的债权。剩余 104136252 元，为深航公司在实施股权转让过程中及实际经营中投入横山公司的流动资金，从而形成了深航公司对横山公司的债权。北京市高级人民法院于 2011 年 12 月作出（2010）高民初字第 1875 号民事裁定书：虽然横山公司确认深航公司的对账结果，承认欠款 180690570.32 元，但双方均不能举证证明欠款的性质及欠款形成的依据。

双方债权债务关系依然不明晰，裁定驳回起诉。

2015 年 3 月，另案破产案件中对深航房地产公司的评估报告显示：“2010 年深航公司向北京市高级人民法院起诉，要求判令横山公司返还欠款。北京市高级人民法院驳回该起诉。从谨慎性原则考虑，在评估时未对该笔款项进行调整，请报告使用者注意。”该评估说明显示：“深航房地产公司持有横山公司股权比例 100%，调整后账面价值为 1.5 亿元。”附件关于横山公司的资产负债表中，“其他应付款”期末数列明为 192298795.2 元。深航公司同时提交无横山公司公章的附件《其他应付款评估明细表》，其认为该份《其他应付款评估明细表》系横山公司向评估机构提交的整体资产申报表，其中涉案欠款被列明在“应付款”名下，并作为新事实再次起诉。

【裁判结果】

北京市第三中级人民法院于 2017 年 6 月 26 日作出（2017）京 03 民初 191 号民事判决：驳回深航公司的全部诉讼请求。

宣判后，深航公司不服原审判决，提起上诉。北京市高级人民法院于 2017 年 12 月 25 日作出（2017）京民终 599 号民事判决：驳回上诉、维持原判。

【裁判理由】

法院生效裁判认为：第一，12 笔银行汇款凭证不能证明借贷关系成立。首先，涉案 76554318.32 元应为股权转让款。股权转让协议和审计报告已经定性，原股权转让款 1.5268 亿元，其中 76554318.32 元是投入横山公司用于清偿公司以往债务。其次，横山公司抗辩关于剩余 1.04 亿元系其他性质的债务存在高度概然性。从证据表面形式上审查，银行交易凭证上明确载明为“工程款”“北京酒店项目款”“建设资金”“土地出让金”等，无一凭证明确记载有借贷关系的字样。从主体上审查，深航公司作为横山公司唯一股东和后期实际控制人，其对于自己支付的 12 笔款项的法律性质的举证能力应当更加有优势，其仅凭银行汇款凭证无法证明借贷关系的成立，其应当对于双方之间借贷关系成立继续承担举证义务。第二，《对账确认函》及《回执》不能证明双方其后就借贷法律关系达成了合意。根据〔2009〕621 号文件，横山公司公章、合同章、财务章、法人章交由深航公司员工孙超接收管理，而无证据显示上述公章返还时间。且其亦自认横山公司在《回执》上盖章之时，其公章实际由深航公司控制和保管。故可以认定《对账确认函》及《回执》非横山公司真实意思表示，不应据此认定系双方存在借贷关系的合意。第三，（2010）高民初字第1875号案件庭审中的自认不能构成存在借款合意和事后确认。该诉讼发生时，横山公司仍处于非正常经营管理状态，横山公司当时的法定代表人宋小军参与应诉，其身份同时系深航公司北京办事处主任助理，独立性缺失。在该案中横山公司放弃抗辩，对债务确认的行为不能排除是受深航公司的控制而进行的诉讼行为。且北京市高级人民法院经过审查对于其主张的债权也并未予以确认，故不应将其在该次诉讼中的自认行为视为其真实意思表示。第四，《其他应付款评估明细表》不能作为认定双方借贷关系成立的依据。因深航公司并未提交该表原件，其提交的系自行制作且未加盖公章的文件，故该份证据的真实性存疑。评估报告中资产负债表中列明的其他应付款为192298795.2元，并无充足证据证明其与涉案180690570.32元之间存在直接的关联关系。综上，深航公司的主张缺乏充分的事实依据，应不予支持。

【案例注解】

一、约定不明投资款争议诉讼类型化分析

在司法实践中，对于股东超出注册资本范围进行的投资所产生的法律性质争议案件主要体现为以下几种情形：

1. 民间借贷纠纷居多。[①] 股权转让的情况下，新老股东就老股东超出注册资本范围外的投资行为定性存在争议。老股东将股权全部转让给新股东后，老股东主张出资行为系股东个人给公司的垫资借款行为，应当视为股东与公司之间的借贷关系成立，要求公司返还投资款。而新股东认为双方借贷无有效合意，且未对外公示，出资行为系老股东个人为提升股权价值，主张不予返还投资款。本案即为典型。

① 佛山市中级人民法院（2016）粤06民终4196号民事判决、山东省高级人民法院（2014）鲁民一终字第8号民事判决、山东省高级人民法院（2016）鲁民终1796号民事判决、湖南省高级人民法院（2015）湘高法民一终字第413号民事判决、杭州市滨江区人民法院（2016）浙0108民初1025号民事判决、佛山市中级人民法院（2015）佛中法民一终字第190号民事判决。

2. 破产债权确认纠纷，诉讼案件占比不大。[①] 公司经营管理不善，出现破产清算等情形，股东以其超出注册资本的出资行为系其对于公司的借款，要求作为普通债权人参与公司资产的破产债权申报。债权人则一般抗辩认为股东作为公司的实际控制和经营管理人员，借款行为发生时无明确的借贷合意，且涉嫌控股股东、公司高管与公司的关联性交易行为，未经合法程序，不应认定借贷关系的成立。

3. 股东损害公司利益纠纷、执行异议之诉等占比不大。[②] 公司经营管理正常，有较高盈利性收益，控股股东主张凭借其资本优势和管理权优势，将超出注册资本以外的出资行为确认为增资行为或高利息借贷行为，小股东以控股股东的行为未经法定程序，涉嫌侵害公司利益为由主张出资系普通民间借贷行为或赠与行为。债权人要求执行公司财产，股东主张投资款非公司财产，系公司对其债权等。

二、司法现状：司法认定投资款性质类型化分析

1. 认定投资款为股东出资或股权性质判决较少。民间借贷纠纷中，老股东以借贷案由起诉返还投资款，公司一般抗辩为股东出资或股权。法院认为，《公司法》明确规定股权转让、公司增资具体程序，属于强制性规定，违反规定不产生效力。且《公司登记管理条例》亦规定公司事项发生变更，需要到工商登记机关办理变更登记，以对外进行公示。投资款不符合上述要件，不予认定为出资或股权。

2. 认定投资款为借款性质判决占30%。有法院认为投资款的性质不是股权就是债权，排除了股权性质只能认定为债权即借款。[③] 有法院认为，公司财务账册将投资款列为其他应付款，审计报告也在资产负债表中予以列明，可以反映公司的真实意思表示是认可投资款为借款。[④] 有法院认为投资款为股权或出资，但是没有任何材料或工商登记股东信息，故应确认为破产债权。[⑤]

3. 驳回股东要求返还投资款诉讼请求判决占70%，不予明确投资款的性

---

① 济南市中级人民法院（2018）鲁01民终435号民事判决、珠海市中级人民法院（2014）珠中法民二初字第3号民事判决。

② 最高人民法院（2013）民提字第226号民事判决。

③ 佛山市中级人民法院（2016）粤06民终4196号民事判决。

④ 杭州市滨江区人民法院（2016）浙0108民初1025号民事判决。

⑤ 济南市中级人民法院（2018）鲁01民终435号民事判决、温州市龙湾区人民法院（2017）浙0303民初1522号民事判决、安庆市中级人民法院（2017）皖08民终2161号民事判决。

质。法院认为，股东与公司之间没有借条欠条等证明借贷合意的存在，同时投资款转账备注为“往来投资”等字样，无“借款”字样，故股东主张借款证据不足。[①] 有法院认为股东举证证明的借条或承诺书系其控制公司行为，非公司真实意思表示，故不予认定为借款关系，本案即为典型。[②]

三、理论现状：投资款性质争议较多

1. 股权论或出资论。该观点认为：第一，股东的增加出资行为目的在于提升公司的经营资金运转能力，增加公司对外的资信保障，通过出资提升公司的股本价值，给公司股东带来更大收益。投资款本质与增加注册资本无异。第二，按照经验法则和社会常识，通常是把投资与出资行为作为相同的概念使用，而把投资与借贷作为对立的概念进行比较，投资通常都被解释为承担经营风险并参与营利分配的法律形式。[③] 而股东对这一部分投资与公司之间并无明确的借贷关系的意思表示和约定，特别是没有就投资的偿还和投资的借贷利息或收益作出任何约定，而这两点又恰好是借贷关系最基本的要素。相反，股东一般是将这部分投资与资本内的出资均参与公司收益的分配。所以股权论更为接近投资款性质。

2. 债权论。该观点认为：第一，按照公司法人制度理论，公司作为独立的法人人格，其财产也是完全独立的，股东新的注资行为如果未履行法定的增加注册资本的手续，就无法将其视为是公司财产权益的部分。如认定为股权性质，不论在股权总体结构的认定，还是股东个人持有份额的认定上，都会与现行公司法中注册资本制度相互矛盾。故从尊重公司财产权独立的角度，应当认定该出资行为的性质系债权的性质。第二，公司作为法律拟制的法律主体，其资本、股东、股权等相关情况都要通过工商登记对外公示，登记事项具有严格的公示效力，未经公示的出资行为是没有对抗外部人员的效力的。

3. 有限制债权论。该观点认为：将股东超出注册资本的出资认定为股权出资，会与公司独立财产权相矛盾，在实务操作上造成混乱，且与注册资本法定不符。如果将其认定为普通的债权，又不符合权利义务对等的民法基本原则，认为股东超出注册资本出资是为了获得更多利益，在公司经营顺利的情况

---

① 佛山市中级人民法院（2015）佛中法民一终字第190号民事判决、山东省高级人民法院（2016）鲁民终1796号民事判决。

② 山东省高级人民法院（2014）鲁民一终字第8号民事判决、湖南省高级人民法院（2015）湘高法民一终字第413号民事判决。

③ 赵旭东等：《公司法实例与法理》，法律出版社2007年版，第175页。

下该部分就必然会给股东带来收益，但在发生经营风险，公司亏本乃至破产时，如果将这部分出资作为债权出资，就会发生股东只享有权利而不负担义务的情形。有限制性的债权论指出，出资性质应当属于债权性质，限制性是指特定情况下，限定股东取回超出注册资本的出资，即当公司发生履行不能或破产时，该部分出资应后于其他普通债权，而优先于股东注册资本部分出资而受偿；如果股东恶意先取回的，应赋予债权人撤销的权利。该权利包含以下几点内容：（1）在公司经营顺利的情况下，具备良好的债务履行能力时，股东可向公司取回该超出注册资本的出资，视为普通债权；（2）当公司发生债务履行不能或者有发生债务履行不能之虞时，股东不得取回该出资，只有在公司履行完债务时方可由股东向公司要求取回。如果股东恶意利用优势地位取回该出资，债权人有权在规定期限内请求人民法院予以撤销。（3）当公司进入破产程序时，该部分出资应后于一般债权，而先于股东注册资本部分出资而受偿。限制性债权的定性有效地解决了公司财产独立和法定登记制无法突破，但又要防止股东滥用经营管理权，侵害公司财产独立性及损害外部债权人利益的情况。这样的制度设计既能有效的保护出资人的利益，又不会损害公司外部的其他债权人的利益，达到了两者的利益平衡。①

4. 非股权即为借款论。该观点认为：投资款的性质可作两种解释，一是股东出资，二是股东与公司之间的借贷。从公司内部分析，现未有相应的股东会决议或股东会纪要反映公司进行了增资扩股；从公司外部分析，公司亦未在接受投资之日起30日内到有关机关办理登记手续，从而可以排除股东向公司交付的款项属于股东出资的解释。在排除了股东出资的解释后，“投资款”即应理解为股东与公司之间的借贷。②

5. 资本公积金论。该观点认为：在股东未提供证据证明双方事先对该出资的性质为借款以及借款期限、借款利息等特别约定的情况下，股东多投入的出资性质应为资本公积金而非借款。将股东的投资款纳入公司资本公积金范畴，一方面是维护公司和债权人权益，防止股东抽逃出资；另一方面资本公积金属于公司所有者权益，即股东权益。资本公积金可以扩大公司生产经营或者

---

① 杨灿：《超注册资本投资性质之破产债权认定问题研究》，载《吉林工商学院学报》2014年10月第5期。

② 佛山市中级人民法院（2016）粤06民终4196号民事判决、杭州市滨江区人民法院（2016）浙0108民初1025号民事判决：“涉案款项没有以股权形式投资，被列入了其他应付款一栏，也没有将其列为资本公积金，倘若股东垫付的土地款作为公司的公积金，应该作出股东会决议予以认可，否则，应该推定股东暂借给公司的流动资金。”

转为增加公司资本。从衡量股东、公司、债权人利益角度，认定为公司资本公积金也系折中之举措。

四、股东“约定不明”投资款现象产生原因分析

1.《公司法》对增资程序要求严格、程序繁琐，故股东追加投资常未予变更工商登记。《公司法》第四十三条规定：“股东会会议作出修改公司章程、增加或者减少注册资本的决议，以及公司合并、分立、解散或者变更公司形式的决议，必须经代表三分之二以上表决权的股东通过。”第一百七十八条规定：“有限责任公司增加注册资本时，股东认缴新增资本的出资，依照本法设立有限责任公司缴纳出资的有关规定执行。股份有限公司为增加注册资本发行新股时，股东认购新股，依照本法设立股份有限公司缴纳股款的有关规定执行。”第一百七十九条规定：“公司增加或者减少注册资本，应当依法向公司登记机关办理变更登记。”《公司登记管理条例》第三十一条规定：“公司增加注册资本的，应当自变更决议或者决定作出之日起 30 日内申请变更登记。”故公司增资需要股东会决议（三分之二以上表决权通过）、验资报告（2013 年后《公司法》取消强制验资程序）、公司章程修正案、特别公司需要行政许可或审批文件等。

根据公司实际经营惯例，公司在正常经营过程中，常会遇到项目资金不足，需要股东追加投资的情形。一般情况下，公司会按照原有股权比例追加投资，由于股权比例没有发生变化，而工商变更登记较为繁琐，故未到工商部门办理增加注册资本变更登记。①

2. 自然人股东“约定不明”为法律知识欠缺，投资方式随意不规范。有案例显示，自然人对于投资的认定限于经验法则或社会常识，不知道“投资”不是一个法律概念。在往来银行交易明细单及协议中备注常为“往来投资”，但具体“投资款”究竟是股权还是借款，还是其他概念，当事人均不能提交证据予以证明，通过证据也不能明确当事人之间真实意思表示。事实上，虽然对于投资的概念并不明确，但是通常人对于借贷非常明确。中国传统上“借债还钱，天经地义”，借贷关系的发展具有几千年的历史渊源，欠条也历经了各种各样复杂的形状和载体。所以即使法律意识欠缺、投资方式随意，一个合理人对于借贷与投资还是能够有所区分。如果认为追加的投资是借款性质，自然人股东应当提交欠条或其他证明借贷合意的证据予以证明，否则投资款亦很

---

① 佛山市中级人民法院（2015）佛中法民一终字第 190 号民事判决。

难认定为借款。

3. 法人股东“约定不明”为明知且故意，系规避经营风险。有案例显示，股东作为公司的控制股东，一般是法人股东，对于公司经营过程中不断追加投入的款项常约定不明，本案即为典型。经过调研发现，造成对于控制股东投资行为定性模糊的原因主要有两点：一方面是基于我国的注册资本制度较为严苛，新投入资金转化为新增资本程序繁琐、条件严格；另一方面股东又不愿意面对较高的资本经营风险，故其更愿意通过借贷、垫资等债权方式投入资金，这样既能提升公司自身的经营能力、资本实力，提升股权价值，又能有效地保护自己新投入资金免于承担经营风险。当发生经营困难时，可以作为普通债权合法退出。故在较多案件中，作为投资人的股东，出于对于自身利益最大化的追求，同时基于对公司经营风险的规避设计，在投入资金的过程中往往会采用对投入资金不作任何定性的模糊处理方式。资金投入的盈利情况决定股东对投入资金的法律定性：如果公司经营状况良好、投入资金回报率较高，股东常常会主张注入资金系增加股本和注册资本的行为，同时利用股权优势完成注册资本的变更和增资的法定程序；反之，如公司经营出现严重困难，投入资金亏损严重，则股东往往主张投入资金是借贷资金，要求公司作为普通债权予以偿还，甚至提出借贷利息的要求，保护出资股东的自身利益。所以在不同类型的诉讼案件中，受保护自身利益驱使的出资股东对于其超过注册资本而增加出资的行为会作出完全不同的解释或定性。而多数案件中，由于该投资股东现在或曾经实际控制和管理公司，所以其在诉讼中具有较强的选择证据和制造证据的能力和机会，从而引导诉讼结果向对其有利的方向发展。

五、困境突破：认定为资本公积金

1. 资本公积金现有法律规定。资本公积金的概念首次出现是在 1992 年《股份有限公司规范意见》中，其中第七十一条规定：资本公积金包括超过股票面额发行所得的溢价额、接受赠与及按照国家有关规定应列入的其他款项。《公司法》第一百六十七条规定：“股份有限公司以超过股票票面金额的发行价格发行股份所得的溢价款以及国务院财政部门规定列入资本公积金的其他收入，应当列为公司资本公积金。”

1993 年财政部颁布的《房地产开发企业会计制度》载明：资本公积，包括接受捐赠、资本溢价、法定资产重估增值、资本汇率折算差额等。……对于投资人交付的出资额大于注册资本而产生的差额，作为资本溢价纳入公司资本公积金范畴。《财政部关于印发〈企业会计准则——应用指南〉》的通知（财会［2006］18号）附录《会计科目和主要账务处理》规定："资本公积系核算企业受到投资者出资额超出其在注册资本或股本中所占份额的部分。"

可以看出，事实上资本公积金的范围和功能在不断扩张。从起初仅有溢价款、捐赠款到后来包含资产增值、汇率折算、投资额大于注册资本额等。最高人民法院在江门市江建建筑有限公司与江门市金华物业投资管理有限公司等执行异议之诉中也支持了该种观点。[①] 再比如，股东以债权出资，债权作为公司的财产权，出现增值或超额实现的客观情况时，对于债权增值部分归属问题如何处理。最高人民法院认为如公司章程未明示超额实现债权的性质，则超额部分属于资本溢价，应计入公司财产，列入公司资本公积金，除非公司章程对于溢价部分有明确的约定。

2. 将约定不明投资款认定为资本公积金的法律分析。从法理上分析，约定不明投资款是股东追加的投资，与股东出资或股权本质上具有同一性。资本公积金本质上属于公司生产资本，且资本公积金具有转增股本的功能。将投资款认定为公司资本公积金具有法理依据。

从实证主义角度分析，将投资款认定为债权，在公司经营顺利的情况下该部分就必然会给股东带来收益，但在发生经营风险，公司亏本乃至破产时，如果将这部分出资作为债权出资，就会发生股东只享有权利而不负担义务的情形。因为公司财产权独立的特点，股东仅需以出资为限承担责任，将股东超过注册资本的出资认定为债权性质，则股东这部分超出投资将不会承担作为股本的损失风险。股东可以作为债权人与其他外部债权人一起参与公司资产的平等分配，严重损害公司其他债权人的合法权益。更不用说在实践过程中，股东作为公司的经营管理者很有可能在公司出现经营性风险时，抢先将其超出部分出资按照债权关系安全取回，造成外部债权人利益落空的情况，如将该出资认定为公司的普通债权，那么这种人为的股东道德风险是无法防范的。

从法经济学角度分析，商事规范要求规范商事主体行为和提高市场交易效率，降低交易成本。"约定不明"投资款行为存在本身是一个畸形现象，法律

① 最高人民法院（2013）民提字第226号民事判决书，"其认为股东实际交付的出资大于注册资本，公司董事会决议通过将股东多投入的出资转作借款，并以物抵债。法院经过审理认定，根据公司法规定，国务院财政部门规定列入资本公积金的其他收入应当列为公司资本公积金。因此在股东未提供证据证明双方事先对该出资的性质为借款以及借款期限、借款利息等特别约定的情况下，股东多投入的出资性质应为资本公积金而非借款。资本公积金属于公司的后备资金，股东可以按出资比例向公司主张所有者权益，但股东出资后不能抽回，也不得转变为公司的债务计算利息，变相抽逃"。

应当发挥其指引功能，通过司法裁判引导商事主体行为规范化和合法化。商事主体的有序交易才能降低整个社会的交易成本，符合市场经济化要求。将“约定不明”投资款认定为资本公积金，既能够促使股东与公司之间的交易行为或投资行为规范化和合法化，亦能够平衡股东、公司和债权人之间的利益关系。

（**一审法院合议庭成员** 刘 茵 高 娜 郑吉喆
二审法院合议庭成员 范士卿 赵红英 龚晓娓
编写人 北京市第三中级人民法院 刘 茵 张 清
责任编辑 潘 静
审稿人 曹士兵）

常世芬诉黄石东贝电器股份有限公司等证券虚假陈述责任纠纷案

——实施日、揭露日、基准日、重大性及系统风险的认定

关键词：商事　系统风险　相关系数　重大性

【裁判要旨】

实施日、揭露日、基准日、重大性及系统风险的认定，均要结合虚假陈述的具体类别。理性投资者决策标准侧重于明确披露信息的类型，价格判断标准侧重于判断是否构成侵权。因果关系作为联系侵权行为与损害之间重要的逻辑纽带，它不仅属于侵权行为法基本规定内容，而且构成了其他几乎所有赔偿责任构成要件的基础。在类型分析基础上确定时间点，采取“折合双标准综合说”判断重大性。肯定交易和损失的因果关系，要用相关系数法则取得指数进而衡量系统风险。

【相关法条】

《中华人民共和国证券法》第六十七条　发生可能对上市公司股票交易价格产生较大影响的重大事件，投资者尚未得知时，上市公司应当立即将有关该重大事件的情况向国务院证券监督管理机构和证券交易所报送临时报告，并予公告，说明事件的起因、目前的状态和可能产生的法律后果。

下列情况为前款所称重大事件：

（一）公司的经营方针和经营范围的重大变化；

（二）公司的重大投资行为和重大的购置财产的决定；

（三）公司订立重要合同，可能对公司的资产、负债、权益和经营成果产

生重要影响；

（四）公司发生重大债务和未能清偿到期重大债务的违约情况；

（五）公司发生重大亏损或者重大损失；

（六）公司生产经营的外部条件发生的重大变化；

（七）公司的董事、三分之一以上监事或者经理发生变动；

（八）持有公司百分之五以上股份的股东或者实际控制人，其持有股份或者控制公司的情况发生较大变化；

（九）公司减资、合并、分立、解散及申请破产的决定；

（十）涉及公司的重大诉讼，股东大会、董事会决议被依法撤销或者宣告无效；

（十一）公司涉嫌犯罪被司法机关立案调查，公司董事、监事、高级管理人员涉嫌犯罪被司法机关采取强制措施；

（十二）国务院证券监督管理机构规定的其他事项。

《最高人民法院关于审理证券市场因虚假陈述引发的民事赔偿案件的若干规定》第十九条 被告举证证明原告具有以下情形的，人民法院应当认定虚假陈述与损害结果之间不存在因果关系：

（一）在虚假陈述揭露日或者更正日之前已经卖出证券；

（二）在虚假陈述揭露日或者更正日及以后进行的投资；

（三）明知虚假陈述存在而进行的投资；

（四）损失或者部分损失是由证券市场系统风险等其他因素所导致；

（五）属于恶意投资、操纵证券价格的。

【案件索引】

一审：湖北省武汉市中级人民法院（2016）鄂01民初1270号（2017年1月7日）

【基本案情】

原告常世芬诉称：其2007年5月22日至2012年8月15日期间购买了东贝股份公司的股票，然而东贝股份公司从2006年开始实施虚假陈述行为。2011年12月22日，《证券时报》上刊登《东贝B股涉嫌重大信息披露违法违规》揭露了东贝股份公司的虚假陈述行为，导致股价下跌，造成投资损失。

请求法院判令东贝股份公司赔偿投资差额损失，东贝集团公司承担连带责任，所有诉讼费用均由两被告承担。

被告黄石东贝电器股份有限公司（以下简称东贝股份公司）、黄石东贝机电集团有限责任公司（以下简称东贝集团公司）辩称：该损失不是被告的虚假陈述行为造成的，被告的虚假陈述行为不具有重大性，没有对东贝 B 股的交易数额及交易价格产生实质性的影响，所谓的损失是由股票市场的系统性风险造成的。

法院经审理查明：东贝股份公司于 1999 年 7 月 15 日在上海证券交易所上市，证券代码为 900956，证券简称为东贝 B 股，其控股股东为被告东贝集团公司。2011 年 12 月 22 日，《证券时报》上刊登《东贝 B 股涉嫌重大信息披露违法违规》，报道东贝股份公司存在隐瞒多项重大关联交易行为。当日，东贝股份公司针对上述报道发出《公告》，称公司董事会正在进行调查核实，并会作进一步的披露。特此公司股票停牌一天。2012 年 5 月 24 日，东贝股份发布《与艾博科技公司关联交易的补充及更正公告》。

2012 年 7 月 2 日，东贝股份公司发布公告称，2012 年 6 月 29 日公司收到中国证监会武汉稽查局《立案稽查通知书》，因涉嫌违反《证券法》及相关法规，该局对东贝股份公司及东贝集团公司进行立案稽查。

2014 年 8 月 18 日证监会作出（2014）76 号行政处罚决定。

2014 年 9 月 10 日，东贝股份公司发布公告称，其控股股东东贝集团公司收到证监会（2014）76 号行政处罚决定书。根据该行政处罚决定书，证监会认为东贝集团公司存在的主要违法事实是：（1）东贝股份公司未及时披露或未如实披露与艾博科技公司的关联关系和关联交易。艾博科技公司实际为东贝集团职工持股公司。2006 年底，经东贝集团公司（含下属各子公司）全体职工代表讨论同意，决定由东贝集团公司全体员工入股，以信托方式组建艾博科技公司，东贝集团公司管理层负责艾博科技公司的治理。目前，艾博科技公司三家子公司的管理层均为东贝集团公司管理层成员。艾博科技公司的主要业务与东贝股份公司密切关联。2006 年至 2011 年，东贝股份公司向艾博科技公司销售商品的金额分别为 1260.49 万元、2978.13 万元、1700.52 万元、647.82 万元、2361.61 万元、2312.09 万元；2006 年至 2011 年，艾博科技公司向东贝股份公司销售商品的金额分别为 458.53 万元、2.54 亿元、2.30 亿元、2.92 亿元、4.44 亿元、4.38 亿元。东贝股份公司未及时披露与艾博科技公司的关联交易，未在 2006 年、2007 年年报中披露与艾博科技公司的关联关系及关联交易，2008 年至 2010 年年报虽然有所披露，但不充分。（2）东贝股份公司未披露或未如实披露与法瑞西公司的关联关系和关联交易。法瑞西公司股东为37名自然人，均为东贝集团公司及各子公司的高层管理人员的直系亲属。法瑞西公司设立的主要目的是用来接受芜湖经济开发区给东贝集团公司管理层37人的股权奖励。该股权即芜湖经济开发区以土地使用权出资持有的芜湖欧宝公司35%的股权。芜湖欧宝公司是东贝股份公司的控股子公司，2010年法瑞西公司受让芜湖经济技术开发区建设总公司持有的芜湖欧宝公司35%的股权。东贝股份公司2009年至2010年年报、2009年至2011年临时报告，未披露法瑞西公司的股权结构或实际控制人的信息，也未披露法瑞西公司对芜湖欧宝公司的持股信息。2010年2月28日，法瑞西公司以977.36万元的价格受让东贝股份公司持有的黄石晨信光电有限公司90%的股权，东贝股份公司对该交易事项未及时披露，仅在2010年年报中将该事项作为重大资产出售予以披露，未作为关联交易披露。东贝股份公司未披露或未如实披露与艾博科技公司、法瑞西公司两家公司的关联交易以及关联交易的行为违反了《证券法》第六十六条、第六十七条之规定，控股股东东贝集团公司没有如实将上述信息向东贝集团公司报告，构成《证券法》第一百九十三条第三款“发行人、上市公司或者其他信息披露义务人的控股股东、实际控制人指使从事前两款违法行为”的行为。鉴于以上违法行为，证监会决定：（1）责令东贝集团改正，给予警告，并处以30万元罚款；（2）对直接负责的主管人员杨百昌给予警告，并处以5万元罚款；（3）对其他直接责任人员朱金明等3人分别给予警告，并处以3万元罚款。

另查明：2007年至2008年是中国及全球股市跌幅巨大的两年，从2007年10月创出最高点6124点之后，一路下跌。截至2008年年底，美国三大股指均跌回10年前的水平，中国内地的上证综指和深成指双双创历史最大年跌幅。中国香港恒生指数创历史最大点数年跌幅，创34年最大百分比跌幅。股市的暴跌是全球性的，而非局部的。中国股市的跌幅远远超过其他国家，大跌的原因有外部原因也有内部原因。外部原因主要是美国的次贷危机导致经济金融市场的动荡和萧条，直接影响了全球的经济状况。内部原因主要是国内通货压力巨大，国家实现货币从紧政策及股改产生的限售股解禁等因素，中国经济受到巨大影响，导致了股市的下跌。

再查明：根据原告常世芬提交的交易记录，常世芬于2007年5月22日购入900956股票52600股、成交价格1.7890美元/股；2009年2月24日购入900956股票6300股，成交价格0.3900美元/股；2012年8月15日，购入900956股票4500股，成交价格0.5040美元/股。于2013年1月24日仍持有上述股票。

【裁判结果】

湖北省武汉市中级人民法院于2016年12月7日作出（2016）鄂01民初1270号民事判决：驳回原告常世芬的诉讼请求。宣判后，双方均未提出上诉，判决已发生法律效力。

【裁判理由】

法院生效裁判认为：东贝股份公司、东贝集团公司未披露或未如实披露与艾博科技公司、法瑞西公司两家公司的关联关系以及关联交易的行为，也未披露法瑞西公司对芜湖欧宝公司的持股信息，构成证券市场虚假陈述行为。被告虚假陈述行为发生在2006年度，该信息应在年度报告中载明披露，2006年度报告公布日2007年3月20日即为虚假陈述实施日；2011年12月22日《证券时报》披露了虚假陈述行为，该日为揭露日。从2011年12月22日起算至2013年1月24日，东贝股份公司股票换手率累计超过流通股数的100%，2013年1月24日应为基准日，期间平均价0.59美元/股为基准价。经过综合认定，东贝股份公司、东贝集团公司虚假陈述行为未对原告的投资行为产生影响，不具有重大性。原告买入东贝股份公司股票并持有，且期间上证综合指数发生了突发的、大幅的波动，存在系统性风险因素，虚假陈述行为与原告的投资行为没有因果关系。被告抗辩称被告的虚假陈述行为不具有重大性，原告损失是由股票市场的系统性风险而不是被告的虚假陈述行为造成的，其理由成立，法院予以采纳。因侵权行为不具有重大性，与投资者的交易决定没有因果关系，对原告常世芬的诉讼请求，不予支持。

【案例注解】

本案争议焦点是：（1）对虚假陈述行为实施日、揭露日和确定投资者合理损失范围的基准日、基准价的认定问题；（2）关于被告东贝股份公司、东贝集团公司是否承担侵权责任的问题。分析如下：

一、实施日的认定

《最高人民法院关于审理证券市场因虚假陈述引发的民事赔偿案件的若干

规定》（以下简称《若干规定》）第二十条规定："本规定所指的虚假陈述实施日，是指作出虚假陈述或者发生虚假陈述之日。"实践中，想准确地认定实施日并非易事，要结合虚假陈述的具体类别。从行为方式来看，虚假陈述可以分为积极作为方式和消极不作为方式两种，前者例如将不存在的事实在信息披露文件中予以记载，作出误导性的陈述等，后者例如未将应当记载的事项完全或者部分予以记载，未在适当期限内或者未以法定方式公开披露等。以作为方式进行虚假陈述的实施日较容易判断，而以不作为方式进行虚假陈述的实施日则未有明确规定。权威观点认为，不作为方式的虚假陈述"可以根据法律规定的信息披露的期限确定实施日，如果信息披露义务人在法定期限内未按规定作出披露，法定期限届满后的第一日即为虚假陈述实施日。如果行为人持续进行虚假陈述的，则以首次作出虚假陈述或者发生虚假陈述之日为实施日"。① 笔者认为，不作为方式虚假陈述，确定实施日要以信息披露形式为基础。《上市公司信息披露管理办法》规定持续信息公开采取临时报告和定期报告两种形式。临时报告针对"发生可能对上市公司证券及其衍生品种交易价格产生较大影响的重大事件"。由于虚假陈述案以行政处罚为前置条件，一般来讲，行政处罚决定书中会阐明披露义务主体具体哪一天没有披露临时报告事项，可据处罚书确定的披露义务日作为此类虚假陈述的实施日。定期报告形式进行信息公开，包括年度报告、中期报告和季度报告，笔者认为，定期报告公布日即是信息披露义务时间，如果要求在定期报告中披露的信息，在业已公布的报告中没有载明，那么公布日即为虚假陈述实施日。本案中的关联关系和关联交易属于定期年度报告中应予披露之事实，而东贝股份公司在2006年度至2010年度年度报告中均遗漏或部分遗漏，其实施日应为年度报告公布之日。本案中5个年度报告均遗漏或部分遗漏，是否意味着有5个实施日。"如果行为人持续进行虚假陈述的，则以首次做出虚假陈述或者发生虚假陈述之日为实施日"。② 综览全案，未披露或遗漏披露的关联关系和关联交易属同一类型，信息之间联系密切，且《证券时报》揭露的内容和证监会处罚决定书确认的内容都是一系列整体事实，并没有逐项分阶段揭露和处罚，所以从2006年度开始直至2011年，东贝股份公司实施的是一个整体的侵权行为，应该以最早年报公布日作为侵权起始。另外，从最早的虚假陈述日起算，最大可能延伸了当事人权益的保障边界，克服了多个实施日分段计算带来的审判繁冗。因此，本案中将2006年度报告公布日2007年3月20日认定为是虚假陈述实施日较为合宜。

---

①② 张海棠：《证券、期货纠纷》（第2版），法律出版社2015年版，第150页。

二、揭露日的认定

确认揭露日主要考虑两个方面：首先，揭露内容要相对确定。媒体对虚假陈述行为的直接揭露，必须达到实质揭露才具确定性。所谓实质揭露，是指媒体对虚假陈述行为的首次公开报道，其内容须与有关监管部门的处罚决定或法院的刑事判决相一致，才能被作为认定揭露日的依据。[①] 本案中，《证券时报》2011 年 12 月 22 日发布的《东贝 B 股涉嫌重大信息披露违法违规》一文中，报道的内容和和行政处罚决定书认定的内容总体吻合，符合揭露日确定的内容要求。其次，揭露信息发表于全国性的媒体。这一规定的初衷是为了保证揭露信息的广度和力度。由于受众群体广泛，在全国性媒体上发表信息可以使投资者不会因信息流通不畅而遭受损失，也可以对投资者作出有效的风险警示。《证券时报》是中国证监会指定披露上市公司信息的报刊，面向全国公开发行，在证券行业内较大程度上能引导舆论，影响人们对市场、金融形势走势的看法。该报刊的报道，符合虚假陈述信息揭露的主体资格要求。

综合以上，本案虚假陈述的揭露日应为 2011 年 12 月 22 日。

三、基准日和基准价的认定

虚假陈述被揭露后，其对个股价格造成的扭曲效应经过多久才能被消化掉，基准日如何认定，是一个十分复杂的问题。司法实践中，为了合理确定投资者可求偿损失的范围，为审判中计算损失提供依据，《若干规定》创设了一种确定基准日的方法，以相关股票的流通股换手率达到 100% 之日作为虚假陈述的基准日。[②] 相关证券累计成交量达可流通部分的 100% 时，可以认为虚假陈述对市场的扭曲效应基本被消除。且此段时间，也为那些想采取减损措施的投资者提供了合理的减损机会。本案中，自 2011 年 12 月 22 日揭露日之后，东贝股份公司股票至 2013 年 1 月 24 日交易换手率达到可流通股的 100%，2013 年 1 月 24 日即为确定投资者合理损失范围的基准日，期间东贝 B 股交易平均价格 0. 59 美元/股为基准价。

四、重大性的判断

证券虚假陈述针对的是“重大事件”。对于如何界定重大性，《证券法》

---

① 宋一欣：《虚假陈述民事赔偿诉讼制度若干问题的思考》，载《法律适用》2003 年第 205 期。

② 张勇健：《论虚假陈述行为的几个时间点》，载《法律适用》2004 年第 205 期。

第六十七条详列了十一项重大事件，并以“国务院证券监督管理机构规定的其他事项”兜底穷尽。即便如此，审判实践中依然要借助一定的标准对重大事件作出判断。目前，判断标准主要集中于两个向度，即理性投资者决策标准和价格判断标准。理性投资者决策标准是指对理性投资者的投资决策产生重大影响的事件就是“重大事件”，这里的投资者指那些没有敏锐商业能力的一般投资者，其既不同于对自己的事务疏于管理，没有尽到一般注意义务的人，也不同于出于特定职业要求而对某些事项具有严格注意义务的人。① 如果上市公司未予披露的信息或披露的虚假信息会对其投资决策产生重大影响，足以影响买入、售出、继续持有等交易行为，那么该信息就符合“重大性”的判断标准。价格判断标准是指，一个事件是否具有“重大性”，依据它是否会对公司股价产生重大影响，即该项事件被披露后，会对公司的股价形成重大影响，导致公司股价出现较大幅度的涨跌。两种认定标准各有支持的声音，同时，也有折合双标准综合说，如“在我国目前的资本市场条件下，采纳融合投资者影响判断和价格影响判断综合标准，不失为适合我国基本国情的办法”。②

笔者支持综合说观点，理性投资者决策标准侧重于明确披露信息的类型，价格判断标准侧重于判断是否构成侵权。申言之，前者评价哪些信息应该披露，后者评价哪些积极披露或消极披露构成侵权，这是在两个方向思考所采取的不同标准。本案中，东贝股份公司实施虚假陈述行为，发生于该上市公司股票在证券市场公开交易期间，处于持续信息披露阶段，对其是否构成侵权应适用价格判断标准。通过选取上海证券交易所公布的交易信息，现将虚假陈述揭露日前后10日东贝B股的股价变化信息及变化曲线绘制如下：

单位：美元

日期	2011.12.8	2011.12.9	2011.12.12	2011.12.13	2011.12.14	2011.12.15	2011.12.16
收盘价	0.578	0.575	0.562	0.538	0.539	0.528	0.559
日期	2011.12.19	2011.12.20	2011.12.21	2011.12.22	2013.1.4	2013.1.5	2013.1.6
收盘价	0.547	0.540	0.531	0.544	0.541	0.534	0.540
日期	2013.1.9	2013.1.10	2013.1.11	2013.1.12	2013.1.13	2013.1.16	2013.1.17
收盘价	0.573	0.590	0.590	0.585	0.573	0.551	0.576

① 翁晓健：《证券市场虚假陈述民事责任研究——美国证券法经验的反思与借鉴》，上海社会科学院出版社2011年版，第58页。

② 张海棠：《证券、期货纠纷》（第2版），法律出版社2015年版，第149页。

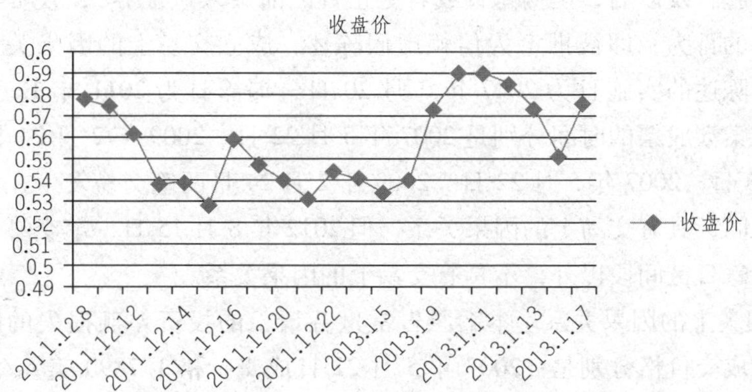

从图表中可以看出，揭露日当日及其后的 10 日内，东贝股份公司的股价对虚假陈述信息的揭露并没有作出消极回应，2011 年 12 月 22 日相较于 2011 年 12 月 21 日反而上升了约 2.4%，2011 年 12 月 22 日之后股价曲线呈现出由平稳过渡到大幅上涨再到放缓下行的态势。被告的虚假陈述行为被揭露后并未对原告所持股票股价产生负面影响，因此不具有重大性。

五、侵权行为与投资者交易损失的因果关系分析

因果关系作为联系侵权行为与损害之间重要的逻辑纽带，“它不仅属于侵权行为法基本规定内容，而且构成了其他几乎所有赔偿责任构成要件的基础。”[①] 理论界和实务界普遍认为，证券虚假陈述侵权因果关系，包括了交易上因果关系（transaction causation，或称为事实上因果关系）和损失上因果关系（loss causation，或称为法律上因果关系），前者被用来认定虚假陈述行为是否引起了投资者的交易行为，后者被用来判断交易行为是否导致了投资者的全部或部分损失。[②]

1. 交易上的因果关系。《若干规定》参照欺诈市场理论的思路，以“推定信赖”原则确定投资损失与虚假陈述之间的因果关系存在与否。只要《若干规定》设定的有关基础事实得到证明，就可以推定该因果关系存在。[③] 所谓的“有关基础事实”是指《若干规定》第十八条第二项规定的“投资人在虚

---

① ［德］克里斯蒂安 · 冯 · 巴尔：《欧洲比较侵权行为法》（下卷），焦美华译，法律出版社 2001 年版，第 528 页。转引自廖升：《诱空虚假陈述侵权责任之因果关系》，载《法商研究》2016 年第 6 期。

② 谢欣欣、谢春晖：《上市公司虚假陈述之民事责任》，载《人民司法（案例）》2016 年第 2 期。

③ 李国光：《最高人民法院关于审理证券市场虚假陈述案件司法解释的理解与适用》（重印本），人民法院出版社 2015 年版，第 250 页。

假陈述实施日及以后，至揭露日或者更正日之前买入该证券”，投资者实施符合该条件的行为，即被推定为信赖虚假陈述，成立交易上的因果关系。本案中，虚假陈述的实施日为2007年3月20日，揭露日为2011年12月22日，原告买入案涉股票的时间分别是2007年5月22日、2009年2月24日和2012年8月15日。2007年5月22日、2009年2月24日两笔交易发生在实施日和揭露日之间，具有交易上的因果关系，但2012年8月15日一笔交易发生在实施日至揭露日区间段以外，不具有交易上的因果关系。

2. 损失上的因果关系。本案原告常世芬请求的投资差额损失的股票，购买时间及成交价格分别是：2007年5月22日成交价格1.7890美元/股；2009年5月22日成交价格0.3900美元/股。与基准价0.59美元/股相比，只有2007年购入的股票才存在差额损失。但该差额损失是否由虚假陈述行为造成。被告东贝股份和东贝集团辩称该差额损失是由系统风险造成的，与虚假陈述行为不存在损失上的因果关系。

系统风险是《若干规定》第十九条阻却因果关系成立的重要事由，也是虚假陈述案中经常被引用的抗辩理由。但由于缺乏确切规定，现实中又存在诸多理解差异，该条款一直以来给法律适用带来很大麻烦。系统风险靠什么反映，如何量度具体的数值，目前主要有三种观点：一是证券综合指数反映系统风险，指数变化直接作为计算系统风险依据；二是综合指数和板块指数并列考虑，以板块指数为主，综合指数为辅，赋予相应权数综合测算系统风险大小；[①] 三是在综合指数和行业板块指数中选择最具有关联性的指数考虑。

笔者认为，用综合指数或者行业板块指数考虑系统风险是通行做法，在没有更精准的方式之前是最合理的。但综合指数或者行业指数与个股是否有关联，关联程度有多大。证券市场运行过程中，指数失真时有发生，个股偏离大盘或行业指数也绝非少数，如周边安全形势紧张时，大盘下跌，军工股大幅上涨，雄安新区政策利好造成雄安板块与综合指数逆向发展高位增长等，此时用综合指数测度系统风险对个股的影响显然是不合适的。为了破解系统风险关联性和关联程度的瓶颈，引入统计学中的相关系数具有一定的说服力。相关系数是表征两个随机变量之间统计关系强弱的统计量，在几乎所有科学与技术领域都获得了广泛应用，如果一个随机变量随着另外一个随机变量的增大（减小）

---

① 甘培忠、彭运朋：《论证券虚假陈述民事赔偿中系统风险所致损失数额的认定》，载《甘肃社会科学》2014年第1期；刘振：《关于证券市场系统风险所致损失数额的认定》，载《人民司法》2008年第11期。

而增大（减小），则该两个随机变量满足正相关关系；反之，如果一个随机变量随着另外一个随机变量的增大（减小）而减小（增大），则该两个随机变量满足负相关关系。[①] 相关系数的计算公式为：

$$r(X, Y) = \frac{Cov(X, Y)}{\sqrt{Var[X]\, Var[Y]}} \text{ 或 } r = \frac{\sum (x-\bar{x})(y-\bar{y})}{\sqrt{\sum (x-\bar{x})^2 \sum (y-\bar{y})^2}}$$

当 r >0 时，表示两变量正相关，r <0 时，两变量为负相关；当 r =0 时，表示两变量间无线性相关；且 | r | 越接近 1，相关程度越高。一般可按三级划分：| r | <0.4 低度相关；0.4≤| r | <0.7 显著相关；0.7≤| r | <1 高度相关。从概念和公式来看，相关系数的求解似乎很麻烦，不太容易具体操作，实际上，采集基础数据后，借助现代办公软件 EXCEL 表格中的 CORREL 函数，3 至 5 分钟就可以求得相关系数的具体数值。

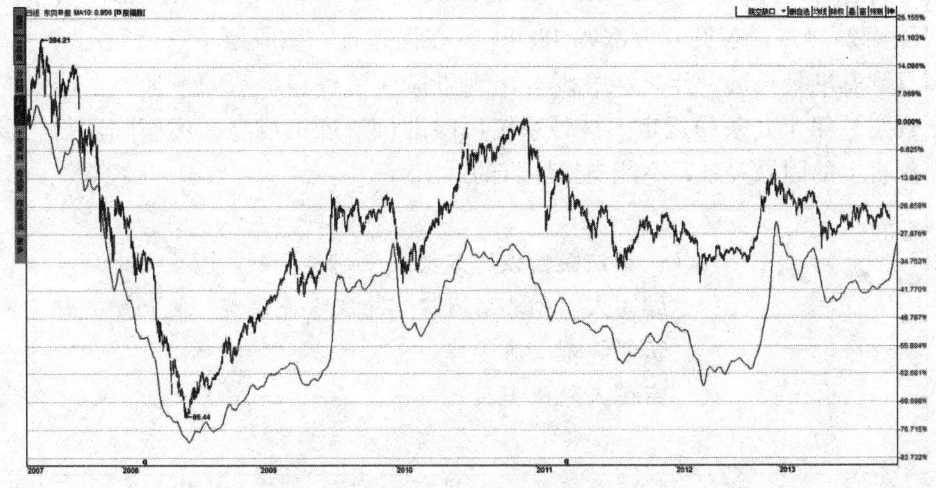

图例：（东贝 B 股均线与上证 B 股指数走势比较图）

本案中，被告举证了从实施日（2007 年 3 月 20 日）到揭露日（2011 年 12 月 22 日）近 5 年上证综合指数、上证 B 股指数、工业板块指数和东贝 B 股每月的指数或股价共计 240 个数据，通过测算得出东贝 B 股和上证综合指数的相关系数是 0.8574，和上证 B 股的相关系数是 0.9033，和所属工业板块指数相关系数是 0.8914。可见，东贝 B 股和上证 B 股之间的关联性最强，可以以上证 B 股指数测算系统风险对东贝 B 股的影响。在此基础上，笔者对东贝 B

① Gibbons J D，Chakraborti S. Nonparametric Statistical In－ference. 3rd. New York：M Dekker，1992. 转引自徐维超：《相关系数研究综述》，载《广东工业大学学报》2012 年第 9 期。

股、上证 B 股指数 2007 年至 2013 年期间的价格曲线进行了技术分析，通过叠加的方式进行比对研判。

从图例中可以看出，2007 年底至 2008 年中后期，上证 B 股指数和东贝 B 股遭遇了断崖式下跌，但这并非是虚假陈述行为导致的，而是因为全球股市均处于大幅下跌之中，中国股市的跌幅更是远远超过其他国家。2008 年美国的房价下跌成为次贷危机爆发的导火索，由源头国家迅速传染到其他的国家，股市坍塌直接传导到我国，呈现出极强的风险溢出效应。随即，股市从牛市行情转变为长期熊市，负向冲击使得经济周期进入收缩阶段。东贝 B 股极寒式下跌态势和上证 B 股指数呈现出一致性，下降幅度大体相同，换言之，在此期间，无论购买哪只股票，无论是否存在虚假陈述行为，下跌趋势都是一样的，系统风险才是造成损失的真实诱因，苛求东贝 B 股股价的稳定是不客观的，也不符合客观经济规律。2011 年 12 月 22 日至 2013 年 1 月 24 日期间，上证 B 股涨幅 25.9%，东贝 B 股涨幅 48.9%，在揭露日，该股票不跌反而上涨，揭露日到基准日长达一年之久，没有出现恐慌性抛售和暴跌的情形。根据《若干规定》第十九条的规定，被告系统风险的抗辩理由成立，虚假陈述行为没有损害上的因果关系，不能支持原告的诉求。

（**一审法院合议庭成员** 夏丽华 刘 隽 陈长洋
编写人 湖北省武汉市中级人民法院 夏丽华 鲍 刚
责任编辑 潘 静
审稿人 曹士兵）

湖北鑫浩景融资担保有限公司诉湖北安丰米业有限公司、何平安等追偿权纠纷案

——连带责任保证人间追偿权的认定

关键词：商事　连带责任保证人　追偿权　追偿顺序　夫妻共同债务

【裁判要旨】

担保人在主债务人未能清偿债权的情况下，鑫浩景公司为主债务人安丰米业公司代偿899万元债务，承担了保证责任，向安丰米业公司不能追偿的部分，鑫浩景公司有权要求未承担担保责任的担保人即何平安等人偿付其应当分担的份额。由于鑫浩景公司、何平安等人对安丰米业公司的债务均承担连带保证责任，但其内部对分担比例并无约定，对鑫浩景公司不能追偿的部分应平均分担，鑫浩景公司在向安丰米业公司追偿后，就安丰米业公司不能清偿的债务，有权分别向何平安等人追偿六分之一。

【相关法条】

《中华人民共和国担保法》第十二条　同一债务有两个以上保证人的，保证人应当按照保证合同约定的保证份额，承担保证责任。没有约定保证份额的，保证人承担连带责任，债权人可以要求任何一个保证人承担全部保证责任，保证人都负有担保全部债权实现的义务。已经承担保证责任的保证人，有权向债务人追偿，或者要求承担连带责任的其他保证人清偿其应当承担的份额。

《最高人民法院关于适用〈中华人民共和国担保法〉若干问题的解释》第二十条第二款　连带共同保证的保证人承担保证责任后，向债务人不能追偿的

部分，由各连带保证人按其内部约定的比例分担。没有约定的，平均分担。

【案件索引】

一审：湖北省武汉市江岸区人民法院（2017）鄂0102民初7196号（2018年5月24日）

【基本案情】

原告鑫浩景公司诉称：2015年7月29日，鑫浩景公司与安丰米业公司签订了《委托担保合同》，合同约定鑫浩景公司为安丰米业公司向中国农业发展银行汉川市支行（以下简称农发行汉川支行）借款提供借款担保，最高额保证金额为借款1000万元，并约定了以下反担保措施：（1）公司法人2000万元股权100%作股权质押；（2）价值637万元的机械设备办理动产抵押登记；（3）公司法人何平安位于汉川城关西大道建筑面积125.09平方米的房产、何又平位于马口广场北村建筑面积243.37平方米的房产、余向飞位于汉川市北街面粉厂23号建筑面积69.24平方米的房产办理房产他项；（4）何忆平位于马口镇广场北村四层住宅，建筑面积243.37平方米；何敏在汉川金山房地产有限公司所购房屋合同编号FXS40370，建筑面积106.78平方米的房产办理他项；（5）风险保证金10%（100万元）；（6）个人无限连带保证责任承诺函。同时为保证鑫浩景公司担保权益，安丰米业公司与鑫浩景公司签订了《反担保抵押合同》，约定安丰米业公司所有的机械设备作为抵押物，抵押给鑫浩景公司，被告何平安、戈珍贵提交的《个人无限连带保证责任承诺函》同意为安丰米业公司的借款承担连带保证责任。何平安、余向辉以其所有的位于汉川市西湖大道110号粮食小区院内第三排宿舍3栋1单元301号房作为抵押物，抵押给鑫浩景公司作为反担保；被告何忆平以其所有的位于马口广场北村1栋的房产作为抵押物，抵押给鑫浩景公司作为反担保，上述两栋抵押房产均办理了抵押登记。2015年7月30日，安丰米业公司与农发行汉川支行签订《流动资金贷款合同》，合同约定借款金额1000万元，借款期限自2015年7月30日起至2016年7月29日止，借款利率为年利率4.9%，鑫浩景公司为上述借款提供最高债权金额1049万元的保证担保及单位定期存单100万元的权利质押担保，何平安、戈珍贵、余向辉、刘再美、何敏、何花分别为上述借款提供连带责任保证担保。2016年8月22日，因安丰米业公司未按期足额向农发行汉川支行偿还贷款本金及利息，农发行汉川支行向汉川市人民法院提起诉讼，诉讼过程中经法院调解，由鑫浩景公司代安丰米业公司偿还本金及利息共计899万元，并提出诉讼请求：（1）安丰米业公司向鑫浩景公司偿还代垫款899万元；（2）安丰米业公司按年利率24%向鑫浩景公司支付自2016年12月23日起至债务全部清偿之日期间的违约金；（3）鑫浩景公司在上述第一项、第二项的债权范围内有权对安丰米业公司提供的2000万元股权100%作股权质押优先受偿；（4）鑫浩景公司在上述第一项、第二项的债权范围内有权对安丰米业公司提供的637万元的机器设备的质押优先受偿；（5）鑫浩景公司在上述第一项、第二项的债权范围内有权对担保人何平安提供的位于汉川关西湖大道的房产担保人何又平、何忆平提供的位于马口镇广场北村的房产、担保人余向辉提供的位于汉川市北街面粉厂23号的房屋抵押优先受偿；（6）何平安、戈珍贵、余向辉、刘再美、何敏、聂飞、万里飞、何忆平、何又平对上述一、二项诉请承担连带清偿责任；（7）本案诉讼费由上述被告承担。

被告何敏辩称：我仅与农发行汉川支行签过字，未与鑫浩景公司签过任何书面文件，对此担保有异议；且鑫浩景公司要求的违约金也过高；我未参与安丰米业公司经营，我认为应由债务人先行偿还，不足部分再由我们担保人承担责任。

被告聂飞、万里飞共同辩称：我们认为鑫浩景公司诉请我们二人承担连带清偿责任的诉请不能成立，我们在《自然人保证合同》《书面声明》上签名并不是出于保证的意思表示，仅是对配偶作为担保人的认可，自身并无作为担保人的意思表示。

被告何忆平辩称：我认为应先行由安丰米业公司承担责任，不足部分再由我们担保人承担；且安丰米业公司并未到庭，我方要求其到庭进行说明，法庭对其进行调查。

被告何又平辩称：我对法律规定并不清楚，当时何平安向我要房产证时其说只是走个过场，我不清楚其行为的意义，我也不知道何平安公司的经营情况；且我也不知道安丰米业公司的财产状况，而由我来承担担保责任，不合理，我要求安丰米业公司、何平安到庭说明，法庭对此进行调查核实。

法院经审理查明：2015年7月29日，安丰米业公司（甲方）与鑫浩景公司（乙方）签订了《委托担保合同》，合同约定："甲方拟与中国农业发展银行汉川市支行（以下简称农发行汉川支行）签订借款合同，拟借款金额为1000万元，乙方应甲方请求向农发行汉川支行提供借款担保，并与农发行汉川支行签订保证合同。甲方向乙方提供以下反担保措施：1. 公司法人2000万元股权 100% 作股权质押；2. 价值 637 万元的机械设备办理动产抵押登记；3. 何平安位于汉川城关西大道建筑面积 125.09 平方米的房产、何又平位于马口广场北村建筑面积 243.37 平方米的房产、余向飞位于汉川市北街面粉厂 23 号建筑面积 69.24 平方米的房产办理房产他项；4. 何忆平位于马口镇广场北村四层住宅，建筑面积 243.37 平方米、何敏在汉川金山房地产有限公司所购房屋合同编号 FXS40370，建筑面积 106.78 平方米的房产办理他项；5. 风险保证金 10%（100 万元）；6. 个人无限连带保证责任承诺函。如甲方未按借款合同向农发行汉川支行履行还款义务，使农发行汉川支行按保证合同规定要求乙方代为偿付，且乙方因履行担保义务而为甲方向贷款银行代为偿付后，乙方对甲方、反担保人及甲方的法定代表人、继承人享有绝对的追偿权。”同时安丰米业公司与鑫浩景公司签订《反担保抵押合同》，约定安丰米业公司所有的机械设备作为抵押物，抵押给鑫浩景公司，双方在汉川市工商行政管理局办理了动产抵押登记。安丰米业公司的股东余向辉、何平安分别与鑫浩景公司签订《反担保质押合同》，将其持有安丰米业公司的股权质押给鑫浩景公司，并在汉川市工商行政管理局办理了股权出质登记。

何平安、戈珍贵与农发行汉川支行签订《自然人保证合同》约定为安丰米业公司在农发行汉川支行贷款 1000 万元提供连带责任保证担保；余向辉与农发行汉川支行签订《自然人保证合同》约定为安丰米业公司在农发行汉川支行贷款 1000 万元提供连带责任保证担保，其配偶刘再美也在《自然人保证合同》上签名予以确认；何敏与农发行汉川支行签订《自然人保证合同》约定为安丰米业公司在农发行汉川支行贷款 1000 万元提供连带责任保证担保，其配偶聂飞也在《自然人保证合同》上签名予以确认，并向农发行汉川支行出具《配偶书面声明》，同意何敏的担保行为；何花与农发行汉川支行签订《自然人保证合同》约定为安丰米业公司在农发行汉川支行贷款 1000 万元提供连带责任保证担保，其配偶万里飞也在《自然人保证合同》上签名予以确认，并向农发行汉川支行出具《配偶书面声明》，同意何花的担保行为。

何平安、余向辉以其所有的位于汉川市西湖大道 110 号粮食小区院内第三排宿舍 3 栋 1 单元 301 号房产作为抵押物，抵押给鑫浩景公司作为反担保，并在汉川市住房保障和房屋管理局办理了汉川市房他证城区字第 1502100522 号房屋他项权证；何忆平以其所有的位于马口镇广场北村 1 栋的房产作为抵押物，抵押给鑫浩景公司作为反担保，并在汉川市住房保障和房屋管理局办理了汉川市房他证马口字第 1502200358 号房屋他项权证；何又平以其所有的位于马口镇广场北村 1 栋的房产作为抵押物，抵押给鑫浩景公司作为反担保，并在汉川市住房保障和房屋管理局办理了汉川市房他证马口字第1502200357号房屋他项权证。

2015年7月30日，安丰米业公司与农发行汉川支行签订《流动资金贷款合同》，合同约定借款金额1000万元，借款期限自2015年7月30日起至2016年7月29日止，借款利率为年利率4.9%。同日，鑫浩景公司与农发行汉川支行签订《最高额保证合同》，约定鑫浩景公司为上述借款向农发行汉川支行提供最高债权金额1049万元的连带责任保证担保。

2016年8月23日，因安丰米业公司未按期足额向农发行汉川支行偿还贷款本金及利息，农发行汉川支行向汉川市人民法院提起诉讼，诉讼过程中经汉川市人民法院调解，汉川市人民法院制作的（2016）鄂0984民初1452号民事调解书中载明：安丰米业公司在2016年5月至8月期间，分四次向农发行汉川支行偿还本金1068967.11元，鑫浩景公司于2016年11月12日代安丰米业公司向农发行汉川支行还款100万元，剩余贷款本金及利息由鑫浩景公司代安丰米业公向农发行汉川支行偿还799万元。鑫浩景公司于2016年12月23日向农发行汉川支行支付了799万元，鑫浩景公司实际代安丰米业公司向农发行汉川支行偿还了贷款本金及利息共计899万元。

另查明：何平安与戈珍贵系夫妻关系；余向辉与刘再美系夫妻关系；何敏与聂飞原系夫妻关系，于2016年6月12日离婚；何花与万里飞原系夫妻关系，于2017年9月26日离婚。

【裁判结果】

湖北省武汉市江岸区人民法院于2018年5月24日作出（2017）鄂0102民初7196号民事判决：一、被告湖北安丰米业有限公司于本判决生效之日起10日内向原告湖北鑫浩景融资担保有限公司偿还所欠代偿款899万元；二、被告湖北安丰米业有限公司于本判决生效之日起10日内向原告湖北鑫浩景融资担保有限公司支付利息损失（以899万元为基数，从2016年12月23日起至代偿款付清之日止，按年利率24%计算）；三、原告湖北鑫浩景融资担保有限公司就被告湖北安丰米业有限公司上述第一项付款义务不能清偿部分的有权向被告何平安、戈珍贵、余向辉、何敏、何花追偿（被告何平安、戈珍贵、余向辉、何敏、何花各自承担被告湖北安丰米业有限公司上述第一项付款义务不能清偿部分的六分之一）；四、被告刘再美对被告余向辉上述第三项义务承担共同清偿责任；被告聂飞对被告何敏上述第三项义务承担共同清偿责任；被告万里飞对被告何花上述第三项义务承担共同清偿责任；五、原告湖北鑫浩景融资担保有限公司对被告湖北安丰米业有限公司名下所有的机械设备拍卖、变卖或折价款中与被告湖北安丰米业有限公司所应支付的上述第一、二项债务款项的相等金额享有优先受偿权；六、原告湖北鑫浩景融资担保有限公司对被告余向辉、何平安持有的湖北安丰米业有限公司的股权拍卖、变卖或折价款中与被告湖北安丰米业有限公司所应支付的上述第一、二项债务款项的相等金额享有优先受偿权；七、原告湖北鑫浩景融资担保有限公司对被告余向辉、何平安所有的位于汉川市西湖大道110号粮食小区院内第三排宿舍3栋1单元301号房屋拍卖、变卖或折价款中与被告湖北安丰米业有限公司所应支付的上述第一、二项债务款项的相等金额享有优先受偿权；八、原告湖北鑫浩景融资担保有限公司对被告何忆平所有的位于马口镇广场北村1栋的房屋拍卖、变卖或折价款中与被告湖北安丰米业有限公司所应支付的上述第一、二项债务款项的相等金额享有优先受偿权；九、原告湖北鑫浩景融资担保有限公司对被告何又平所有的位于马口镇广场北村1栋的房屋拍卖、变卖或折价款中与被告湖北安丰米业有限公司所应支付的上述第一、二项债务款项的相等金额享有优先受偿权；十、驳回原告湖北国大融资担保有限公司的其他诉讼请求。

宣判后，原被告双方未提起上诉，一审判决已经生效。

【裁判理由】

法院生效判决认为：(1) 安丰米业公司与鑫浩景公司签订的《委托担保合同》是双方真实意思表示，合法有效。鑫浩景公司依约向贷款银行承担保证责任支付了相关代偿款，依法、依约享有向安丰米业公司追偿的权利。安丰米业公司未及时支付贷款本息，造成鑫浩景公司代偿，应承担相应违约责任。本案中，鑫浩景公司代偿数额为899万元，鑫浩景公司起诉时要求安丰米业公司承担以899万元为基数，从2016年12月23日起至代偿款付清之日止，按年利率24%计算违约金，该请求中的违约金实际系鑫浩景公司代安丰米业公司偿还贷款本息的利息损失，该请求符合法律的规定。(2)《担保法》第十二条规定：“同一债务有两个以上保证人的，保证人应当按照保证合同约定的保证份额，承担保证责任。没有约定保证份额的，保证人承担连带责任，债权人可以要求任何一个保证人承担全部保证责任，保证人都负有担保全部债权实现的义务。已经承担保证责任的保证人，有权向债务人追偿，或者要求承担连带责任的其他保证人清偿其应当承担的份额。”《最高人民法院关于适用〈中华人民共和国担保法〉若干问题的解释》第二十条第二款规定："连带共同保证的保证人承担保证责任后，向债务人不能追偿的部分，由各连带保证人按其内部约定的比例分担。没有约定的，平均分担。"本案中，鑫浩景公司、何平安、戈珍贵、余向辉、何敏、何花作为担保人，在主债务人安丰米业公司未能清偿农发行汉川支行债权的情况下，鑫浩景公司为主债务人安丰米业公司代偿899万元的债务，承担了保证责任，向安丰米业公司不能追偿的部分，鑫浩景公司有权要求未承担担保责任的担保人即何平安、戈珍贵、余向辉、何敏、何花偿付其应当分担的份额。由于鑫浩景公司、何平安、戈珍贵、余向辉、何敏、何花对安丰米业公司的债务均承担连带保证责任，但其内部对分担比例并无约定，对鑫浩景公司不能追偿的部分均应平均分担，鑫浩景公司在向安丰米业公司追偿后，就安丰米业公司不能清偿的债务，有权分别向何平安、戈珍贵、余向辉、何敏、何花追偿六分之一。（3）因余向辉、何敏、何花与农发行汉川支行签订《自然人保证合同》时，三人各自的配偶刘再美、聂飞、万里飞也在《自然人保证合同》上签名予以确认；聂飞、万里飞还向农发行汉川支行出具《配偶书面声明》，同意何敏、何花的担保行为。现鑫浩景公司要求刘再美、聂飞、万里飞承担相应的责任，根据《最高人民法院关于适用〈中华人民共和国婚姻法〉若干问题的解释（二）》第二十四条第一款的规定，本案余向辉和刘再美、何敏和聂飞、何花和万里飞均应按夫妻共同债务处理。（4）根据《担保法》第三十三条"债务人或者第三人不转移对本法第三十四条所列财产的占有，将该财产作为债权的担保。债务人不履行债务时，债权人有权依照本法规定以该财产折价或者以拍卖、变卖该财产的价款优先受偿"的规定，鑫浩景公司有权对安丰米业公司名下所有的机械设备及安丰米业公司的股东余向辉、何平安持有安丰米业公司的股权；何平安、余向辉所有的位于汉川市西湖大道110号粮食小区院内第三排宿舍3栋1单元301号房屋；何忆平所有的位于马口镇广场北村1栋的房屋；何又平所有的位于马口镇广场北村1栋的房屋，进行折价或者拍卖、变卖后的价款优先受偿。（5）何又平、何忆平仅以所有的房产为安丰米业公司向鑫浩景公司作反担保，并办理了房屋他项权证，其应在抵押的房产范围内承担担保责任。（6）鑫浩景公司未向本院提交余向辉所有的位于汉川市北街面粉厂23号的房屋抵押的相关证据，本院不予支持鑫浩景公司要求享有余向辉提供的位于汉川市北街面粉厂23号的房屋抵押优先受偿的诉讼请求。

【案例注解】

一、债务人有多个连带保证保证人，一保证人代债务人清偿全部债务，如何向债务人及其他担保人追偿

《最高人民法院关于适用〈中华人民共和国担保法〉若干问题的解释》第二十条明确规定："连带共同保证的保证人承担保证责任后，向债务人不能追偿的部分，由各连带保证人按其内部约定的比例分担。没有约定的，平均分担。"由此可见，在连带共同保证中，其中一个连带保证人先行向债权人清偿债务的，其享有向其他责任人追偿的权利，但应首先向主债务人追偿，如主债务人清偿不能的，再由其他连带保证人在前者不能清偿的范围内偿付。即连带共同保证人追偿的先决条件是：其已经向主债务人追偿，并且存在不能清偿的部分。这样既限制了追偿权的行使顺序，又设置了向其他连带保证人追偿的先决条件，既为了督促主债务人履行债务，保护连带保证人的利益，也防止任意选择被追偿人的行为使得主债务人逃避债务的约束，从而损害保证人的利益。

二、承担了保证责任的鑫浩景公司向其他连带责任保证人余向辉、何敏、何花的配偶主张追偿权的依据

虽然余向辉、何敏、何花的配偶刘再美、聂飞、万里飞未与鑫浩景公司签订任何协议，但其均在安丰米业公司向银行贷款之时，与银行签订了《自然人保证合同》《配偶（或其他共有人）书面声明》，声明完全同意其配偶的担保行为，依照《最高人民法院关于审理涉及夫妻债务纠纷案件适用法律有关问题的解释》，对于"夫妻双方共同签字"的债务，"应当认定为夫妻共同债务"。因此本案中，余向辉、何敏、何花对安丰米业公司承担的连带责任保证债务均是夫妻共同债务，鑫浩景公司基于其本身作为连带责任保证人的身份，对其他连带责任保证人及其认定承担夫妻共同债务的配偶享有追偿权。

（**一审法院合议庭成员** 李曦筱 文 艳 付秀泉

编写人 湖北省武汉市江岸区人民法院 李曦筱 邓 頔

责任编辑 潘 静

审稿人 曹士兵）

知识产权

舒城县红叶五金塑料制品有限公司诉汪从明侵害实用新型专利权纠纷案

——专利独占许可被许可人的诉权探析

关键词：知识产权　专利权　独占许可　许可前侵权　被许可人诉权

【裁判要旨】

被许可人经专利权人的明确授权，可以就专利独占许可合同签订前发生的侵权行为单独提起诉讼。

【相关法条】

《中华人民共和国专利法》第十一条　发明和实用新型专利权被授予后，除本法另有规定的以外，任何单位或者个人未经专利权人许可，都不得实施其专利，即不得为生产经营目的制造、使用、许诺销售、销售、进口其专利产品，或者使用其专利方法以及使用、许诺销售、销售、进口依照该专利方法直接获得的产品。

外观设计专利权被授予后，任何单位或者个人未经专利权人许可，都不得实施其专利，即不得为生产经营目的制造、许诺销售、销售、进口其外观设计专利产品。

第五十九条　发明或者实用新型专利权的保护范围以其权利要求的内容为准，说明书及附图可以用于解释权利要求的内容。

外观设计专利权的保护范围以表示在图片或者照片中的该产品的外观设计

为准，简要说明可以用于解释图片或者照片所表示的该产品的外观设计。

第六十条 未经专利权人许可，实施其专利，即侵犯其专利权，引起纠纷的，由当事人协商解决；不愿协商或者协商不成的，专利权人或者利害关系人可以向人民法院起诉，也可以请求管理专利工作的部门处理。管理专利工作的部门处理时，认定侵权行为成立的，可以责令侵权人立即停止侵权行为，当事人不服的，可以自收到处理通知之日起十五日内依照《中华人民共和国行政诉讼法》向人民法院起诉；侵权人期满不起诉又不停止侵权行为的，管理专利工作的部门可以申请人民法院强制执行。进行处理的管理专利工作的部门应当事人的请求，可以就侵犯专利权的赔偿数额进行调解；调解不成的，当事人可以依照《中华人民共和国民事诉讼法》向人民法院起诉。

第六十五条 侵犯专利权的赔偿数额按照权利人因被侵权所受到的实际损失确定；实际损失难以确定的，可以按照侵权人因侵权所获得的利益确定。权利人的损失或者侵权人获得的利益难以确定的，参照该专利许可使用费的倍数合理确定。赔偿数额还应当包括权利人为制止侵权行为所支付的合理开支。

权利人的损失、侵权人获得的利益和专利许可使用费均难以确定的，人民法院可以根据专利权的类型、侵权行为的性质和情节等因素，确定给予一万元以上一百万元以下的赔偿。

《最高人民法院关于对诉前停止侵犯专利权行为适用法律问题的若干规定》第一条 根据专利法第六十一条的规定，专利权人或者利害关系人可以向人民法院提出诉前责令被申请人停止侵犯专利权行为的申请。

提出申请的利害关系人，包括专利实施许可合同的被许可人、专利财产权利的合法继承人等。专利实施许可合同被许可人中，独占实施许可合同的被许可人可以单独向人民法院提出申请；排他实施许可合同的被许可人在专利权人不申请的情况下，可以提出申请。

【案件索引】

一审：安徽省合肥市中级人民法院（2017）皖01民初275号（2017年9月4日）

二审：安徽省高级人民法院（2018）皖民终3号（2018年3月16日）

【基本案情】

原告（被上诉人）舒城县红叶五金塑料制品有限公司（以下简称红叶五金公司）诉称：其系“一种木制摇床”实用新型专利权人，在另案中，其曾就舒城县某儿童用品厂生产、销售侵害其上述专利权的摇床，以及汪丛明生产、销售摇床使用的专用零部件“夹板翻转式万向轮”的行为，向安徽省合肥市中级人民法院提起专利侵权诉讼。经审理，该院认定汪丛明的行为构成帮助侵权。湖南波比木业有限责任公司系“万向轮安装支架”实用新型专利权人。2016 年 12 月 16 日，该公司与其签订《专利实施许可合同》，许可其独占实施该专利，并授权其对许可前及许可期间发生的侵犯该专利权的行为单独提起诉讼。

红叶五金公司认为，经比对，汪丛明生产的“夹板翻转式万向轮”产品技术特征落入了湖南波比木业有限责任公司“万向轮安装支架”专利权保护范围，构成专利侵权。故其向一审法院起诉请求：（1）判令汪丛明立即停止生产、销售侵犯“万向轮安装支架”实用新型专利权的侵权产品；（2）汪丛明立即收回并销毁已经生产的“万向轮安装支架”的侵权产品，销毁用于制造侵权产品的模具；（3）汪丛明赔偿其经济损失 10 万元及合理支出 3 万元。

被告（上诉人）汪丛明经一审法院依法传唤未到庭参加诉讼。

一审法院经审理查明：2011 年 10 月 19 日，国家专利局授予湖南波比木业有限责任公司“万向轮安装支架”实用新型专利权。2016 年 12 月 16 日，湖南波比木业有限责任公司作为许可方与被许可方红叶五金公司就许可实施“万向轮安装支架”实用新型专利签订《专利实施许可合同》，约定许可期限至 2019 年 12 月 16 日，许可方式为独占许可，许可方授权被许可方对许可合同签订前及许可期间内发生的任何第三方侵害上述专利权的行为，享有单独提起诉讼及向专利管理部门请求查处等权利。

红叶五金公司曾于 2016 年 8 月期间就舒城县某儿童用品厂生产、销售侵害其“一种木制摇床”实用新型专利权的摇床以及汪丛明向该厂出售生产木制摇床产品所需的零部件“夹板翻转式万向轮”的行为，以该厂及汪丛明为被告向安徽省合肥市中级人民法院提起侵害专利权的民事诉讼。该案审理过程中，该院依红叶五金公司申请，赴汪丛明经营的五金配件厂调取了其当时正在生产的万向轮产品。诉讼中，红叶五金公司当庭将汪丛明于 2016 年 1 月期间出售给某儿童用品厂以及该院调取的“夹板翻转式万向轮”产品特征和涉案

"万向轮安装支架"专利技术特征进行了比对。经比对，被控侵权产品技术特征与涉案"万向轮安装支架"专利技术特征完全相同。

因汪丛明一审未到庭参加诉讼，故对当事人上诉及答辩意见作简要概述。汪丛明上诉称：红叶五金公司非本案适格主体。诉权作为程序性权利具有公法性质，诉权总与实体权利相联系，作为公法的裁判请求权不可任意转让。本案侵权行为发生在2015年12月10日之前，侵权行为发生时，红叶五金公司对涉案专利不享有任何权利。涉案专利独占许可的实体性权利与诉权期间不一致，湖南波比木业有限公司授权红叶五金公司以其自身名义对许可前的侵权行为单独提起诉讼应属无效。故请求二审法院依法驳回红叶五金公司的起诉。

红叶五金公司辩称：诉权的取得既可以来源于法律的规定，亦可来自权利人的授权。诉权与实体权利义务主体可以分离，如公益诉讼、知识产权被许可人以其自身名义提起诉讼等。湖南波比木业有限公司授权其对许可前的侵权行为单独提起诉讼，系双方真实意思表示，不违反法律的强制性规定。基于上述专利独占许可使用关系，其系与本案有"直接利害关系"的适格主体。

【裁判结果】

安徽省合肥市中级人民法院于2017年9月4日作出（2017）皖01民初275号民事判决：一、汪丛明于判决生效之日立即停止生产和销售侵害"万向轮安装支架"实用新型专利权产品。二、汪丛明于判决生效之日起15日内赔偿红叶五金公司经济损失3万元。三、驳回红叶五金公司其他诉讼请求。

宣判后，汪丛明不服原审判决，提起上诉。安徽省高级人民法院于2018年3月16日作出（2018）皖民终3号民事判决：驳回上诉，维持原判。

【裁判理由】

法院生效判决认为：红叶五金公司基于涉案专利实施许可及授权行为，系上述专利利害关系人。《专利法》第六十条规定，侵犯专利权引起纠纷的，专利权人或者利害关系人可以向人民法院起诉；《最高人民法院关于对诉前停止侵犯专利权行为适用法律问题的若干规定》第一条规定，提出诉前停止侵犯专利权行为申请的利害关系人包括专利实施许可合同的被许可人，并明确独占实施许可合同的被许可人可以单独向人民法院提出申请。红叶五金公司作为涉案专利独占实施许可的被许可人，依法享有相应的诉权。关于红叶五金公司对涉案专利独占许可合同签订前发生的侵害专利权的行为能否单独提起侵权之诉。本案中，红叶五金公司提起专利侵权之诉，主要涉及该专利财产性权益，未涉及人身权等不可转让性权利。湖南波比木业有限责任公司授权其以自身名义对专利实施许可前发生的侵权行为单独提起诉讼，该授权非单纯的诉权转让行为，主要依附于专利独占实施许可关系。汪丛明侵害涉案专利权的行为虽发生在许可合同签订之前，但基于专利独占许可特殊的排他性质，红叶五金公司作为利害关系人并经专利权人明确授权，对许可合同签订前发生的侵害该专利财产性权益行为单独提起侵权之诉，不违反法律禁止性规定，亦未损害他人合法权益，其系本案适格主体。故判决驳回上诉，维持原判。

【案例注解】

关于知识产权被许可人的诉权问题，一直以来在学术及实务界广为探讨。在商标权及植物新品种权领域，有关司法解释对三类许可使用权人（独占、排他、普通）对应的诉权作出了具体规定。在专利权领域，根据《专利法》及其司法解释的相关规定，结合对知识产权司法保护领域相关法律精神的理解与适用，被许可人经专利权人明确授权，对许可期间内发生的侵权行为提起诉讼，在实践中亦无障碍。然而，对独占许可使用权人能否就许可合同签订前发生的侵害专利权的行为单独起诉问题，笔者认为应在把握专利独占许可使用权性质的基础上，结合知识产权司法保护领域相关法律精神，以整体、联系、发展的思维去分析与评判。

一、专利独占许可使用权的特征及权利属性

专利独占实施许可，通常指专利权人作为许可人与被许可人通过签订合同的方式，授权被许可人在一定范围内享有对合同约定的专利技术的使用权，许可人或任何第三方都不享有同时在该范围内使用该专利技术的权利，被许可人按合同的约定向专利权人支付许可使用费。被许可人基于专利实施许可合同的约定，享有对该专利独占使用的权利，即专利独占许可使用权。独占许可使用权具有极强的排他性，因为专利权人在规定的时间及地域范围内，不能许可任何第三方使用该专利，且自己亦不得使用。

关于专利独占许可使用权的性质，学术界亦存在一定分歧。在美国，通说认为专利许可权是由合同法创设，专利许可权系一种债权；德国学界将专利许可使用权分为普通和排他许可使用，强调排他许可使用的准物权性；日本通说

认为独占许可使用权具有类似物权的效力；我国对专利许可使用权的定性则较模糊，但在实践中，诸多观点认可独占及排他许可使用权系物权化的债权，其性质类似于用益物权，在某种层面上亦具有绝对权和对世权的特征。从上述权利属性角度分析，专利独占许可使用权人基于许可使用权的类用益物权性质，其亦享有相应的诉权。

二、知识产权司法保护领域关于诉权的立法创新

传统当事人适格理论认为，诉权主体必须与实体权利相对应，实体权利主体和诉权主体需统一，两者不可分离。但在实践中，诉讼担当突破了传统当事人适格理论，强调在一定情形下，即使不是实体权利主体也可以基于诉的利益，对他人的实体权利行使诉权。知识产权司法保护领域相关司法解释的制定，凸显对传统诉权理论制度的创新。如知识产权普通许可使用权人的诉权以及著作权领域的集体管理组织的诉权等。

在商标权及植物新品种权领域，相关司法解释规定了普通许可的被许可人经权利人明确授权，可就侵权行为提起诉讼。这里特别强调的是《最高人民法院关于审理著作权民事纠纷案件适用法律若干问题的解释》第六条规定“依法成立的著作权集体管理组织，根据著作权人的书面授权，以自己的名义提起诉讼，人民法院应当受理。”该规定突破了诉权须依附于实体权利的传统理念，从法律层面赋予著作权集体管理组织独立的诉讼主体地位，系对传统诉权理论的突破与创新，在知识产权司法保护领域具有重要意义。

三、被许可人就许可前的侵权行为单独提起诉讼的合法性及合理性分析

该问题存在两种情形：一是侵权行为延续至独占实施许可期间内。该种情形下，因侵权行为的延续，致使被许可人许可期内的相应权益受损，被许可人作为利害关系人可单独提起侵权之诉。二是侵权行为未延续至许可期间。此种情形下，经专利权利人明确授权，被许可人可就许可前发生的侵害该专利财产性权益单独提起诉讼。具体理由：（1）基于专利独占许可及专利权人的授权行为，被许可人系该专利的利害关系人。如前所述，专利独占许可使用权具有极强的排他性质，在某种层面上亦具有类用益物权性质，亦可衍生相应的请求权。（2）专利权人对被许可人的上述授权，主要依附于独占实施许可关系，非单纯的诉权转让行为。该授权行为在某种层面上亦可理解为专利权人对其专利在一定期间内产生的财产权益的管理与处分权的一种让与。（3）被许可人

经专利权人明确授权，对侵害专利财产性权益的行为单独提起诉讼，未涉及专利人身权等不可转让性权利，上述授权不违反法律强制性规定，亦未损害他人的合法权益。

知识产权作为智力成果创造者的专有性权利，其专有性及排他性始终在立法和司法领域中所强调。实践中，基于专利独占许可特殊的排他性质，在独占实施许可期间，相关专利资料亦会根据需要移交至被许可人，且被许可人在相关区域内更有利于发现侵权行为。从诉讼效率、权利救济时效角度出发，专利权人授权被许可人对许可前发生的侵权行为单独提起诉讼，则有利于维护其专利权益。另外，如前所述，知识产权司法保护领域亦存在诉讼担当的情形。故从该角度出发，本案专利独占许可使用权人经专利权人明确授权，对许可合同签订前发生的侵害该专利财产权益的行为单独提起诉讼，亦符合知识产权司法保护领域相关法律精神。综上，红叶五金公司基于专利独占许可使用关系，经专利权人明确授权，就汪从明侵害涉案专利财产性权益的行为单独提起诉讼，符合知识产权司法保护相关法律精神，其系本案适格主体。

（**一审法院合议庭成员** 陈　思　朱治能　王　倩
二审法院合议庭成员 刘　志　郑　霞　马士鹏
编写人 安徽省高级人民法院　胡四海
责任编辑 宋建宝
审稿人 李　剑）

鱼趣公司诉炫魔公司、脉淼公司、朱浩侵害著作权及不正当竞争纠纷案

——网络游戏直播平台挖角行为的责任认定

关键词：知识产权　网络主播　不正当竞争　著作权归属

【裁判要旨】

1. 明知而擅自使用他人培养并独家签约的知名主播资源的行为，是否构成不正当竞争，须考虑网络直播行业的竞争环境及特点、该行业公认的商业道德，在符合特定条件的情形下，可依据《反不正当竞争法》追究相应责任。

2. 玩家对游戏动态画面的形成具有一定贡献，但该贡献能否构成著作权法意义上的创作，需要判断玩家所形成的游戏动态画面是否已经区别于网络游戏作品本身而形成新的作品，如果仅系游戏作品预设画面的一种展现，则不属于新作品。

【相关法条】

《中华人民共和国反不正当竞争法》（1993）第二条[①]　经营者在市场交易中，应当遵循自愿、平等、公平、诚实信用的原则，遵守公认的商业道德。

本法所称的不正当竞争，是指经营者违反本法规定，损害其他经营者的合

---

① 《中华人民共和国反不正当竞争法》于2017年已有修订版本，修订后的条文为：经营者在生产经营活动中，应当遵循自愿、平等、公平、诚信的原则，遵守法律和商业道德。

本法所称的不正当竞争行为，是指经营者在生产经营活动中，违反本法规定，扰乱市场竞争秩序，损害其他经营者或者消费者的合法权益的行为。

本法所称的经营者，是指从事商品生产、经营或者提供服务（以下所称商品包括服务）的自然人、法人和非法人组织。

法权益，扰乱社会经济秩序的行为。

本法所称的经营者，是指从事商品经营或者营利性服务（以下所称商品包括服务）的法人、其他经济组织和个人。

《中华人民共和国著作权法实施条例》第二条 著作权法所称作品，是指文学、艺术和科学领域内具有独创性并能以某种有形形式复制的智力成果。

第四条 著作权法和本条例中下列作品的含义：

（一）文字作品，是指小说、诗词、散文、论文等以文字形式表现的作品；

（二）口述作品，是指即兴的演说、授课、法庭辩论等以口头语言形式表现的作品；

（三）音乐作品，是指歌曲、交响乐等能够演唱或者演奏的带词或者不带词的作品；

（四）戏剧作品，是指话剧、歌剧、地方戏等供舞台演出的作品；

（五）曲艺作品，是指相声、快书、大鼓、评书等以说唱为主要形式表演的作品；

（六）舞蹈作品，是指通过连续的动作、姿势、表情等表现思想情感的作品；

（七）杂技艺术作品，是指杂技、魔术、马戏等通过形体动作和技巧表现的作品；

（八）美术作品，是指绘画、书法、雕塑等以线条、色彩或者其他方式构成的有审美意义的平面或者立体的造型艺术作品；

（九）建筑作品，是指以建筑物或者构筑物形式表现的有审美意义的作品；

（十）摄影作品，是指借助器械在感光材料或者其他介质上记录客观物体形象的艺术作品；

（十一）电影作品和以类似摄制电影的方法创作的作品，是指摄制在一定介质上，由一系列有伴音或者无伴音的画面组成，并且借助适当装置放映或者以其他方式传播的作品；

（十二）图形作品，是指为施工、生产绘制的工程设计图、产品设计图，以及反映地理现象、说明事物原理或者结构的地图、示意图等作品；

（十三）模型作品，是指为展示、试验或者观测等用途，根据物体的形状和结构，按照一定比例制成的立体作品。

【案件索引】

一审：湖北省武汉市东湖新技术开发区人民法院（2016）鄂0192民初1897号（2017年5月10日）

二审：湖北省武汉市中级人民法院（2017）鄂01民终4950号（2017年10月10日）

【基本案情】

原告（上诉人）武汉鱼趣网络科技有限公司（以下简称鱼趣公司）诉称：2015年9月1日，鱼趣公司和朱浩签订《游戏解说合作协议》，委派朱浩在鱼趣公司指定的斗鱼TV解说平台独家进行游戏名称为“炉石传说”的游戏解说，协议期限为5年。协议履行期间，朱浩的游戏解说视频、音频所产生的各项权利均属于鱼趣公司独家所有，朱浩不得在其他平台进行游戏直播。2016年5月初，鱼趣公司发现上海炫魔网络科技有限公司（以下简称炫魔公司）在其全民TV直播平台擅自使用朱浩直播“炉石传说”游戏。后该平台备案信息审核变更为上海脉淼信息科技有限公司（以下简称脉淼公司）。鱼趣公司提起诉讼，请求：（1）确认原告对被告朱浩在双方合约期内制作的协议游戏解说作品享有著作权，该游戏解说既包括在斗鱼TV平台上的游戏解说（本文中的“斗鱼TV平台”“斗鱼平台”均为同一含义），又包括在含全民TV平台在内的其他所有直播平台的游戏解说；（2）确认被告炫魔公司、被告脉淼公司在其经营的网络直播平台全民TV上直播、播放被告朱浩“炉石传说”游戏解说作品的行为，共同侵犯了原告的著作权（信息网络传播权）；（3）确认被告炫魔公司、被告脉淼公司的行为构成对原告的不正当竞争；（4）判令被告脉淼公司立即停止在其经营的网络直播平台全民TV上直播、播放被告朱浩“炉石传说”游戏解说视频、音频；（5）判令三被告赔偿原告经济损失90万元；（6）判令三被告承担本案诉讼费用（包括但不限于诉讼费、保全费、公证费）。

被告（上诉人）炫魔公司辩称：本案与炫魔公司没有任何法律利害关系，炫魔公司既不是全民TV的经营主体，也不直播朱浩的视频，请求驳回对炫魔公司的起诉。

被告（被上诉人）朱浩辩称：朱浩和鱼趣公司合同已于2015年12月31

日终止，请求驳回原告的诉讼请求。

被告（上诉人）脉淼公司辩称：脉淼公司在2016年11月才备案为全民TV平台的所有权人，与朱浩不存在任何关系，也没有播放朱浩的游戏视频，是朱浩自己注册直播的视频，请求驳回原告的诉讼请求。

法院经审理查明：鱼趣公司与斗鱼公司为关联公司，并为后者运营的斗鱼TV输送主播资源。朱浩与鱼趣公司签约成为斗鱼TV“炉石传说”游戏独家签约主播，双方约定协议游戏解说视频、音频的各项权利属于鱼趣公司独家所有；合同履行期为5年，自2015年9月1日起。签约后，鱼趣公司、斗鱼公司及其关联公司对朱浩进行了多种形式的推广，包括平台推荐、官方微博和微信推送、合作媒体网站宣传、商业活动安排等，增加了曝光度和知名度，提高了商业价值，朱浩的报酬从2014年10月的2500元/月迅速增至2015年9月的400万元/年。盐城晚报记者采访朱浩，了解其成为“炉石传说”游戏主播的故事。后于2016年12月12日，在盐城晚报刊登《大丰小伙当游戏主播年薪超千万》一文，文中称：朱浩初做主播，只有几十个人看，后被当时的斗鱼平台看上并签约，在这个平台“秋日”变成一个传说，高峰时有100多万人同时在线观看。当年下半年，朱浩离开斗鱼直播平台来到全民直播平台，对于年薪，朱浩称因与签约平台有约定，具体数字没有透露，但默认超千万的事实。全民TV是与斗鱼TV相类似的直播平台，由炫魔公司、脉淼公司运营。2016年，鱼趣公司发现朱浩于5月至11月在全民TV设有直播页面进行“炉石传说”游戏解说与直播。

【裁判结果】

湖北省武汉市东湖新技术开发区人民法院于2017年5月10日作出一审判决：一、确认鱼趣公司对朱浩在双方合约期内、在斗鱼TV平台上直播的“炉石传说”游戏解说作品享有著作权；二、确认炫魔公司、脉淼公司在全民TV平台上直播、播放朱浩涉案“炉石传说”游戏解说视频、音频的行为构成对鱼趣公司的不正当竞争；三、脉淼公司于本判决生效之日起立即停止在其经营的网络直播平台全民TV上直播、播放朱浩“炉石传说”游戏解说视频、音频；四、朱浩、炫魔公司、脉淼公司于本判决生效之日起10日内向鱼趣公司连带赔偿经济损失（含维权合理费用）90万元；五、驳回鱼趣公司的其他诉讼请求。

宣判后，鱼趣公司、炫魔公司、脉淼公司不服原审判决，提起上诉。湖北省武汉市中级人民法院于 2017 年 10 月 10 日作出二审判决：一、维持湖北省武汉东湖新技术开发区人民法院（2016）鄂 0192 民初 1897 号民事判决第四项；二、撤销湖北省武汉东湖新技术开发区人民法院（2016）鄂 0192 民初 1897 号民事判决第一项、第二项、第三项、第五项；三、确认炫魔公司、脉淼公司在全民 TV 上使用朱浩进行“炉石传说”游戏解说的行为构成不正当竞争；四、脉淼公司于本判决生效之日起立即停止在其经营的网络直播平台全民 TV 上使用朱浩进行“炉石传说”游戏解说；五、驳回武汉鱼趣网络科技有限公司的其他诉讼请求。

【裁判理由】

法院生效判决认为：

1. 炫魔公司、脉淼公司的挖角行为构成不正当竞争。竞争必有损害，正当竞争的损害必然是允许的，法律旨在使竞争者免受不正当竞争之害。因此，经营者的权益并非可以获得像法定财产权利那样强度的绝对保护。鱼趣公司所主张的应受保护的利益并非绝对权，其受到损害并不必然意味着可以得到《反不正当竞争法》的救济，还需考虑竞争对手之行为是否违反本行业特有的诚实信用原则和公认的商业道德。（1）网络直播行业的竞争特点系探求公认商业道德的前提。流量是互联网竞争的核心，网络直播行业中，主播的流失将直接导致平台竞争力和市场占有率的下降。使用他人签约的主播，实质上就是直接攫取他人竞争果实——不仅仅是平台花费大量人财物培养的优质主播资源，也包括了平台通过激烈竞争和长期经营积累的观众及流量。（2）公认商业道德即商业伦理，应当以市场效率为基础和目标，并符合行业的竞争环境及特点。炫魔公司、脉淼公司的行为对行业效率的影响未有提升（同质化服务），对竞争对手有实质性损害，对竞争秩序及行业发展有负面影响（无序及无效竞争），对消费者福利造成减损（投入减少导致选择减少），因此违反网络直播行业公认的商业道德。综上，炫魔公司、脉淼公司构成不正当竞争。

2. 朱浩“炉石传说”游戏解说视频、音频不构成作品。玩家对游戏动态画面的形成具有一定贡献，但该贡献能否构成著作权法意义上的创作，还需判定该动态画面是否为区别于网络游戏作品本身的新作品，若其仅系游戏作品本身预设画面的一种展现，则并不具备可版权性。游戏类型及游戏操作中所预留的创作空间系重要考虑因素。涉案“炉石传说”系竞技类游戏。玩家的选择是网络游戏作品开发时所预设的各种可能性方案的实现，并未给作品添加新的表达，或形成区别于原作品的新作品，其选择是基于实用或效率性赢得比赛，而非基于美学或表达性目的所作的个性化选择，展现的也是玩家游戏技巧的高低，而非独创性的表达，且著作权的保护仅延伸至表达方式，而不延伸至思想、程序、操作方法或数学概念本身，玩家的技巧和策略既不属于表达范畴，也不宜由玩家垄断。综上，鱼趣公司关于游戏解说视频、音频整体构成类电作品的主张法院不予认可。关于游戏解说，鱼趣公司并未提交诉争的特定解说及展示具体解说内容，从而无法判定其解说是否符合独创性要求，以及是否构成作品。鱼趣公司对朱浩解说享有著作权无事实依据。

3. 本案民事责任。一审酌情确定的赔偿数额在合理范围之内。但停止侵权应仅限于炫魔公司、脉淼公司的不正当竞争行为，即“在全民 TV 使用朱浩进行涉案游戏解说的行为”。综上，一审判决认定事实清楚，但处理欠当。

【案例注解】

本案系全国首例因网络主播“跳槽”引发的侵害著作权及不正当竞争纠纷案。涉及多个新业态中的热点问题，包括主播跳槽能否适用《反不正当竞争法》规制；网络游戏直播中，主播操作形成的游戏画面是否构成作品等。本案首次从司法层面认可了主播可以作为直播行业的竞争资源，给予了守约平台新的救济途径。对玩家操作画面是否可以构成作品进行了司法上的评判。对今后类似纠纷的处理具有一定参考与借鉴意义。在案件办理中，主要解决了两个法律问题：

一、《反不正当竞争法》在网络主播跳槽案中能否适用以及适用条件

（一）网络主播跳槽的法律规制实践

近年来，网络直播行业作为新产业、新业态蓬勃发展。《2017 中国网络表演（直播）发展报告》显示，2017 年，该行业市场营收达到 304. 5 亿元，相比 2016 年的 218. 5 亿元，同比增长 39%。[①] 巨大利益引起纠纷频发，其中，因直播行业中，网络主播的异常重要性，直播平台间不规范挖角明星主播，主播频繁、随意跳槽的问题更是突出，乱象丛生，亟待规范。

实践中，因主播跳槽发生纠纷时，原签约平台或针对挖角行为主张权利，

---

① 《2017 中国网络直播行业发展报告》，载搜狐网 http：//www. sohu. com，最后访问时间：2018 年 9 月 10 日。

或针对跳槽行为主张权利，并选择相应的主体。具体包括：（1）合同违约之诉。司法实践中，以签约平台提起违约之诉比例最高，该类诉讼多以跳槽主播为被告。（2）不正当竞争之诉。该类诉讼以挖角平台为被告，诉讼请求多为要求确认挖角平台的挖角行为构成不正当竞争，并要求该平台停止挖角行为。（3）著作权之诉。有的直播平台还尝试以著作权约束和应对主播跳槽。

应该说，违约之诉是最为直接的追究跳槽主播责任的方式。但其不足在于，违约之诉并不能阻止挖角平台的挖角行为，且挖角平台往往愿意代为处理跳槽主播违约事宜，或以高额酬金吸引主播违约，该类诉讼对约束主播跳槽威慑力不足。至于判决主播在其他平台禁播，因主播义务为非金钱债务，在法律适用上仍存在争议与障碍，支持该诉讼请求的比例并不高。著作权之诉则只能谓之另辟蹊径，除法律适用上，包括游戏画面是否构成应受著作权保护的作品、主播直播是否构成合理使用等问题仍存在较大争议外，平台若想基于该诉由阻止主播跳槽，还必须符合为特定游戏权利人等条件，适用空间有限。

基于此，平台转而尝试和寻求《反不正当竞争法》的保护，法院在个案中进行初步探索，本案即为典型。

（二）网络主播跳槽之特殊性

一般而言，在传统行业，鲜有主张挖角与跳槽行为涉及不正当竞争。网络主播跳槽有何特殊性，这是正确处理该类案件要考虑的前提和基础问题。《反不正当竞争法》第二条规定，本法所称的不正当竞争行为，是指经营者在生产经营活动中，违反本法规定，扰乱市场竞争秩序，损害其他经营者或者消费者的合法权益的行为。由此可见，特定行为是否构成不正当竞争，不可能基于真空或抽象的评判，而必然是放入特定生产经营活动中进行判定，行业的竞争环境及特点是我们探寻商业道德、判定行为是否具有可责性的前提和基础。

就网络直播行业而言，其特殊性基于两点：一是特定商业模式；二是直播内容强烈的个人特色。

1. 商业模式。互联网环境下，商业模式发生了根本转变，最为基本的方式为流量变现、内容变现。其中，流量系互联网竞争的核心要素，企业通过竞争提升流量，再通过特定模式将流量变现进行盈利。典型的如腾讯系列产品，通过提供免费的基础服务获得及维持高数量用户，再通过提供增值服务、广告等方式盈利。流量成为互联网企业估值的重要指标，流量高的企业可以更好地获得融资及发展空间，网络直播行业亦如此。从当前主流的直播平台看，基础服务多为免费，观众可自由进入平台观看直播，而平台在获取用户后，即可通过广告、出售虚拟道具、打赏分成、会员增值服务、人气主播线下活动等方式盈利。

2. 直播内容。传统的电视节目中，不论是新闻纪实类，亦或是文娱综艺类，即使存在主播或主持人，所起到的主要作用仍是将节目串联起来，观众所要欣赏的更多是节目所传播的作品或信息。网络直播行业则有很大不同，观众欣赏视角集中于主播，以当前网络直播行业最为火爆的两类为例，秀场类主要展示主播个人才艺，内容多为主播唱歌、跳舞、说唱以及与观众互动；游戏类则主要展示主播的操作技巧和特定风格解说，直播内容均有主播极强的个人特色。正因如此，造就了网络直播行业中观众与主播间极强的黏性。

从网络直播行业的商业模式及直播内容不难看出，主播就是直播平台吸引观众获得流量，以及促使流量变现的核心资源，可谓直播平台的生存基础。直播平台需要依靠主播吸引人气获得流量，一旦优质主播流失，由于观众与主播间极强的黏性，加之观众进入直播平台多为免费模式，转换成本非常低，将直接导致原平台观众随主播转换新平台，从而市场份额降低，产生此消彼长的竞争效果。如游戏主播张大仙从企鹅电竞跳槽至斗鱼时，有数据显示，张大仙入驻斗鱼之后，首播人气达 260 万，开播两天直播间订阅近 60 万，开播当天斗鱼直播在手机 APP 商店里的下载量排名上升近 100 位。① 再如主播阿冷从陌陌转投斗鱼后，开播首秀更是吸引上百万在线观看人数，15 天内粉丝已有 1325344 人，收入达 3838355. 8 元，总送礼人数达 13320 人，而在其直播间榜上有名的“土豪”中，数位都是之前活跃在陌陌平台的。②

相较其他传统行业，则更有本质不同。传统行业中，人力资源虽是企业竞争的核心要素，但企业真正参与市场竞争的是产品，竞争的目标是产品的竞争力和市场占有率。即使在对人才高度依赖的高新科技行业，当企业人才流失，甚或于到竞争对手处，对企业竞争力、企业产品市场占有率的影响也是间接、有限的，加之商业秘密、专利、商标等法律法规的保护，竞争对手更是无法直接获得流失人才所掌握的代表原企业竞争优势的技术和经营资源。而网络直播行业中，主播并非企业员工，更类似于传统行业中参与竞争的企业产品，特别是自行发掘并培养的主播，实际上就是平台推向市场直接参与市场竞争，抢占市场占有率，获取流量的优质资源。主播的流失，将直接导致平台竞争力和市

---

① 《张大仙跳槽被腾讯起诉后续》，载百度网 https：//baijiahao. baidu. com，最后访问时间：2018 年 9 月 10 日。

② 《阿冷的 15 天：收入 382 万，每日增粉 8. 8 万，土豪追随，斗鱼之幸》，载雪球网 https：//xueqiu. com，最后访问时间：2018 年 9 月 10 日。

场占有率的下降。

由此，网络主播跳槽虽与传统行业中企业人才的挖角与跳槽有些类似，但又有本质不同。挖角他人签约主播，实质上就是直接攫取他人竞争果实——不仅仅是平台花费大量人财物培养的优质主播资源，也包括了平台通过激烈竞争和长期经营积累的观众及流量。

（三）《反不正当竞争法》一般条款在网络主播跳槽案中的适用范围

1993 年《反不正当竞争法》第二条为一般条款，其规定经营者在市场交易中，应当遵循自愿、平等、公平、诚实信用的原则，遵守公认的商业道德。① 适用该条款应当同时具备以下条件：一是法律对该种竞争行为未作出特别规定；二是其他经营者的合法权益确因该竞争行为受到实际损害；三是该种竞争行为因确属违反诚实信用原则和公认的商业道德而具有不正当性或可责性。

在司法实践中，对一般条款应谨慎适用，在网络主播跳槽案中，应当适用于挖角平台，但不适用于规制主播本身。原因在于：一方面，签约主播可依据合同进行规范，无需《反不正当竞争法》介入；另一方面，主播与直播平台间有合同关系，因此，也非竞争法意义上的竞争对手关系。

但对挖角平台，确有适用《反不正当竞争法》规制的必要性。因挖角平台并非合同相对方，不受合同法律规范的约束，我国也未建立第三人侵害债权的制度，依据合同法律规范自然无法规制挖角平台及挖角行为。同时，从网络直播行业的竞争特点看，仅仅根据合同约束主播也并不足以制止该类行为。因主播资源对平台意义过于重大，主播跳槽行为的引发者多为参与竞争的挖角平台而非主播，且在纠纷中，挖角平台也并不介意将违约的代价作为竞争成本，开出让主播忽视赔偿责任的薪酬，在此情形下，有必要通过《反不正当竞争法》的介入及评判，引导经营者以公平、适当的竞争手段从事市场及人力资源竞争。在符合特定条件的情形下，可依《反不正当竞争法》追究相应责任。

（四）《反不正当竞争法》一般条款在网络主播跳槽案中的适用要件

在该类案件中，应当坚持个案判定的原则，首先考虑被诉平台挖角行为对行业效率的影响、对竞争对手的损害程度、对竞争秩序及行业发展的影响、对消费者福利的影响四个要件。本案即依上述要件最终认定挖角平台行为是否构成不正当竞争。判决书中已有论述，此处不再重复。除此之外，还可重点关注以下因素：

① 该案判决时，《反不正当竞争法》还未修订。

（1）挖角平台的主观过错。尽管在《反不正当竞争法》一般条款适用中，是否需要判定行为人的主观过错仍有一定争议，但笔者认为，《反不正当竞争法》将不正当竞争行为界定为“违反本法规定，扰乱市场竞争秩序，损害其他经营者或者消费者的合法权益的行为”，不正当竞争行为本质上仍为侵权行为，系市场竞争中发生的一类特殊的侵权行为。特别在一般条款适用时，考虑到其概况性的特点，为防止过分限制竞争者竞争行为，或对其苛以过重的注意义务，考虑竞争者的主观状态更为合理。在具体判定时，一般应结合其行为目的、行为方式和行为结果综合判定。

（2）平台对主播的发掘与培养程度。网络直播行业资金的投入，相当大的比例在于主播的发掘及培养。在正常的产业生态下，平台培养主播，通过线上线下活动提升观众与主播及平台的黏性，竞争的着力点在于做大市场、活跃市场。因此，如果不加节制地允许市场主体任意挖角他人通过巨大投入培养的主播，竞争主体将着力于直接攫取主播资源及其所附带的观众和流量，而不再对优质主播资源的培养和产生进行投入，而鉴于主播资源系直播平台的生存资源，被损害者要么成为“劣币驱逐良币”的牺牲品，要么不得不参与“挖角”与“被挖角”的恶性循环式竞争，最终导致无序及无效竞争，整个行业的发展放缓。因此，原签约平台对主播人气形成的贡献，应在个案中予以考虑。

（3）网络主播知名度及影响力。前文已述，笔者认为，仅应将挖角知名度、影响力较大的明星主播的行为，置于《反不正当竞争法》的规制视野下。

（4）对消费者的影响程度。通常而言，主播平台的更换并不会增加消费者的选择，反而若是主播的培养者和资源投入者的利益不能得到保护，无序竞争被放任，将可能导致投入的减少和行业发展的减缓，消费者的利益最终将受到损害。在实际纠纷中，还会发生一种消费者可能的损害，即消费者因特定主播在平台充值后，若主播跳槽，消费者一般并无依据要求平台退还相应费用。

二、网络主播操作游戏形成的游戏画面是否构成作品

本案的核心观点为：在讨论玩家操作游戏形成的游戏画面是否构成作品时，不能一概而论，必须坚持个案判断的原则，即根据具体游戏类型及游戏操作中预留的创作空间，来判断玩家是否有创造的空间，以及是否有创造出区别于网络游戏作品本身的新作品。

从市面上的主要游戏看，有的为玩家预留创作空间并提供创作工具和素材，如绘画游戏，玩家在游戏的过程中可创作出富有美感、体现玩家个性的游戏画面，具备构成作品的可能性。有的对玩家限制较多，操作选择少，创作空

间小，如剧情类游戏，以交互式操作向玩家逐步展现故事情节、游戏场景、角色形象、游戏道具，该类游戏画面更类似于播放电影，主要取决于游戏的预设，玩家难有创作空间去形成新作品。还有的对玩家操作限制小，但其目的不在于展示玩家基于美学或表达性目的所作的个性化选择，而在于展现玩家游戏操作技巧的高低，因此创作空间也很小，如竞技类游戏，玩家通过策略的选择、技巧性的操作，最终技高一筹者赢得比赛，为实现该目的，游戏开发商通过计算机的海量算法，预设游戏运行时的无数操作选择及相应的画面，再由玩家展现出来，而玩家的操作也更多地体现实用及效率的考虑，因缺乏用户创作空间难以形成新作品。

本案“炉石传说”系一款策略类卡牌游戏，玩家通过不同的卡牌组合及使用，使对手游戏生命值减少直至归零，从而获得游戏胜利，系竞技类游戏。法院最终认定玩家操作画面不构成新作品。

此外，需要强调的是，本案并不否认玩家对游戏动态画面的形成具有一定贡献，但该贡献并非著作权法意义上的创作，也并非仅能通过著作权法保护，玩家完全可以通过合同约定等形式保护自身利益。在案件处理中，不能仅因玩家利益有必要保护而突破著作权法的相关规定。

三、本案例参照运用中应注意的问题

笔者认为，本案在参照运用时，更为重要的是分析路径和考量因素的参考，不能不分具体情况直接套用结论，更不能得出任何直播平台在任何情形下挖角任何主播均为不正当竞争、玩家操作游戏形成的画面均不构成作品的结论。

该类案件的处理应坚持个案分析的原则。如前所述，平台挖角是否构成不正当竞争，要考虑具体案件中挖角平台的行为对行业效率的影响、对竞争对手的损害程度、对竞争秩序的影响、对消费者福利的影响以及挖角平台的主观过错、平台对主播的发掘与培养程度、网络主播知名度及影响力。例如，被挖角的主播为不知名主播，对被挖角平台影响极小，也将影响最终结论的判定。再比如游戏类型的不同，对玩家操作游戏形成的画面能否构成作品也会有影响。

（**一审法院合议庭成员** 施何梅 彭 林 徐国伟
二审法院合议庭成员 余 杰 熊艳红 赵千喜
编写人 湖北省武汉市中级人民法院 余 杰
责任编辑 宋建宝
审稿人 林广海）

浙江现代新能源有限公司诉北京京东叁佰陆拾度电子商务有限公司、杭州京东惠景贸易有限公司、慈溪市百力电器有限公司侵害商标权纠纷案

——商标侵权判定四要件间逻辑关系及混淆要件的判定

关键词：知识产权　混淆可能性　反向混淆　权利滥用

【裁判要旨】

1. 混淆可能性是核心要件，商标使用行为、商品的相同或类似、商标的相同或近似等三个要件均服务于混淆要件的判定。如果不存在混淆可能性，要件缺失，则不构成商标侵权。

2. 反向混淆的成立以商标权人存在可受保护的法益为前提，是否构成侵权，应当结合该法益的大小、行为人的主观状态、有无攫取行为、所致结果等因素进行判断。

【相关法条】

《中华人民共和国商标法》第五十七条　有下列行为之一的，均属侵犯注册商标专用权：

（一）未经商标注册人的许可，在同一种商品上使用与其注册商标相同的商标的；

（二）未经商标注册人的许可，在同一种商品上使用与其注册商标近似的商标，或者在类似商品上使用与其注册商标相同或者近似的商标，容易导致混

淆的；

（三）销售侵犯注册商标专用权的商品的；

（四）伪造、擅自制造他人注册商标标识或者销售伪造、擅自制造的注册商标标识的；

（五）未经商标注册人同意，更换其注册商标并将该更换商标的商品又投入市场的；

（六）故意为侵犯他人商标专用权行为提供便利条件，帮助他人实施侵犯商标专用权行为的；

（七）给他人的注册商标专用权造成其他损害的。

【案件索引】

一审：杭州铁路运输法院（杭州互联网法院）（2016）浙8601民初701号（2017年4月18日）

二审：浙江省杭州市中级人民法院（2017）浙01民终3890号（2018年2月22日）

【基本案情】

原告（上诉人）浙江现代新能源有限公司（以下简称新能源公司）诉称：其持有第828600号、第4764181号、第7392264号、第12724977号等“现代”商标权，并许可他方使用。慈溪市百力电器有限公司（以下简称百力公司）在其制造的饮水机上使用“现代（HYUNDAI）”“韩国现代”等包含“现代”字样的标识，所销售的饮水机实物正面突出放大使用“韩国现代”标识，销售的购物清单与发票等凭据上使用“韩国现代（HYUNDAI）”标识，与新能源公司相同商品“现代”注册商标相近似。北京京东叁佰陆拾度电子商务有限公司（以下简称京东公司，系京东商城网站登记主体）、杭州京东惠景贸易有限公司（以下简称惠景公司，系新能源公司公证购买被控侵权商品时的发票开具主体）在京东商城（www.jd.com）网站京东自营店销售饮水机、电热水瓶等商品。新能源公司提起诉讼，指控京东公司、惠景公司、百力公司侵害其四项商标权，要求四被告停止侵权并赔偿80万元。

被告（被上诉人）百力公司辩称：（1）新能源公司恶意囤积商标，滥用商标权利。（2）百力公司获得饮水机上“HYUNDAI”商标权利人的许可，使用的“现代”实质为对英文“HYUNDAI”进行翻译或注释，二者形成唯一对应关系，属合理使用。

被告（被上诉人）京东公司辩称：首先，京东公司仅提供电子商务平台服务，在本案中也不存在侵权的主观故意和过错。其次，涉案注册商标是繁体、斜体的“现代”汉字，与被控侵权标识不同，并不会对消费者构成混淆和误认。再次，被控侵权产品具有合法来源。请求支持对京东公司的诉讼请求。

被告（被上诉人）惠景公司辩称：涉案注册商标与被控侵权标识不同，并不会对消费者构成混淆和误认；被控侵权产品也具有合法来源。应当支持惠景公司的诉讼请求。

法院经审理查明：新能源公司持有第828600号、第4764181号、第7392264号、第12724977号等注册商标专有权，均在有效期内，各商标标识均为繁体中文“現代”，核定使用商品分别包含第11类消毒和净化设备、饮水过滤器、饮水机等。新能源公司许可他方在饮水机上使用“现代”商标。

韩国现代综合商事株式会社（以下简称韩国现代株式会社）在中国享有第1778990号“HYUNDAI”注册商标专用权，核定使用商品包含第11类饮水机等。韩国现代株式会社许可百力公司在大陆地域范围内在饮水机商品上使用“HYUNDAI”商标，并负责现代（HYUNDAI）品牌的市场宣传及售后等工作。

百力公司制造饮水机并向京东商城供货，京东自营销售。在京东商城（www. jd. com）网页中，销售被控侵权饮水机的链接标题/商品名称中使用有“韩国现代（HYUNDAI）”字样，在商品详情页面中使用了“品牌：韩国现代”“品牌：现代（HYUNDAI）”或“韩国现代”字样。页面中同时还展示了韩国现代株式会社出具给百力公司的授权书。新能源公司公证购买了一台被控侵权饮水机，该饮水机机身上有一张圆形标签，写有“韩国现代，世界500强”字样，产品包装箱上还以商标授权方和被授权方的身份标注了韩国现代株式会社和百力公司的企业名称。

百力公司举证证明新能源公司在第6类、第17类、第20类、第21类、第30类、第32类、第35类等类别商品上注册“现代”“奥普 aopu”“奥普”“MFC”“西子”“格兰仕”等多件商标。

【裁判结果】

杭州铁路运输法院（杭州互联网法院）于2017年4月18日作出（2016）

浙 8601 民初 701 号民事判决：驳回新能源公司的全部诉讼请求。

宣判后，新能源公司不服原审判决，提起上诉。浙江省杭州市中级人民法院于 2018 年 2 月 22 日作出（2017）浙 01 民终 3890 号民事判决：驳回上诉，维持原判。

【裁判理由】

法院生效裁判认为：关于新能源公司的商标侵权指控是否成立，应当从商标侵权的构成要件出发进行判断。通常而言，商标侵权的成立需满足四个要件：其一，被控侵权者对被控侵权标识进行了商标性使用，使之发挥商品来源识别作用；其二，被控侵权商品或服务与商标权核定使用商品或服务构成相同或类似；其三，被控侵权标识与涉案商标标识构成相同或近似；其四，被控侵权使用形态易造成一般消费者的混淆。因商标权保护最基本、最核心的目标便是防止市场混淆，这也是实现商标法立法目的的保证，故上述四项要件中，第四项要件事实上居于统帅地位，是商标侵权判断标准的核心所在，其他三项要件均服务并影响到该要件的判断。若不存在混淆可能性，即使在与注册商标核定使用商品相同或类似商品上使用了与注册商标标识相同或近似的标识，也不构成商标侵权。而混淆要件的判定则需要考虑各项因素，包括涉案商标与被控侵权标识各自的知名度和显著性、被控侵权标识的具体使用形态、所涉商品的价值大小及该领域一般消费者的识别力和注意程度等。具体到本案：

本案中，被告对“韩国现代”“现代（HYUNDAI）”“韩国现代（HYUNDAI）”等标识的使用显然具有来源区分意义，属于商标意义上的使用；被告的商品饮水机亦在新能源公司第 7392264 号“现代”商标核定使用商品之列，与 4764181 号商标核定使用商品“饮水过滤器”构成类似商品；被告使用的标识中均包含“现代”汉字，与涉案商标标识“現代”仅在字体上略有差异，在首字上存在简体繁体区别，应认定为构成近似。可见，在前述四要件中，前三要件均已符合，商标侵权指控是否成立的关键在于第四要件——混淆可能性的判定上，就该要件而言：

首先，“现代”二字并非臆造，具有“现代化的”“使用现代科技”等暗示性含义，使用在诸如饮水机等家用电器上的固有显著性有限。在案并无证据证明新能源公司的“現代”商标经过使用或宣传已经取得知名度，获得了更高显著性。因此消费者在看到“現代”商标时不易将之与新能源公司联系起来，由此说明被告对被控侵权标识的使用不具有攀附新能源公司商标知名度的故意。

其次，被告并未单独使用“现代”二字，而是将“现代”与“韩国”和/或“HYUNDAI”并列使用，同时标注了“HYUNDAI”商标授权方韩国现代株式会社名称和生产商百力公司名称。考虑到在案证据已证明“韩国现代”和“HYUNDAI”在中国具有较高知名度和美誉度的事实，一般消费者会更多地依赖于“HYUNDAI”和“韩国”字样传递出的识别力，并由此联想到总部位于韩国的现代集团和其所可以保证的商品质量。相反，一般消费者不会无视被控侵权标识中的“韩国”和“HYUADAI”字样，将“现代”两个汉字割裂出来作为唯一或主要的来源识别依据。易言之，被告这种使用模式下，“现代”二字所发挥的识别作用较低，一般消费者在看到被控侵权标识时，不易产生该标识使用主体与“现代”注册商标专用权人存在联系的认知。

再次，根据百力公司提交的多家翻译网站结果，“HYUNDAI”的唯一中文翻译即为“现代”；而韩国现代株式会社在中国申请注册商标时也将其英文名“HYUNDAI CORPORATION”译作韩国现代株式会社。可见，将“HYUNDAI”翻译为“现代”并无不当，将“现代”与“HYUNDAI”一并使用既可以视为系对“HYUNDAI”的翻译和解释，也在一定程度上属于对“HYUNDAI”商标权利人韩国现代株式会社字号的描述，具有正当性。

最后，百力公司生产销售涉案饮水机产品在一定程度上已经形成既定市场格局。一方面，新能源公司许可他人制造的饮水机产品单价在90－95元之间；而百力公司的饮水机单价多在200元以上，双方价格差异较大，所针对的消费群体亦必然存在一定差异。另一方面，百力公司接受委托生产销售的“‘HYUNDAI’韩国现代饮水机”与新能源公司授权第三方制造的“现代”饮水机已经共存多年，基于二者不同的市场定位，势必业已形成相对稳定的市场格局，一般消费者已可将二者区分。

综上，生效裁判认为各被告对被控侵权标识的使用并不容易导致消费者将百力公司提供的饮水机误认为系新能源公司提供，或认为与新能源公司存在特定联系，即不易导致混淆的发生，遂从第四要件上否定了新能源公司的侵权指控。

【案例注解】

本案看似是一起简单、典型的商标侵权案件——被告在相同的商品上使用了近似的商标，似乎可以直接得出侵权的结论。但本案最终判决结果却截然相反，反映出商标侵权判定深层逻辑的复杂性。本案中，涉及到商标侵权要件的理解与适用、反向混淆、外文注册商标的翻译与中文注册商标发生冲突的解决等诸多问题。

一、商标侵权四要件的关系

有关商标侵权的四要件——商标性使用、商品相同或类似、商标相同或近似、混淆可能性，其相互之间并非完全独立、各自为阵的关系，而是一种核心突出、相互影响、有机统一的关系。

（一）混淆可能性是核心和终极要件

这是商标法的基本立法目的——防止混淆所决定的。对于普通商标侵权行为而言，均需经过混淆要件的检视，但凡会造成混淆可能性的，一般均为商标法所禁止；对于不会产生混淆可能性的行为，因无碍于商标法立法目的的实现，自无规制必要。有关商标侵权判定的方法存在多样性，但细加检视，无一不是站在消费者的角度，模拟消费者消费时的场景，最终以是否会产生混淆为标准进行判断。

（二）前三要件是混淆要件的必要但非充分条件

一般而言，只有具备了前三个要件，即在相同或类似商品上对相同或近似商标进行商标性使用，才有可能产生混淆可能性。可以说，混淆要件一般以前三个要件为基础，依赖于前三个要件；但混淆要件又具有独立性，即使具备了前三个要件，也并不必然会产生混淆可能性。在这个意义上，前三个要件可被界定为混淆要件的必要但非充分条件。美国司法中曾总结出判决混淆可能性的“八要素”：标识的强度、双方标识的相似程度、产品的近似程度、在先权利人扩张产品种类和地域范围以弥补差距的可能性、实际混淆、被告确定标识时的善意程度、被告产品的质量、消费者的注意力程度。[①] 这与我国的判断原理内在一致，也是将商标的近似性、商品的类似性作为混淆要件的前提与基础。

（三）混淆要件又渗透到前三个要件之中，前三个要件的判定要结合混淆要件进行

在前三个要件中，除第一要件“商标性使用”是定性多于定量之外，其他二个要件都是定量多于定性。商品之间在多大程度上构成类似、商标之间在多大程度上构成近似，并不是非此即彼的问题，更多的是大或小的问题，其标准是弹性的，涉及到度的把握。这种弹性在达到什么程度时可以被认定为符合

---

① Polaroid Corp. v. Polarad Electronics Corp. , 287 F. 2d 492 (2d Cir. 1961).

侵权构成要件，需要结合混淆要件来把握：当商品的类似程度、商标的近似程度具备产生混淆可能的条件时，便符合商标侵权的要件。正因如此，最高人民法院曾明确商标的近似是指混淆性近似；商标近似性的比对要坚持“隔离观察、综合判断”的规则；商品类似性的判定要结合销售渠道、消费对象等因素，实际上均是结合对混淆可能性的影响进行判定。

如上，混淆要件是商标侵权判定的核心，当混淆要件缺乏时，不宜认定为侵权，这是本案最终裁判结果的理论依据所在。

二、反向混淆的检视

有观点认为，类似于本案中的被控使用形态虽然可能不易造成正向混淆，但可能产生反向混淆，亦应予以规制。对此，可以从以下三个方面进行检视：

（一）司法对“反向混淆”应持慎重态度

随着“蓝色风暴”“新百伦”“非诚勿扰”等案件的司法裁判，反向混淆的概念引起了广泛的关注与讨论。尽管规制“反向混淆”确有正当性和必要性，[①] 但需要注意的是，“反向混淆”本是适用判例法的美国法院提出的一种形象的指称，本身未必具备法律概念的严谨性；欧洲法院也未将之视为一个有独立价值的概念。在我国，立法并未规定“反向混淆”的含义或要件，司法中也仅是个案中接纳部分理论，[②] 学界尚存广泛争议。对于一个如此缺乏确定性的概念，司法实践中据此认定侵权应当保持慎重。

（二）“反向混淆”制度目的

商标的基础作用在于标识商品来源，保护商标权的目的在于防止来源混淆。而所谓“防止来源混淆”从另一个角度来看即是要避免商标的来源识别作用受到影响或者阻断：“正向混淆”即是被控侵权使用形态会破坏权利人商标所指向来源的唯一性，阻碍商标来源识别作用的发挥；“反向混淆”则是在后的使用者通过掠夺性使用或宣传割裂了该商标与在先注册人之间的联系，阻断了该商标指向其在先注册人的来源识别力。[③] 规制“反向混淆”的目的正在

---

① 李琛：《对“非诚勿扰”商标案的几点思考》，载《知识产权》2016 年第 1 期。

② 例如，在“新百伦”案中，广东省高级人民法院认为“新百伦公司的上述使用行为足以使相关公众将‘新百伦’标识与新百伦公司的特定商品产生联系，误以为该被诉侵权标识就是新百伦公司的商标，从而非法阻止了注册商标权人周乐伦在核定使用的商品上使用自己注册商标的权利”，实质上是采纳了“反向混淆”的理论，但在判决中并未使用“反向混淆”的概念。见广东省高级人民法院（2015）粤高法民三终字第 444 号民事判决。

③ 董晓敏：《论“反向混淆”概念之不必要》，载《知识产权》2017 年第 5 期。

于防止这种割裂或阻断情形的发生。

基于“反向混淆”这样的制度目的，当在先注册商标自身的显著性低、识别力弱时，可受保护的法益小，认定“反向混淆”应提高标准；反之则可受保护的法益大，可适当放宽认定标准。

（三）“反向混淆”构成要件的考察

在考察了提出“反向混淆”理论的美国判例及相应标准[①]之后，国内多有学者对“反向混淆”的判定要件进行研究，多数意见认为应采与“正向混淆”相同的要件，但也应当考虑如下特别因素：双方之间是否存在竞争关系，在先使用者是否有意弥补差距，在后使用者是否存在疏忽，[②] 在后使用者存在宣传、促销等二次不当商业行为，[③] 导致在先商标权人被淹没的结果，等等。

尽管争议不小，但从制度的目的和正当性基础出发，反向混淆的成立应当以在后使用者攫取在先注册人受法律保护的利益为前提。具体判断中，可以从以下四个要素入手：在先注册人的正当法益（是否存在可受保护的法益、应受保护的力度大小），在后使用人的行为（是否存在强夺商标行为，例如借经济实力进行广告饱和轰炸），[④] 在后使用人的主观状态（是否知晓在先注册商标的存在），行为造成的后果（是否导致在该市场上在先商标注册人被“放逐”、竞争能力被剥夺等）。[⑤]

就本案情形而言，首先，如前所述，“现代”二字使用在饮水机等商品上的显著性有限，故商标专用权人在寻求“反向混淆”保护时其法益基础也相对有限。其次，百力公司和京东公司的在后使用行为主要仍是要发挥“HYUNDAI”商标的来源识别作用，对“现代”使用的解释性意义大于识别性意义。更为重要的是，百力公司并非实力雄劲的大型企业，百力公司或京东

---

① 美国联邦第二巡回上诉法院在 Polaroid Corp. v. Polarad Electronics Corp. 案中归纳出判断混淆可能性的八个要素：标识的强度、双方标识的相似程度、产品的近似程度、在先权利人扩张产品种类和地域范围以弥补差距的可能性、实际混淆、被告确定标识时的善意程度、被告产品的质量、消费者的注意力程度。针对标识强度因素，法院确定了两个标准：（1）商标具有固有显著性的程度；（2）商标在市场中具有显著性的程度。见 287 F. 2d. 492（2d Cir. 1961）。1983 年，美国联邦第二巡回上诉法院又在 Plus Products v. Plus Discount Food，Inc. 案中明确提出，反向混淆侵权分析应当沿用与正向混淆相同的思路。见 722 F. 2d 999（2d Cir. 1983）.

② 黄武双：《反向混淆理论与规则视角下的“非诚勿扰”案》，载《知识产权》2016 年第 1 期。

③ 张玉敏、李杨：《商标反向混淆探微——由“蓝色风暴”商标侵权案引起的思考》，载《江西社会科学》2008 年第 5 期。

④ 李明德：《美国知识产权法》，法律出版社 2003 年版，第 307 页。

⑤ 基于这一结果要件的要求，衍生出一前提要件的要求：在后使用与商标权人的使用应处于竞争性市场。

公司均未对“现代”商标进行饱和式广告轰炸或其他掠夺性使用，仅仅是在商品销售页面进行了使用。这样的使用实则难以产生实质夺取他人商标权的后果，不会割裂“现代”商标与新能源公司的联系。最后，鉴于百力公司和京东公司的具体使用形态，也难谓其主观上存在恶意。综合考虑上述因素，本案不宜认定存在“反向混淆”情形。

三、商标注册的正当性考量

从最高人民法院公布的“王碎永诉歌力思案”[①] “李道之诉卡斯特案”[②]“非诚勿扰”案[③]等案件的裁判看，体现出这样一种司法政策：对于注册商标专用权的取得具有一定非正当性的商标（例如涉嫌抢注他人已经使用但未注册的商标、他人在类似商品上注册使用的商标、他人在域外注册使用的商标或其中文翻译、他人享有其他在先权益的标识），司法可以发挥能动作用，利用商标侵权要件的弹性与张力，合理界定商标权的禁用效力，防止注册商标权利人滥用权利，借侵权诉讼不劳而获，也避免对商标声誉的实际贡献者产生过于不利的影响；同时也可利用司法的导向作用，倒逼各类主体诚信经营，不要无端抢注他人商标。

本案中，新能源公司除注册有涉案“现代”商标外，还注册有“奥普aopu”“奥普”“MFC”“西子”“格兰仕”等多件其他企业使用并有一定知名度的商标，且不能说明正当理由。虽然在案并无证据表明“现代”商标的注册属于抢注，但新能源公司大量注册他人商标的事实不容忽视，这对于其维权主张至少存在潜在影响。

四、外文商标翻译与中文商标的冲突

类似本案外文商标翻译与中文商标发生冲突的案件近年并不罕见，在授权确权领域、侵权领域均有发生，典型案件如“CASTEL－卡斯特”案、“NEW BALANCE－新百伦”案、“LANDROVER－陆虎”案、“VIAGRA－伟哥”案、“SONY ERICSSON－索爱”案等。此类侵权案件中，往往是外文商标对应的中

---

① 最高人民法院（2014）民提字第24号民事判决书（2014年中国法院50件典型知识产权案例之一）。

② 山东省高级人民法院（2013）鲁民三终字第155号民事判决书（2015年中国法院50件典型知识产权案例之一）。

③ 广东省高级人民法院(2016）粤民再447号民事判决书（2016年中国法院10大知识产权案件之一）。

文翻译（权利人自译或消费者常用翻译）已被他人在同类商品上注册，而由于在中国市场经营活动中几乎不可避免地要使用中文翻译，外文商标权利主体被中文商标注册人诉至法院的案件常有发生。

对此类侵权指控的审查仍应从商标侵权的构成要件和抗辩事由着手。具体而言，行为人对中文标识的使用是单独的、突出性使用，发挥其来源识别作用，还是作为翻译，以一种描述性方式进行使用；结合一般消费者的识别能力，考虑行为人的具体使用形态等因素，认定行为人的使用是否会产生混淆可能性等要件的审查成为认定侵权与否的关键。

考虑到此类冲突案件需要考虑个案的特殊性，同时也为明确中外文商标之间的权利边界，敦促各权利人审慎行使权利，本案一审法院还特别指明本案裁判仅是个案结论，并不意味着司法鼓励或支持各被告对被控侵权标识的使用。相反，对于已经获准注册的外文商标，其相应权利主体若欲将其翻译成中文进行商标性使用，理应对已经获准注册的中文商标予以尊重和合理避让，一般不得将其外文商标翻译成与已有中文注册商标标识相同或近似的标识，在相同或类似商品上进行使用。否则，不仅不利于避免混淆发生的可能性，亦有悖于我国商标权注册取得制度。就本案而言，各被告应当尽可能减少乃至避免对“现代”中文汉字的直接使用，降低对“现代”中文汉字的依赖性，更多地借助其享有使用权的“HYUNDAI”商标发挥商品来源识别作用，并不断增强这一商标的显著性和识别力，以使“现代”中文商标与“HYUNDAI”英文商标之间保持清晰的权利边界。

（**一审法院合议庭成员** 王江桥 沙 丽 张书青
二审法院合议庭成员 李 奕 徐 珺 李 程
编写人 杭州互联网法院 张书青
责任编辑 宋建宝
审稿人 林广海）

行 政

张国兴、刘侠、李华诉临泉县城乡规划局规划认定案

——规划内部回函的可诉性判断与审查

关键词：行政 规划内部回函 可诉性 事实审查

【裁判要旨】

城乡规划部门依据城市管理行政执法部门的申请，对房屋是否属于违法建筑的认定是城市管理行政执法部门作出处罚的事实依据，对当事人产生实际影响，具有可诉性。

【相关法条】

《中华人民共和国城乡规划法》第四十条 在城市、镇规划区内进行建筑物、构筑物、道路、管线和其他工程建设的，建设单位或者个人应当向城市、县人民政府城乡规划主管部门或者省、自治区、直辖市人民政府确定的镇人民政府申请办理建设工程规划许可证。

申请办理建设工程规划许可证，应当提交使用土地的有关证明文件、建设工程设计方案等材料。需要建设单位编制修建性详细规划的建设项目，还应当提交修建性详细规划。对符合控制性详细规划和规划条件的，由城市、县人民政府城乡规划主管部门或者省、自治区、直辖市人民政府确定的镇人民政府核发建设工程规划许可证。

城市、县人民政府城乡规划主管部门或者省、自治区、直辖市人民政府确

定的镇人民政府应当依法将经审定的修建性详细规划、建设工程设计方案的总平面图予以公布。

《中华人民共和国行政诉讼法》第七十四条 行政行为有下列情形之一的，人民法院判决确认违法，但不撤销行政行为：

（一）行政行为依法应当撤销，但撤销会给国家利益、社会公共利益造成重大损害的；

（二）行政行为程序轻微违法，但对原告权利不产生实际影响的。

行政行为有下列情形之一，不需要撤销或者判决履行的，人民法院判决确认违法：

（一）行政行为违法，但不具有可撤销内容的；

（二）被告改变原违法行政行为，原告仍要求确认原行政行为违法的；

（三）被告不履行或者拖延履行法定职责，判决履行没有意义的。

《安徽省城市管理领域相对集中行政处罚权办法》第十七条 城市综合管理行政执法部门在查处违法行为过程中需要进行技术鉴定或者协助调查的，有关部门应当提供帮助。

城市综合管理行政执法部门作出行政处罚后，需要有关部门协助执行的，有关部门应当予以协助。

【案件索引】

一审：安徽省临泉县人民法院（2017）皖1221行初11号（2017年6月29日）

二审：安徽省阜阳市中级人民法院（2017）皖12行终207号（2017年9月25日）

【基本案情】

原告（被上诉人）张国兴、刘侠、李华诉称：三人系临泉县邢塘街道王楼行政村村民，在本村拥有唯一的住宅。2017年1月19日通过政府信息公开告知书得知，三人的房屋被《关于邢塘街道王楼行政村违法建设的回函》认定为违法建筑。三人认为，临泉县城乡规划局作出的该份回函侵犯了三人的合法权益，其作出的该份回函没有事实和法律依据，请求法院依法确认临泉县城乡规划局作出的《关于邢塘街道王楼行政村违法建设的回函》（以下简称临规字〔2016〕149 号回函）违法并予以撤销。

被告（上诉人）临泉县城乡规划局在法定期限内未答辩，但当庭辩称：原告不具有诉讼主体资格；临泉县城乡规划局对临泉县执法局的回函属于行政机关内部文件，不对外产生行政后果，不具有可诉性；被告对临泉县执法局的回函认定为违法建筑完全合法。请求法院依法驳回三原告的诉讼请求。

法院经审理查明：张道付与李华系夫妻关系。临泉县邢塘街道办事处巡查时发现张国兴、刘侠、张道付有三处涉嫌违法建设，移送至临泉县城市管理行政执法局处理。2016 年 10 月 10 日，临泉县城市管理行政执法局向临泉县城乡规划局发出《关于对邢塘街道王楼行政村张庄三处建筑规划认定的函》（临城管〔2016〕78 号），函请临泉县城乡规划局对该三处建筑是否违反规划及影响规划实施的具体情形给予认定。临泉县城乡规划局于 2016 年 10 月 17 日向临泉县城市管理行政执法局出具临规字〔2016〕149 号回函。该回函的主要内容为：经调查，案涉三处建筑未核发建设工程规划许可证，为违法建设。根据《城乡规划法》《安徽省城乡规划条例》《关于规范城乡规划行政处罚裁量权的指导意见》规定，其擅自建设行为严重影响城市规划实施，故认定其无法采取改正措施消除对规划实施影响。张国兴、刘侠、李华通过申请政府信息公开的方式获取该回函后不服，遂诉至法院，请求确认临泉县城乡规划局临规字〔2016〕149 号回函违法并予以撤销。

另查明：李华诉临泉县城管局、邢塘街道办房屋行政强制一案【（2016）皖 1221 行初 87 号】，于 2016 年 12 月 14 日立案，于 2017 年 2 月 10 日公开开庭审理，庭审中查明，李华与张道付系夫妻关系，诉称其房屋于 2016 年 12 月 3 日被强拆后向公安机关报警，临泉县公安局以不属于公安机关管辖范围为由，于 2016 年 12 月 7 日作出《不予调查处理告知书》。李华不服该《不予调查处理告知书》，以临泉县公安局不履行法定职责为由向阜阳市公安局申请复议。阜阳市公安局于 2016 年 12 月 9 日作出《行政复议受理通知书》。庭审中，县城管局将临规字〔2016〕149 号回函作为依据，对李华下发限期拆除通知。2017 年 2 月 8 日李华以房屋强拆行为可能系临泉县政府组织有关部门实施为由，申请中止诉讼。临泉县人民法院于 2017 年 2 月 15 日以房屋强拆案件需以本案为依据为由，中止房屋强拆案件的审理。李华庭后又以房屋强拆行为可能与县政府组织有关部门实施有关，于 2017 年 2 月 25 日申请追加县政府为被告。

【裁判结果】

安徽省临泉县人民法院于2017年6月29日作出（2017）皖1221行初11号行政判决：一、确认被告临泉县城乡规划局于2016年10月17日作出的临规字〔2016〕149号回函违法；二、驳回原告张国兴、刘侠、李华其他诉讼请求。

宣判后，临泉县城乡规划局不服原审判决，提起上诉。安徽省阜阳市中级人民法院于2017年9月25日作出（2017）皖12行终207号判决：驳回上诉，维持原判。

【裁判理由】

法院生效判决认为：《城乡规划法》第十一条第二款规定，县级以上地方人民政府城乡规划主管部门负责本行政区域内的城乡规划管理工作。第四十条第一款规定，在城市、镇规划区内进行建筑物、构筑物、道路、管线和其他工程建设的，建设单位或者个人应当向城市、县人民政府城乡规划主管部门或者省、自治区、直辖市人民政府确定的镇人民政府申请办理建设工程规划许可证。据此，临泉县城乡规划局具有对临泉县城市规划区范围内违法建设认定的职权。

关于临规字〔2016〕149号回函是否具有可诉性的问题。根据《安徽省城市管理领域相对集中行政处罚权办法》第十七条规定，“城市综合管理行政执法部门在查处违法行为过程中需要进行技术鉴定或者协助调查的，有关部门应当提供帮助”的规定，临泉县城乡规划局作出的临规字〔2016〕149号回复函，是依据临泉县城市管理行政执法局的申请，对张国兴、刘侠、李华等人的房屋是否属于违法建筑的认定。该认定是城市管理行政执法部门作出处罚的事实依据，对当事人产生实际影响，具有可诉性。

关于临规字〔2016〕149号回函是否合法的问题。临泉县城乡规划局举证的2015年–2030年临泉县城总体规划，不能反映张国兴、刘侠、李华涉案房屋的区域在其建房时已纳入城市规划区，其作出的回复函证据不足。因涉案房屋已被强制拆除，一审法院确认该回复函违法并无不当。上诉人的上诉理由不能成立，依法不予支持。

【案例注解】

一、确定行政诉讼受案范围的背景

受案范围涉及公民受司法保护的范围，也涉及司法权与行政权的关系。毋庸讳言，根据法治原则的要求，所有权利受到侵害时都应当能够得到救济，所有的政府权力都必须受到制约，公民与行政机关发生纠纷时可以通过法院获得解决。设立行政诉讼的特有目的是监督行政机关依法行政，核心目的是保护公民、法人或者其他组织的合法权利。从这一点讲，行政诉讼受案范围尽可能放得宽些，符合法治原则，符合人权保障的需要。但是，从实践来看，并不是所有案件都适合由法院审查和决定。譬如，在某些领域，行政行为追求迅速、保密，有的领域需要考虑政策，有些领域技术性很强，法院的介入很可能妨碍行政管理。尤其是目前行政法还不完备，行政诉讼的推行还有观念更新、制度保障的问题，受案范围有一个逐步扩大的过程。根据国家和时代的要求，在两者之间寻求一个恰当的界线，一直是行政诉讼立法、司法所要解决的一项任务。

法律不是僵死的条文，而是灵动的实践。从1989年《行政诉讼法》到2014年《行政诉讼法》，行政诉讼受案范围在实践中呈现出不断扩张的态势。2014年《行政诉讼法》第二章就受案范围作了规定，主要包括第十二条规定的肯定受案范围和第十三条规定的否定受案范围。《最高人民法院关于适用〈中华人民共和国行政诉讼法〉的解释》用了两个条文对受案范围作出解释，第一条首先概括规定了行政诉讼受案范围，又对不属于法院受案范围的情形作出排除；第二条对《行政诉讼法》第十三条规定的四种排除情形作了解释。行政诉讼受案范围已从当初的几种发展到目前的几十种。该解释突破了原先对受案范围的狭隘理解，更加符合立法精神和原则，更加符合行政审判实践的需要，也更加符合行政诉讼制度的发展方向，是决定目前行政诉讼受案范围的重要依据。

二、规划内部回函的性质界定及可诉性分析

本案涉及的核心问题是行政机关之间的回函是否属于人民法院行政诉讼的受案范围，也是本案审理的一个焦点问题。所谓回函，是指适用于不相隶属的行政机关之间，洽谈工作，询问和答复问题，请求批准和答复审批事项的公文。长期以来，学界一直将其称为“内部行政行为”，内部行政行为不可诉几

乎是通说。但是万事万物都不是绝对的。如果内部行政行为在一定条件下转化为外部行政行为，就成为可诉的行政行为。

回函的性质应如何界定？是内部行政行为还是外部行政行为？有人提出了三种标准：（1）形式标准。即回函是否采取送达程序。如果采取送达程序或者其他外在程序，则回函可能成为外部行政行为。（2）实质标准。结合2014年《行政诉讼法》第十三条第三项和《最高人民法院关于适用〈中华人民共和国行政诉讼法〉的解释》第一条第二款第十项的规定，判断是否构成外部行政行为的实质标准是行政行为是否对相对人的权利义务产生实际影响。（3）成熟标准。成熟性原则源自美国，是美国司法审查的规则。之所以设定这样的标准，主要为了防止法院过早介入行政程序。这符合司法权与行政权分立制衡原则。行政程序完成之前的行政行为一般属于预备性或者中间性的行政行为，属于不成熟的行政行为，法院不宜进行审判。当然，在有的情况下，尽管行政程序的最后阶段尚未完成，但行政行为已对相对人的权利造成实质性的不利影响，应当认为这个行政行为已经成熟。

对涉案临规字〔2016〕149号回函是否具有可诉性，可以从实用主义的角度出发，来探讨法院在实务中的运用。

首先从形式上考察，涉案临规字〔2016〕149号回函是否送达行政相对人。三原告是从政府信息公开中才知道该回函的，从形式标准无法进行判断；其次从实质上考察，涉案临规字〔2016〕149号回函是否存在后续的法律行为。临泉县城市管理行政执法局根据该回函直接作出了限期拆除房屋的通知，在临泉县城乡规划局作出违法建筑认定的回函之后没有后续的法律行为，已经产生了行政法上的法律效果，对行政相对人的权利义务产生实际影响，且达到了成熟的标准，是一个地地道道的可诉行为。一、二审法官的判断无疑是正确的。

从法律法规的规定来看，《国有土地上房屋征收与补偿条例》第二十四条第二款规定："市、县级人民政府作出房屋征收决定前，应当组织有关部门依法对征收范围内未经登记的建筑进行调查、认定和处理。"这是对违法建设行为的甄别处理程序的规定，甄别处理是市、县政府作出征收决定的前置条件，即作出房屋征收决定前，政府应当组织有关部门依法对征收范围内未经登记的建筑进行调查、认定和处理。故当事人对行政机关作出的建筑物是否属于违法建筑以及对违法建筑的处理结果不服，可以依法申请行政复议，也可以依法向法院提起行政诉讼。

从推进相对集中行政处罚权工作的实践来看，根据《国务院关于进一步推进相对集中行政处罚权工作的决定》的规定精神，规划处罚权已由城市管理行政执法部门集中行使，规划管理部门依法不得再行使。但也不能就此推定规划行政处罚权所包含的事实调查权、违法行为认定权、处罚决定权已全部由城市管理行政执法部门集中行使。对于那些涉及复杂专业技术知识的行政管理领域，事实认定与法律适用的准确性应该得到更多的强调，若将此类管理领域行政处罚权中的事实调查权、违法行为认定权、处罚决定权一律集中由城市管理行政执法部门行使，难以保证处罚决定的质量。据此，《安徽省城市管理领域相对集中行政处罚权办法》第十七条第一款规定："城市综合管理行政执法部门在查处违法行为过程中需要进行技术鉴定或者协助调查的，有关部门应当提供帮助。"可见，在规划管理领域，为了保证事实认定与法律适用的准确性，法律赋予城市管理行政执法部门集中行使的行政处罚权，并不是完整的行政处罚权，违法行为认定权仍由规划管理部门保留。规划违法行为的认定是法律赋予规划行政管理部门应当履行的法定职责，是规划部门对外行使行政管理职责的行为。在此情况下，规划管理部门行使的规划违法行为认定权具有独立的法律效果，是城市管理行政执法部门作出处罚的事实依据。临泉县城乡规划局作出违法建筑认定回函的本意可能是不对外产生法律效力，但其实施对行政机关以外的行政相对人产生了实际影响，其效力已大大超出了内部的范围。

三、规划内部回函司法审查的深度

在行政行为涉及的专业性、技术性较强的领域，对行政诉讼中的行政行为的审查强度如何把握？我国行政诉讼确立的是对行政行为的合法性审查原则，这与民事诉讼中确立的"不告不理"原则大异其趣。因此，合议庭在合议时产生两种不同的意见：第一种意见认为，涉案临规字〔2016〕149号回函是否合法应从实体和程序两个方面进行审查。第二种意见认为，涉案临规字〔2016〕149号回函是否合法主要从实体上进行审查。

笔者倾向于第二种意见。我国《行政诉讼法》对此没有作出明确规定。最高人民法院在《关于审理反倾销行政案件应用法律若干问题的规定》和《关于审理反补贴行政案件应用法律若干问题的规定》中第一次提出了事实问题和法律问题，要求对被诉反倾销（反补贴）行政行为的事实问题和法律问题进行合法性审查。从本案争议的主要焦点问题来考察，涉及违法建筑的认定问题，主要是事实问题，当然也涉及法律的适用问题。对行政行为事实问题的审查应坚持合法性的标准，主要审查下列内容，行政主体认定事实所依据的证据是否符合法定形式；证据来源是否合法；收集证据的程序是否合法；举证责任分配是否合法；对事实的定性是否准确等。审查时把握三个规则，一是禁止主观臆断规则。即行政主体不得依主观臆断的“法律事实”作为行政行为的依据，并将这种法律事实强加于行政相对人。二是符合证明逻辑规则。即行政主体通过合法收集系列证据，应在遵循证明逻辑的前提下推论出法律事实，作为行使行政权的依据。三是主要事实释明规则。即对足以影响行政行为性质，或影响行政机关自由裁量的事实，行政主体在做出具体行政行为时应向行政相对人予以阐明。如果行政主体没有遵守上述原则，其认定的法律事实法院不应支持。必须注意的是，认定事实时法院应结合具体行政案件涉及问题的性质，确立灵活的司法审查范围、程度标准，以期达到既保护行政相对人的合法权益，又促进行政机关依法行政的社会效果。本案一、二审法院均是从事实方面对涉案回函进行的合法性审查，符合上述规则。

本案的审理虽然结束，但思考远没有结束。随着临泉县拆违拆旧专项工作的深入开展，此类案件不断涌入法院。对类似回函的司法审查如何进一步把握，有人提出了“外部化”理论，与“成熟原则”的精神实质有共通之处，即通过司法权对行政权的克制以及司法权对公民合法权益保障之间的协调推进，在维护行政权和司法权良性循环的前提下，扩大对行政相对人合法权益的保护。这不是因为法院可以代替行政机关做最想做的事，而是因为法院可以促使行政机关尽可能不做不理想的事，法官应当“只是保持作为一个裁判者，而不是管理者的角色”。

（**一审法院合议庭成员** 李煌真 孟 坤 陈东海
二审法院合议庭成员 周海龙 杨 柳 吕 洁
编写人 安徽省阜阳市临泉县人民法院 李煌真
责任编辑 韩德强
审稿人 王振宇）

《人民法院案例选》通讯编辑

北京市高级人民法院　刘书星　刘晓虹　赵　彤
天津市高级人民法院　王　婧　孙　伟
河北省高级人民法院　王　佳
山西省高级人民法院　马云跃
内蒙古自治区高级人民法院　梁　宏　焦日清
辽宁省高级人民法院　周文政
吉林省高级人民法院　刘国春　刘洪颖
黑龙江省高级人民法院　刘芳百
上海市高级人民法院　牛晨光
江苏省高级人民法院　吕　娜　孙烁犇
浙江省高级人民法院　杨　治
安徽省高级人民法院　吴　婧
福建省高级人民法院　刘　光
江西省高级人民法院　郭　嘉
山东省高级人民法院　徐清霜　芦　强
河南省高级人民法院　郭宇凌
湖北省高级人民法院　宋淼军
湖南省高级人民法院　童飞霜
广东省高级人民法院　文靖之
广西壮族自治区高级人民法院　赵元松
海南省高级人民法院　李周伟
重庆市高级人民法院　游中川　吴雨亭
四川省高级人民法院　杜玉兰　金　晶

贵州省高级人民法院 尤 媛

云南省高级人民法院 郑天柱

西藏自治区高级人民法院 杨庭轶

陕西省高级人民法院 常媛媛 杨新斌

甘肃省高级人民法院 刘吉旭

青海省高级人民法院 孙启英

宁夏回族自治区高级人民法院 吴培渊 杨 莹

新疆维吾尔自治区高级人民法院 马小菊

解放军军事法院 徐占峰

新疆维吾尔自治区高级人民法院生产建设兵团分院 王 琼

石家庄市中级人民法院 王红岩

太原市中级人民法院 张玉森

沈阳市中级人民法院 田 震

大连市中级人民法院 侯德强

长春市中级人民法院 赵 璐

哈尔滨市中级人民法院 周 磊

南京市中级人民法院 王 静

南通市中级人民法院 沈 扬

无锡市中级人民法院 周耀明

徐州市中级人民法院 葛 文

杭州市中级人民法院 邓兴广

宁波市中级人民法院 袁玮玮

合肥市中级人民法院 张小春

福州市中级人民法院 陈学凯

厦门市中级人民法院 陈荣炜

南昌市中级人民法院 陈 健

济南市中级人民法院 赵 雯

青岛市中级人民法院 傅庆涛

东营市中级人民法院 延 颜

郑州市中级人民法院 朱世鹏

武汉市中级人民法院 柯昌洁

宜昌市中级人民法院 黄金波

长沙市中级人民法院 胡冬华

广州市中级人民法院　王龙飞　林健涛
深圳市中级人民法院　丁业强
南宁市中级人民法院　周传明
海口市中级人民法院　崔玉坤
成都市中级人民法院　郝廷婷
泸州市中级人民法院　胡　艳
贵阳市中级人民法院　施辉法
昆明市中级人民法院　冯丽萍
拉萨市中级人民法院　王　静
西安市中级人民法院　高　伟
兰州市中级人民法院　鲁千晓
西宁市中级人民法院　潘　伟
银川市中级人民法院　周志胜
天津海事法院　董丽娟
上海海事法院　英振坤
广州海事法院　付俊洋
宁波海事法院　史红萍
青岛海事法院　张　静
厦门海事法院　吴海燕
武汉海事法院　王建新
大连海事法院　刘铁男
北海海事法院　邱德平
海口海事法院　刘本荣

（各法院通讯编辑若有变动，请及时告知中国应用法学研究所，电话：010－67555922　龙菲　邮箱：rmfyalx@126. com）